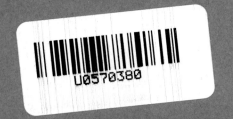

元代湖州路戶籍文書

——元公文紙印本《增修互注禮部韻略》紙背公文資料

王曉欣 鄭旭東 魏亦樂 編著

第二册

中華書局

册四　去聲第四

一户戴伯肆元係湖州路德清縣金鵞鄉拾肆都大麻村住係人氏亡宋乙亥年前作民户附籍採捕爲生[illegible]
丙在本村歸附至元十九年蒙本縣鷹房提領所招收入籍[illegible]
十二月内蒙本路總管府[illegible]爲民至元二十二年[illegible]
省奉宣慰司使招收[illegible]於本係住坐應當[illegible]
計家親屬壹拾貳口
男子柒口
成丁叁口
男[illegible]年肆拾伍歲　男阿叁年肆拾貳歲
男阿桐年壹拾[illegible]歲
不成丁肆口
戴伯肆年柒拾伍歲　孫阿孫年壹拾歲
孫阿伴年柒歲　孫阿添年叁歲
婦女伍口

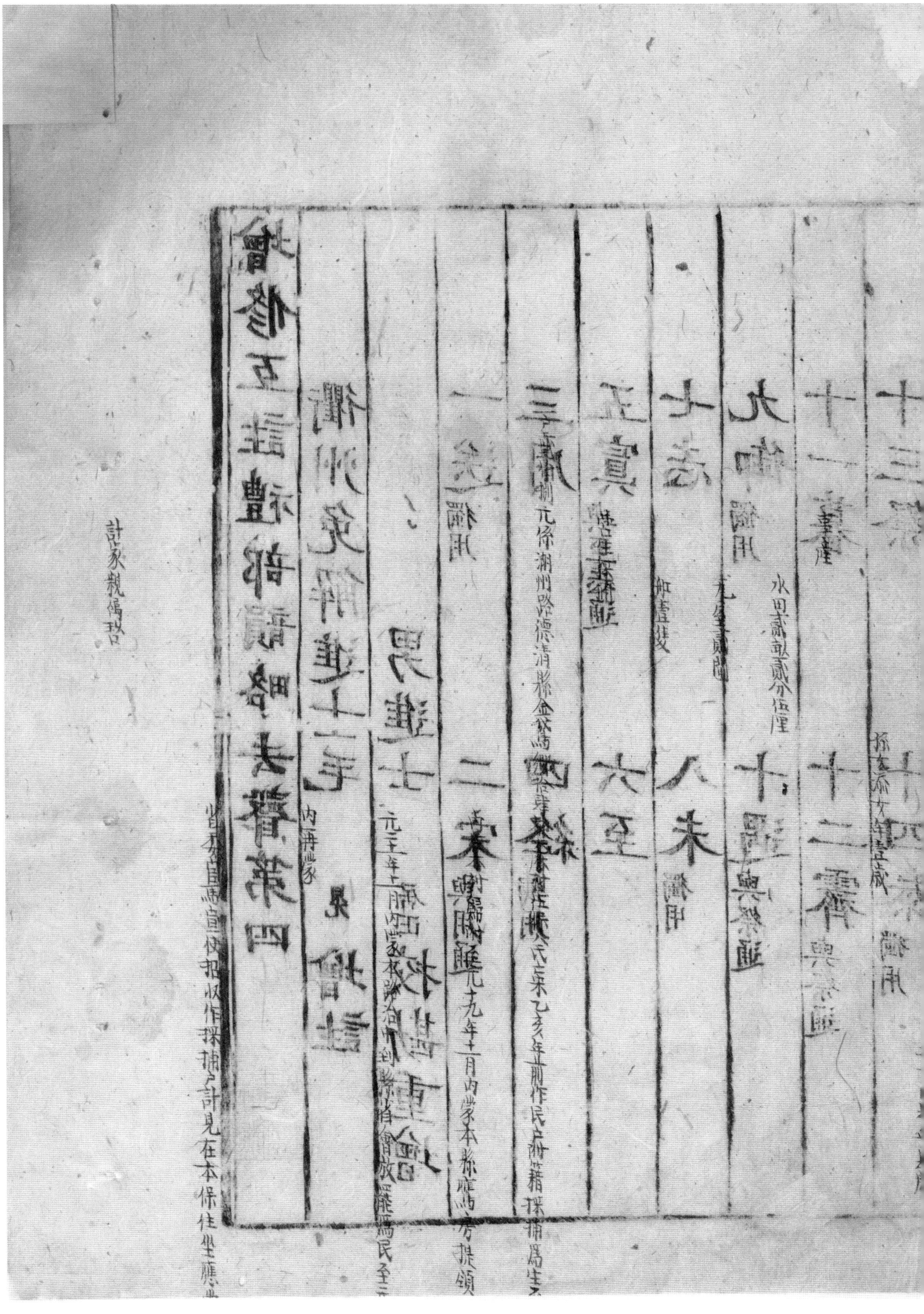
增修互註禮部韻略去聲第四
一送
二宋
三用
四絳
五寘
六至
七志
八未
九御
十遇
十一暮
十二霽

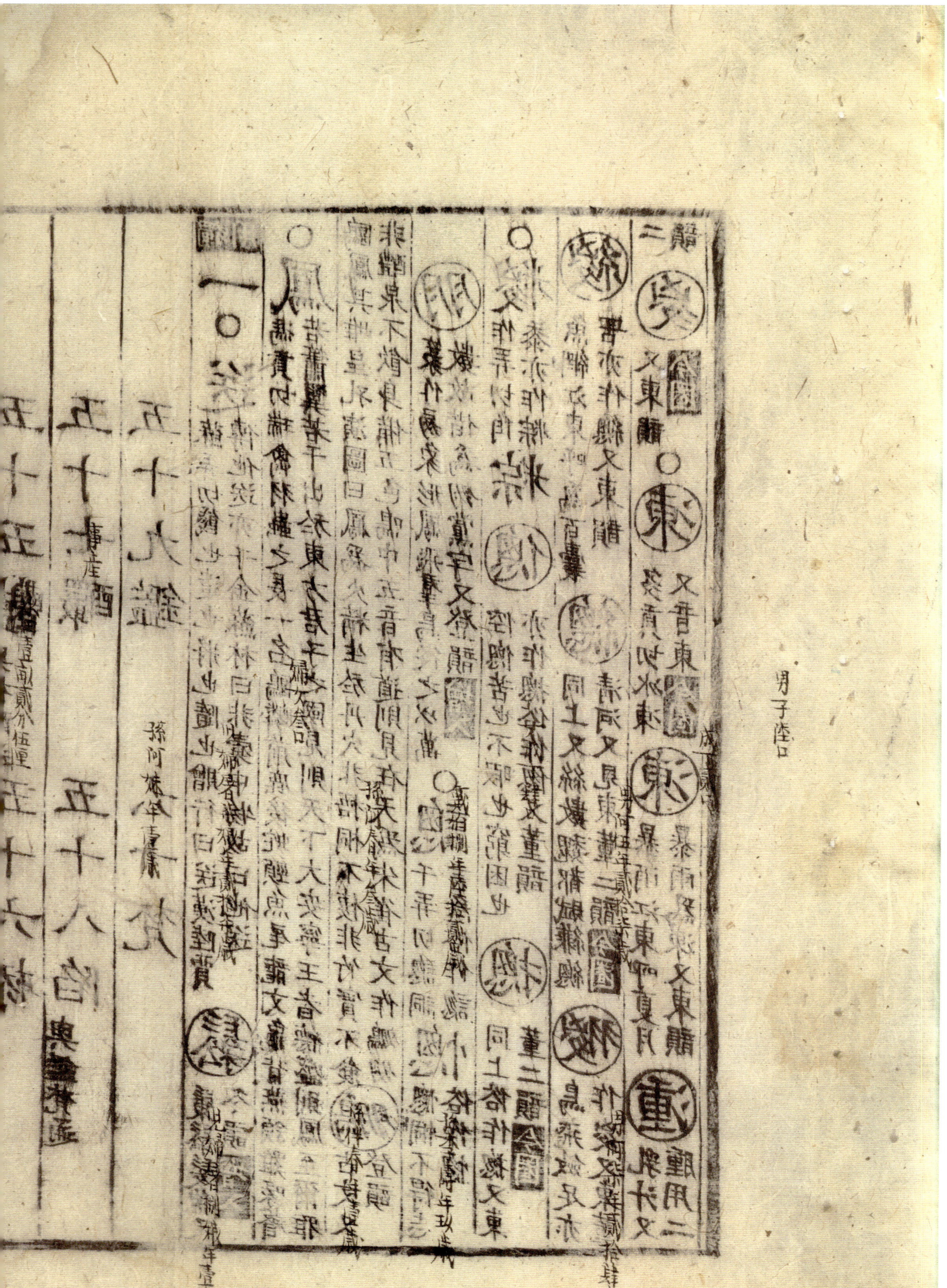

五十三 勘 與闞通　五十四 闞
五十一 幼 獨用　五十二 沁
四十九 宥 與候幼通　五十 候
四十七 證 與嶝通　四十八 嶝
四十五 勁　四十六 徑
四十三 映 與諍勁通　四十四 諍
四十一 漾 與宕通　四十二 宕
三十九 過　四十 禡
三十七 號 獨用　三十八 箇 與過通
三十五 笑　三十六 效 獨用

一户王阡伍元係湖州路德清縣南界人氏亡宋乙亥年前作民户附籍至元十三年正月内於本界隨

十三年搬移前來北界住坐應當民户差役

計家親屬肆口

男子成丁壹口

王阡伍年叁拾歲

婦女叁口

妻因阡貳娘年貳拾壹歲

女王阡圓年叁歲

女王伴姐年壹歲

事産舡壹隻

營生手趁

一户因伯叁元係湖州路德清縣北界人氏亡宋乙亥年前作民户附籍至元十三年正月内於本界隨

本界住坐應當民户差役

計家親屬伍口

不成丁貳口
因伯叁年陸拾伍歲
次男因阿関年壹拾叁歲
女因阿多年捌歲
婦女貳口
妻施壹娘年伍拾玖歲
事産屋壹間典房住坐
營生雜迹
一戶沈萬肆元係湖州路德清縣南界人氏亡宋乙亥年前故祖父沈伯捌作民戶附籍至元十二年
歸附至元十五年九月內祖父自故是萬肆爲戶至元
日內搬移前來本縣住坐雇[illegible]民戶差役
計家親屬貳口
男子成丁壹口沈萬肆年叁拾伍歲
婦女壹口妻丁伍娘年貳拾捌歲
事産無賃房住坐
營生雜迹

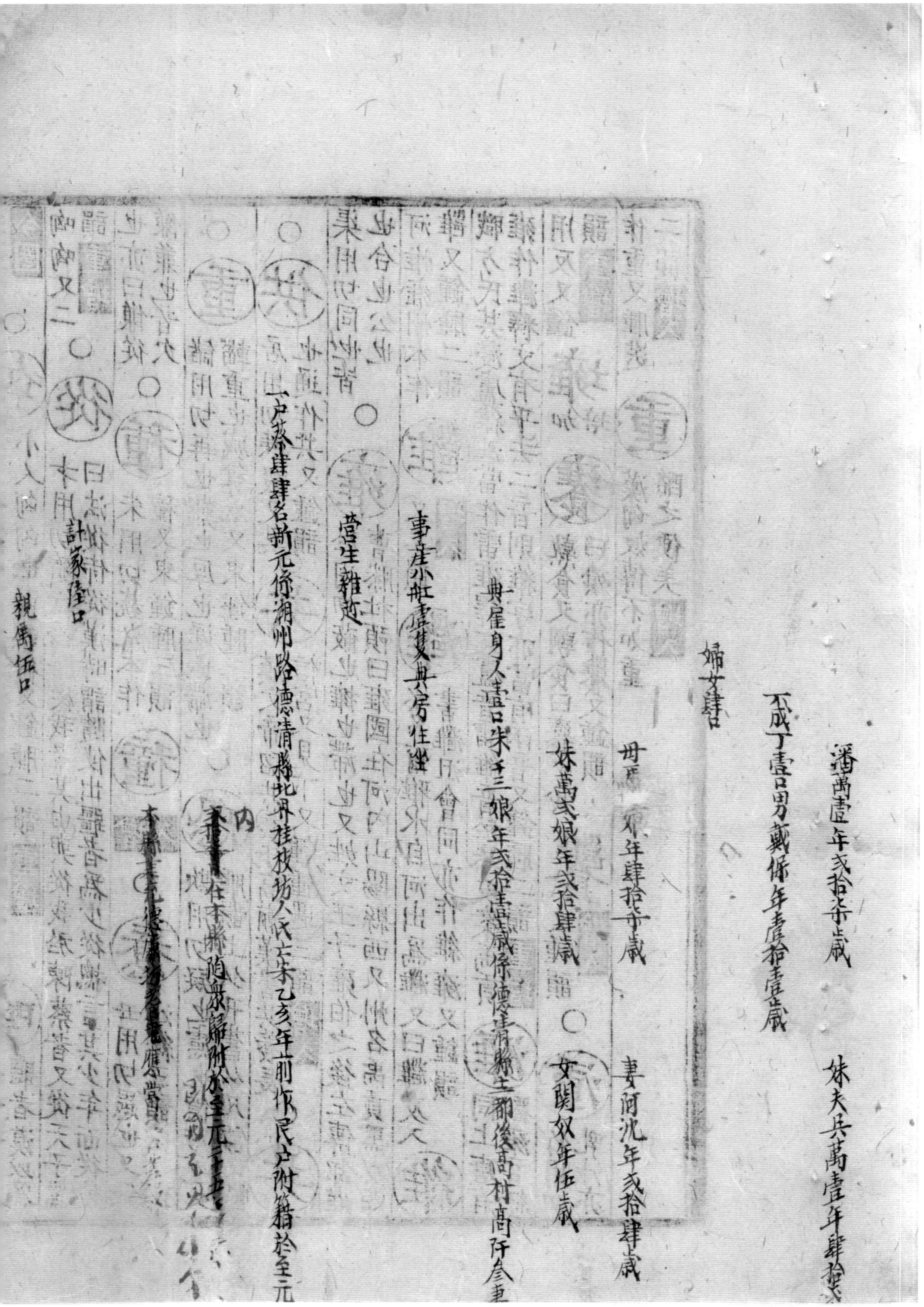
潘萬壹年貳拾柒歲　妹夫兵萬壹年肆拾[illegible]
不成丁壹口男戴保年壹拾壹歲
婦女肆口
母[illegible]年肆拾[illegible]歲　妻阿沈年貳拾肆歲
妹萬貳娘年貳拾肆歲　女關奴年伍歲
典雇身人壹口朱千三娘年貳拾壹歲係德清縣上都後高村高阡叁[illegible]
事產小舡壹隻　典房住坐
營生雜造
一户蔡肆肆名新元係湖州路德清縣北界桂枝坊人氏亡宋乙亥年前作民户附籍於至元
内
[illegible]在本縣隨衆歸附於至元[illegible]
本縣[illegible]德清[illegible]應當[illegible]
計家叄口
親屬伍口

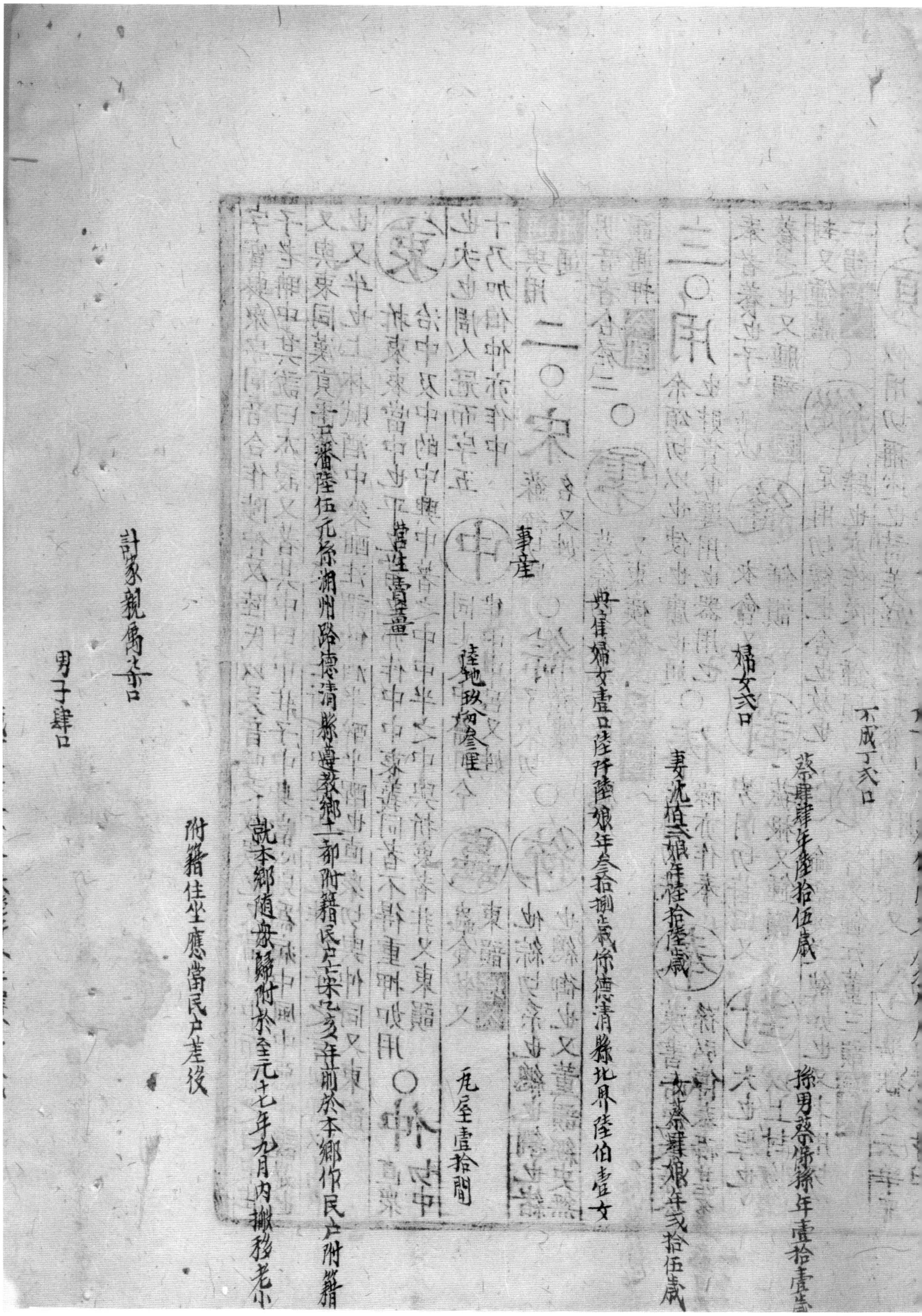

不成丁貳口
蔡肆肆年陸拾伍歲
孫男蔡係孫年壹拾壹歲
婦女貳口
妻沈伍三娘年陸拾陸歲
女蔡肆娘年貳拾伍歲
典雇婦女壹口陸阡陸娘年叁拾捌歲係德清縣北界陸伯壹女
事產
陸地玖畝叁厘
瓦屋壹拾間
[illegible]番陸伍元係湖州路德清縣遵教鄉二都附籍民戶亡宋乙亥年前於本鄉作民戶附籍
就本鄉隨衆歸附於至元十七年九月內搬移老小
附籍住坐應當民戶差役
計家親屬柒口
男子肆口

一户沈雖采元係湖州路□□縣金雞鄉拾捌都下金村拾壹保人氏亡宋乙亥年前作民户附籍至元十

内於本村隨衆歸附見於本保住坐應當民役

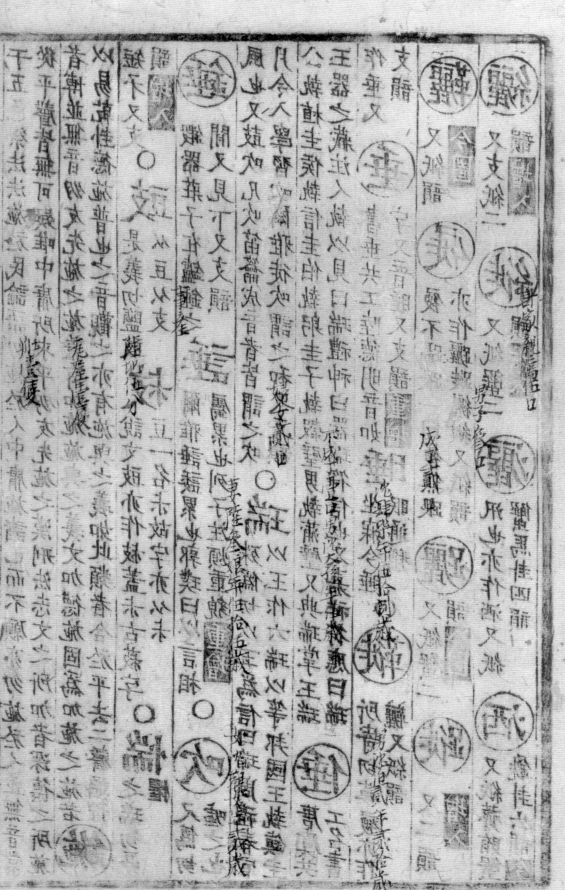

婦女肆口

婦女壹口 毋頭貳娘年柒拾伍歲
事產
瓦屋壹間壹厦
營生 佃田并種土六都真如庵田肆畝

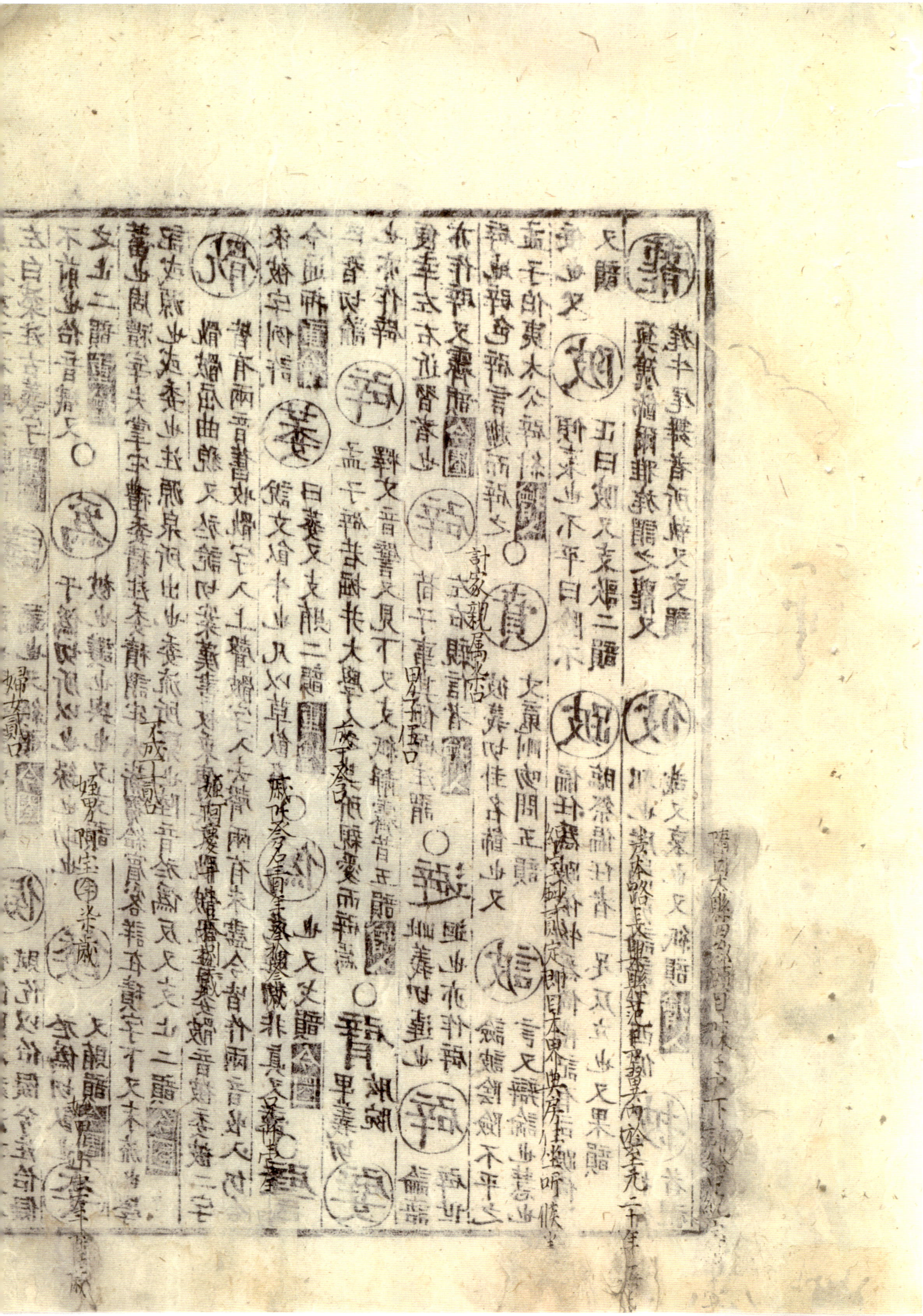

營生

紅晝懷又

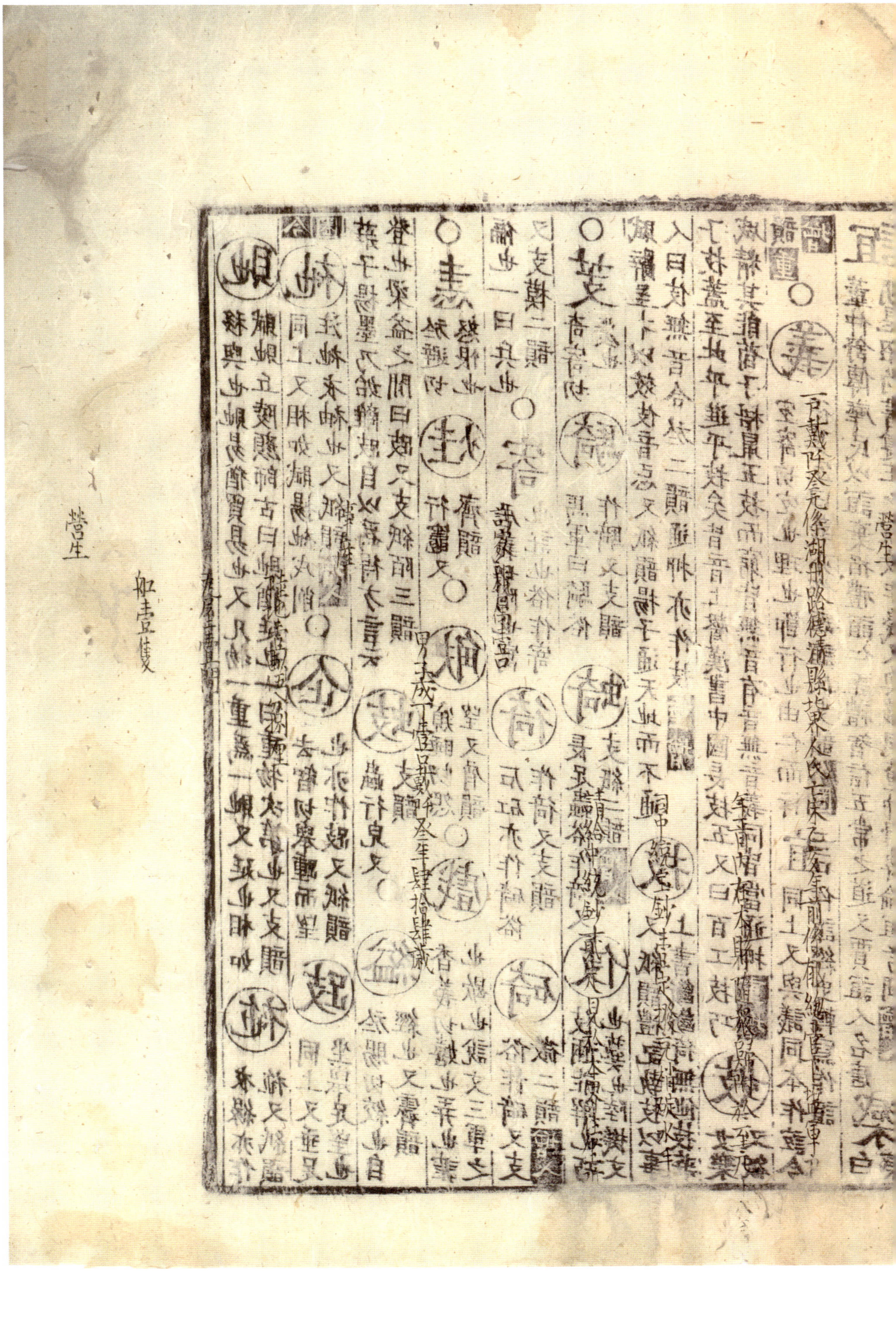

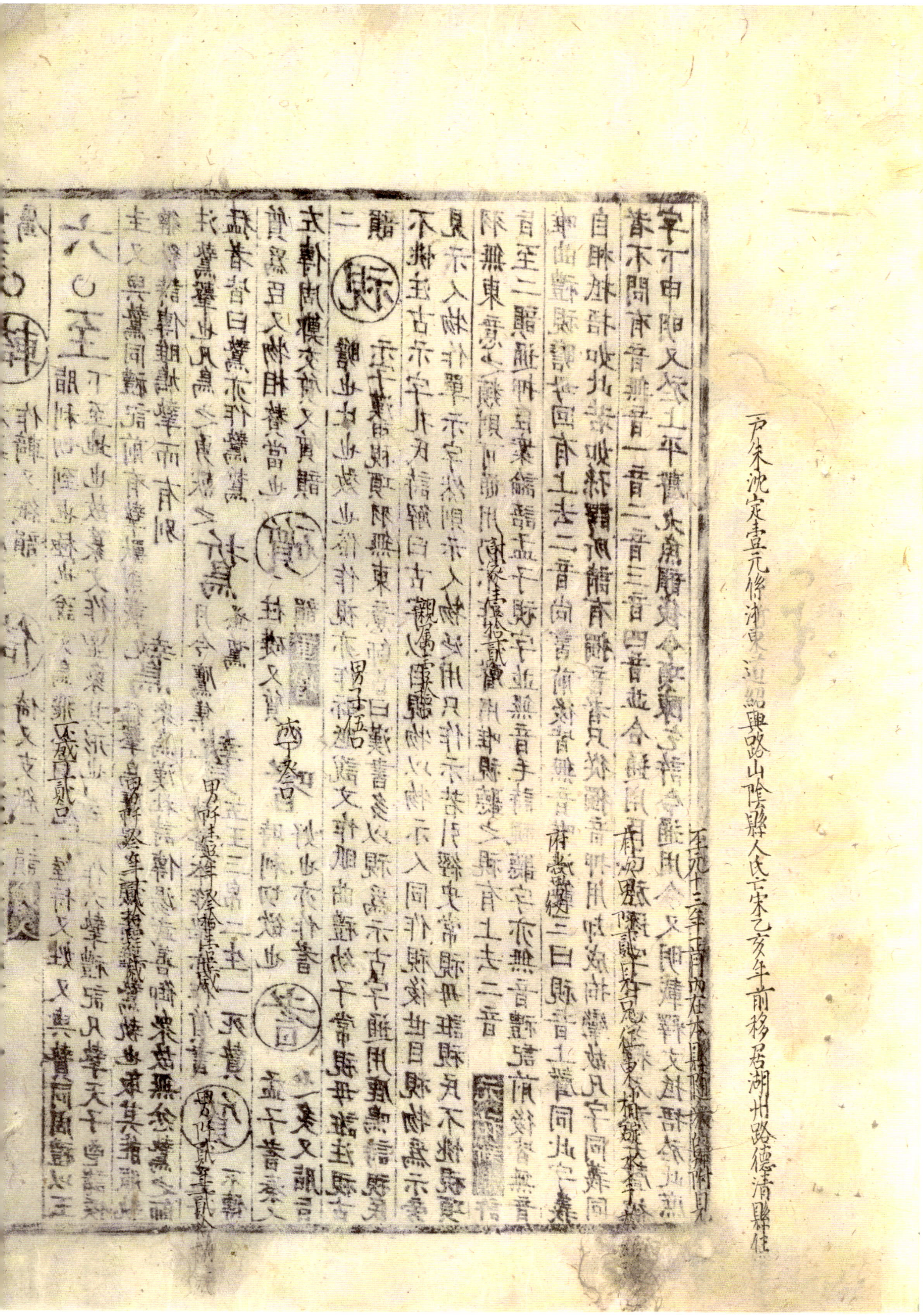
户朱沈定壹元係浙東道紹興路山陰縣人氏亡宋乙亥年前移居湖州路德清縣住
至元十三年十一月内在本縣隨衆歸附見

女阿奴年叁歲
拘收作梢碇水手於當年三月內夾谷同知

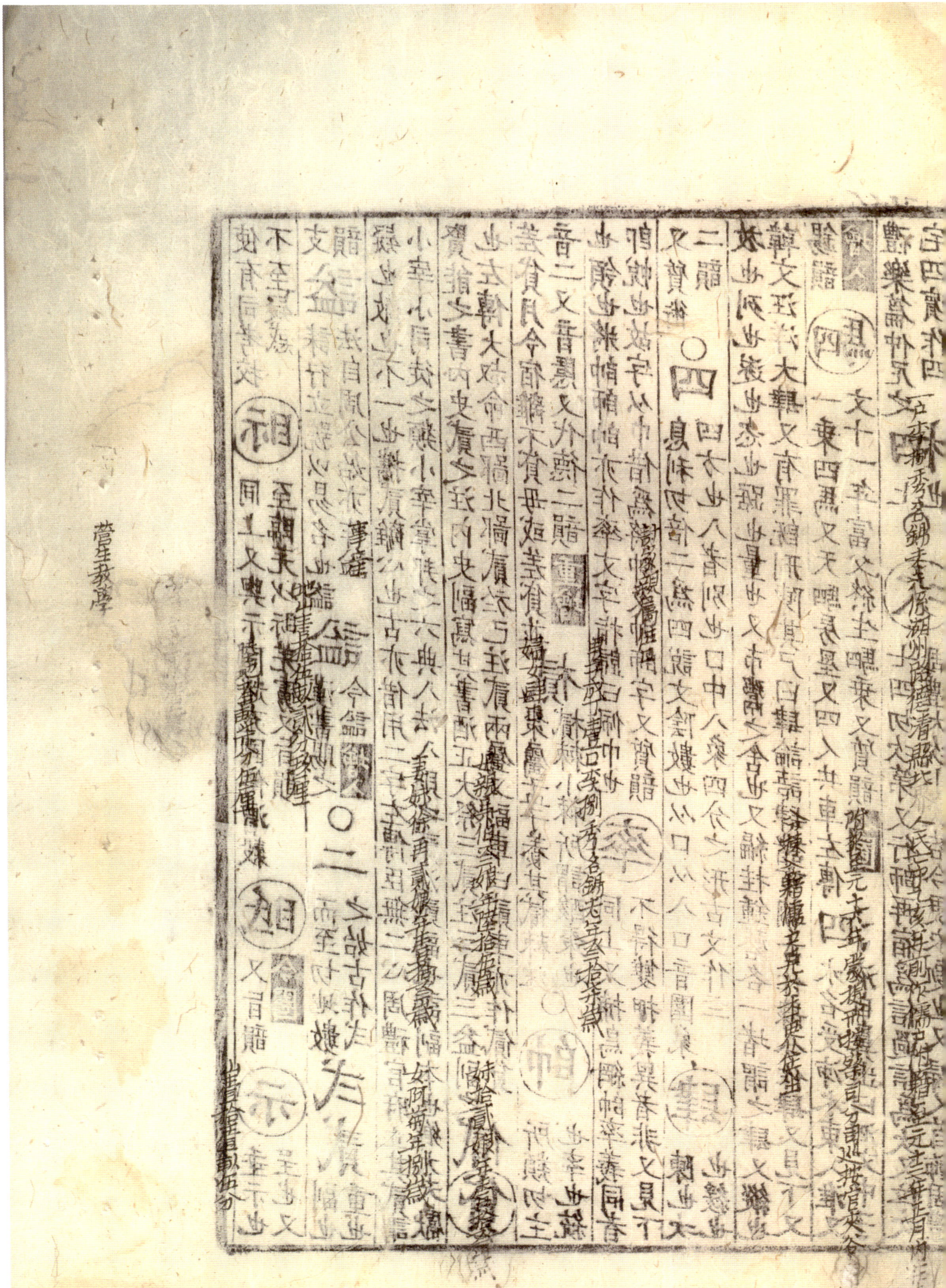

一戶朱沈定壹元係浙東道紹興路山陰縣人氏亡宋乙亥年前移居湖州路德清縣住坐

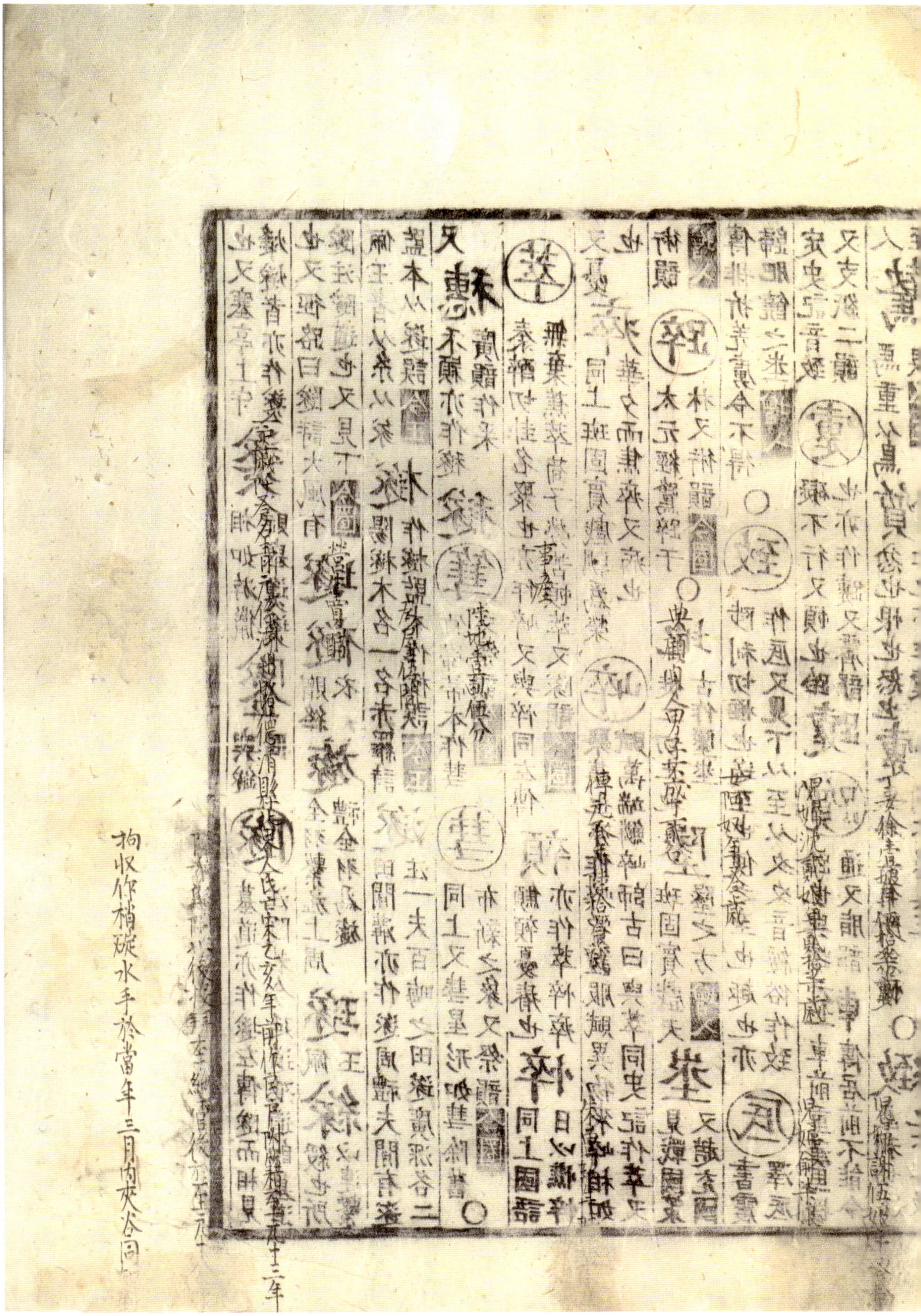
拘收作稍碇水手於當年三月內赴谷同

沈闰孫元係湖州路德清縣[illegible]鄉人氏亡宋乙亥年前父沈榮判作官戶附籍至元十三年正月內在本縣隨眾

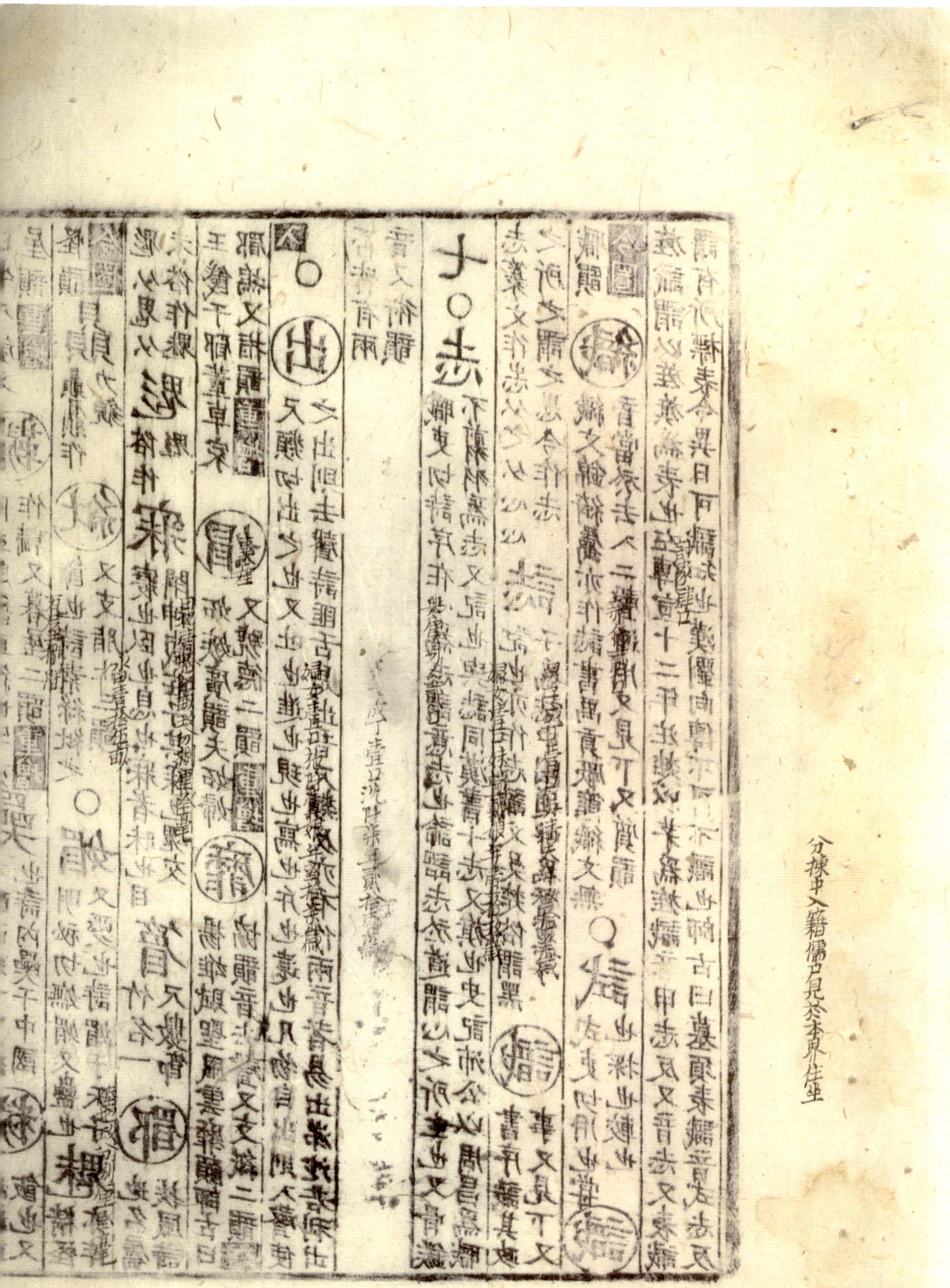
分揀中入籍儒户見於本県住坐

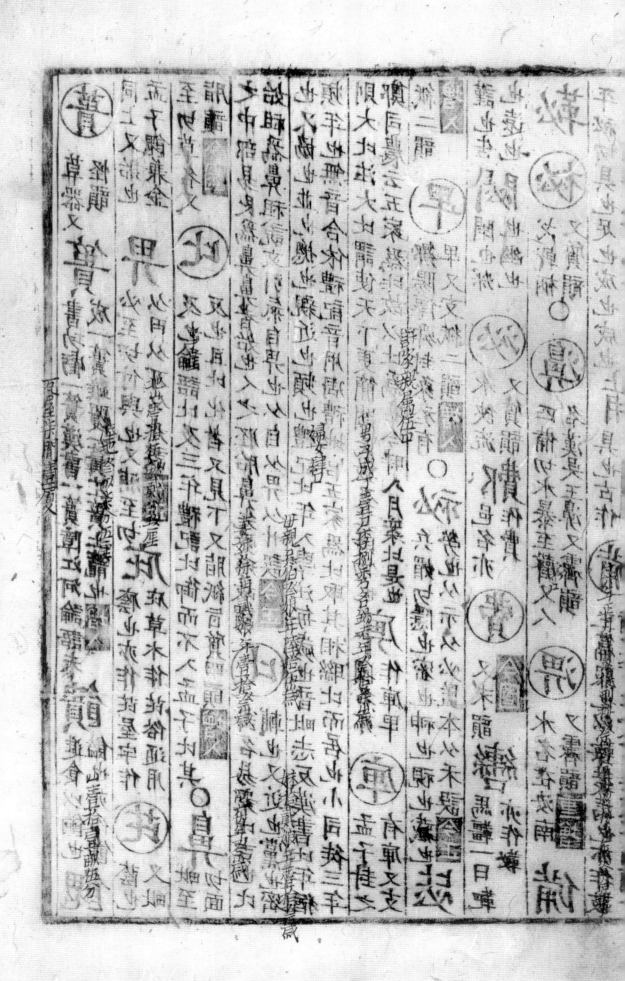

計家親屬貳口

男子成丁貳口

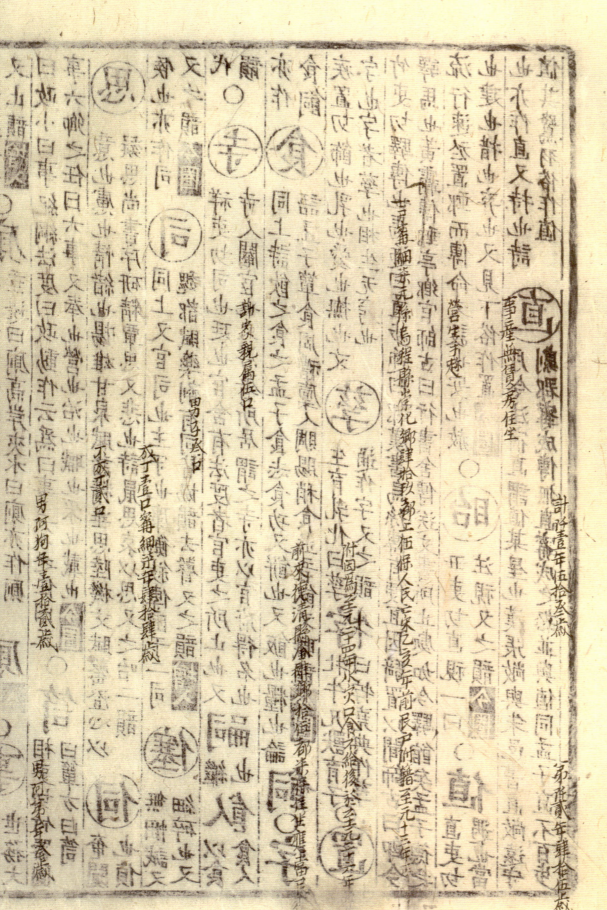

計孫壹年伍拾叁歲　弟孫貳年肆拾伍歲

事產無賃房住坐

營生手趁

一戶蕭細孫元係湖州路烏程縣崇化鄉肆拾玖都上伍保人民亡宋乙亥年前民戶附籍至元十三年

附[illegible]爲至元二十四年水災口食不給後於至元二十五年

前來[illegible]清[illegible]鄉拾[illegible]都[illegible]住坐[illegible]

計家親屬伍口

男子叁口

成丁壹口　蕭細孫年肆拾肆歲

不成丁貳口

男阿狗年壹拾貳歲　男阿[illegible]年叁歲

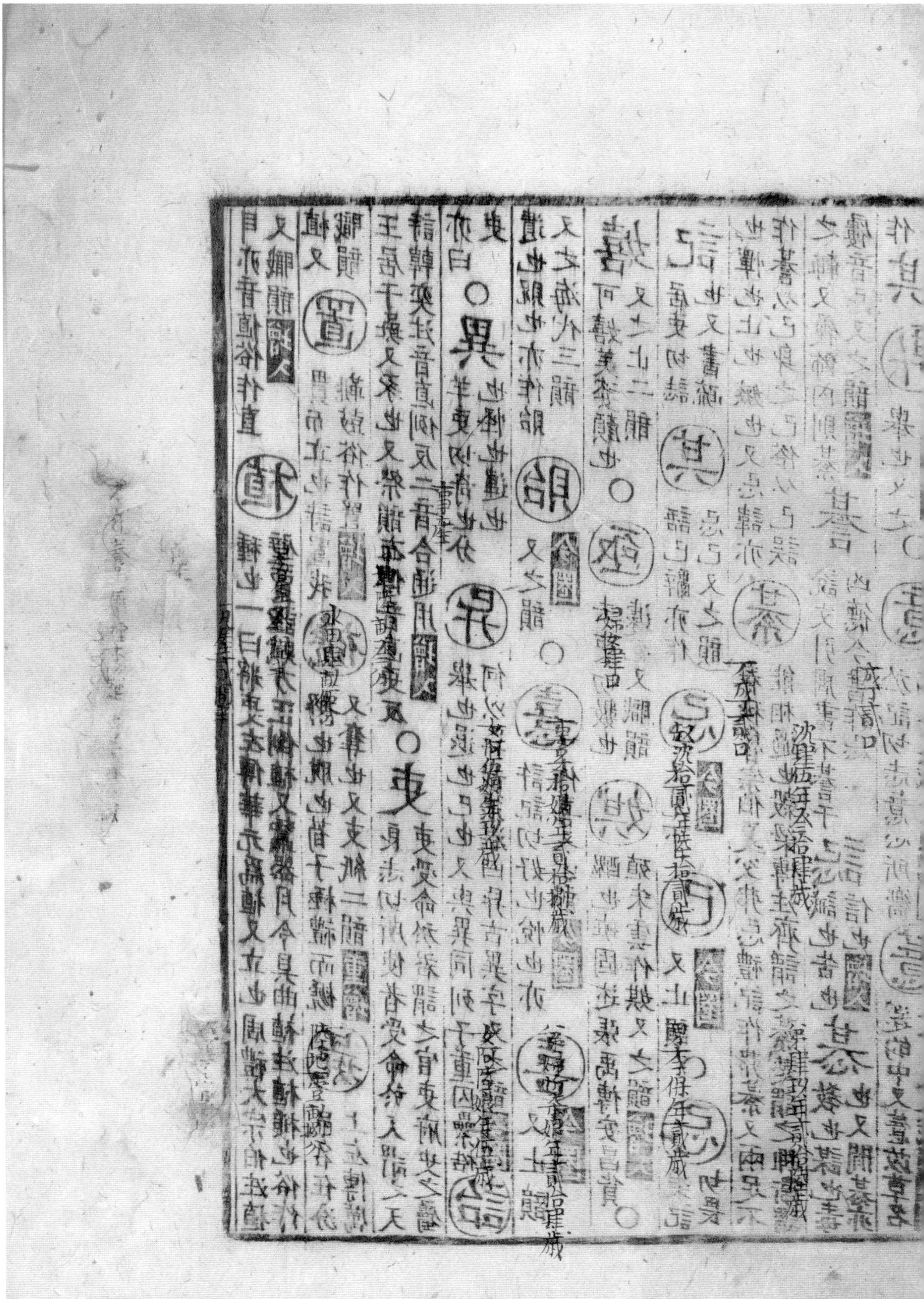

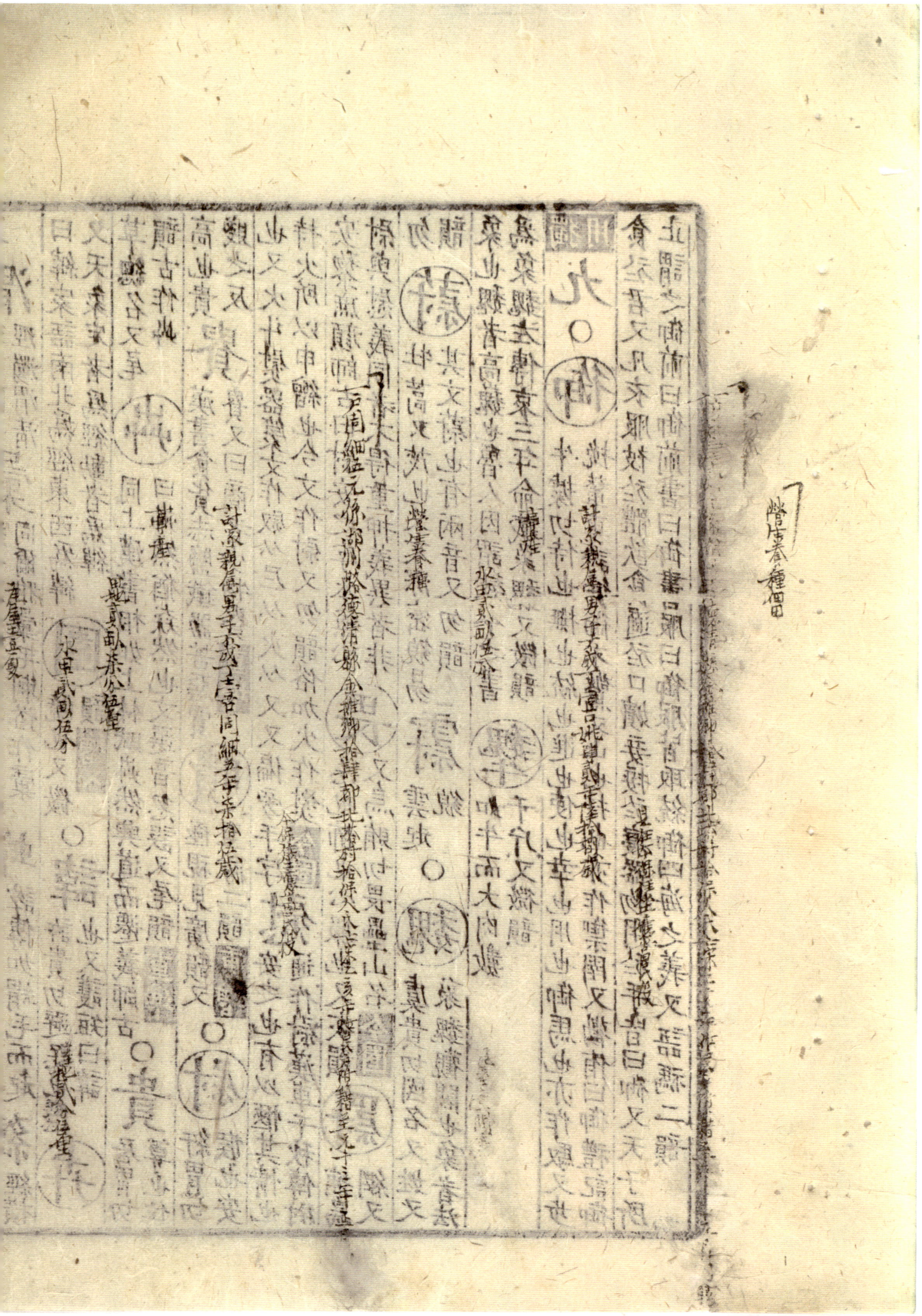

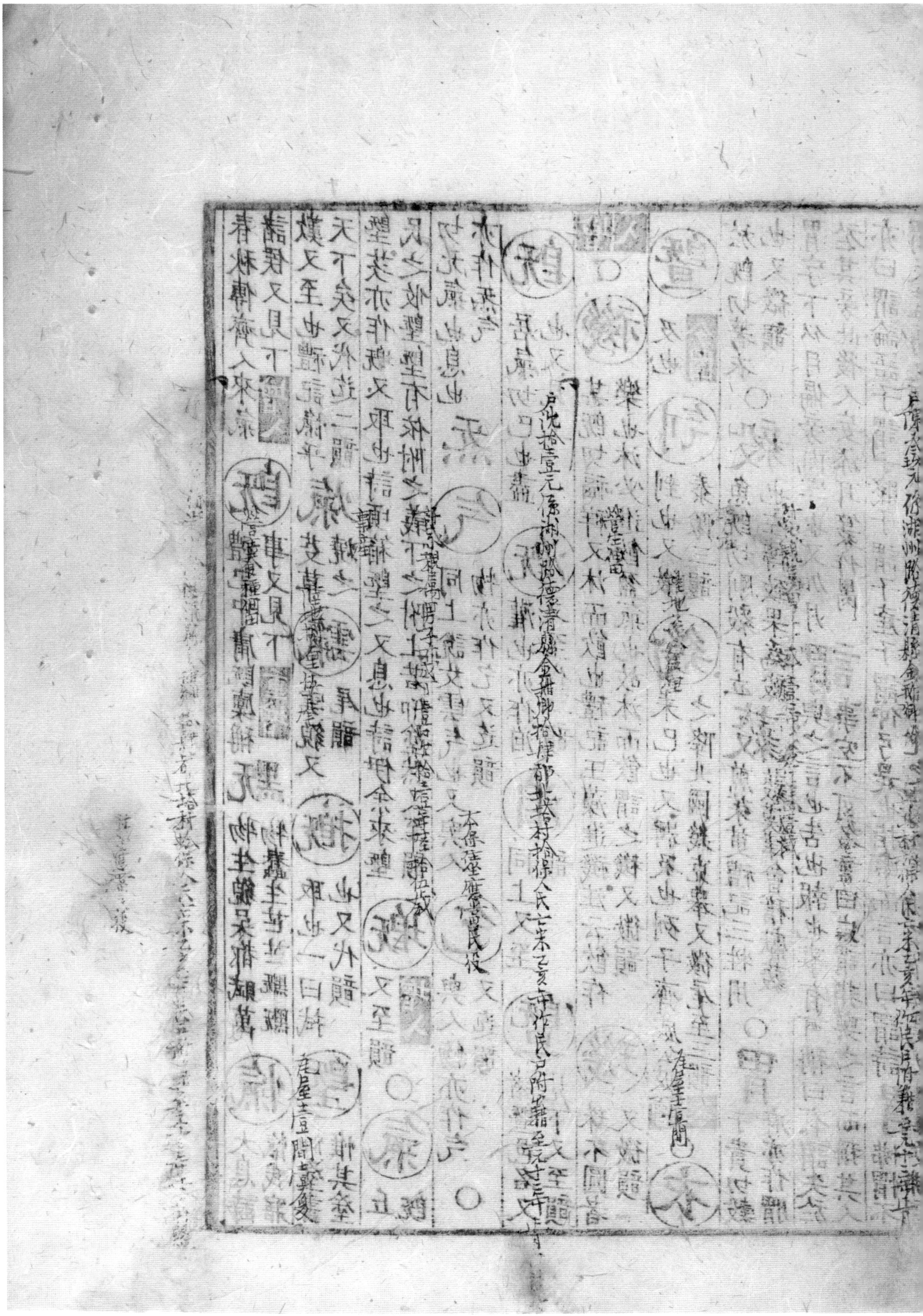

一戶徐玖伍元係湖州路德清縣金鵝鄉拾肆都下管徐村人氏亡宋乙亥年前作民戶附籍至元十三年屬
應當民役

營生手趁

一戶蔡叄貳元係湖州路德清縣北界人氏亡宋乙亥年前作民戶附籍至元十三年五月內

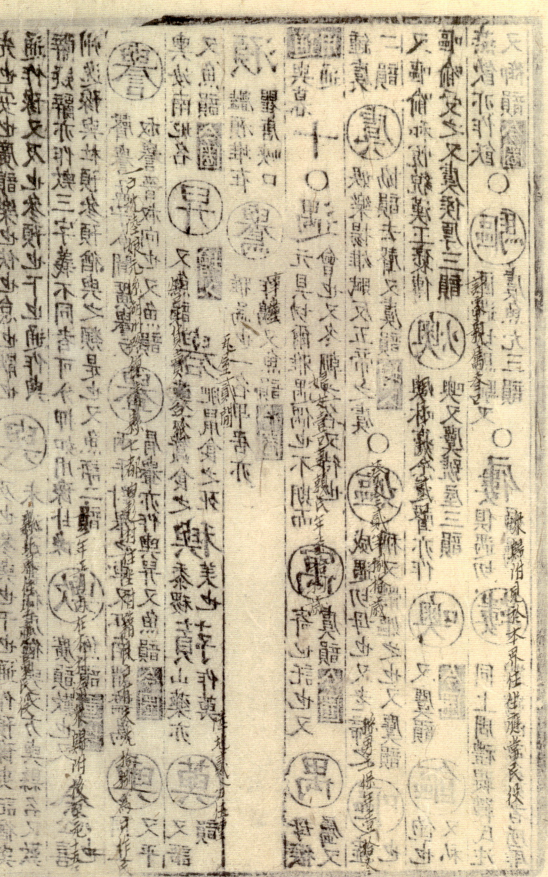

營生補洗

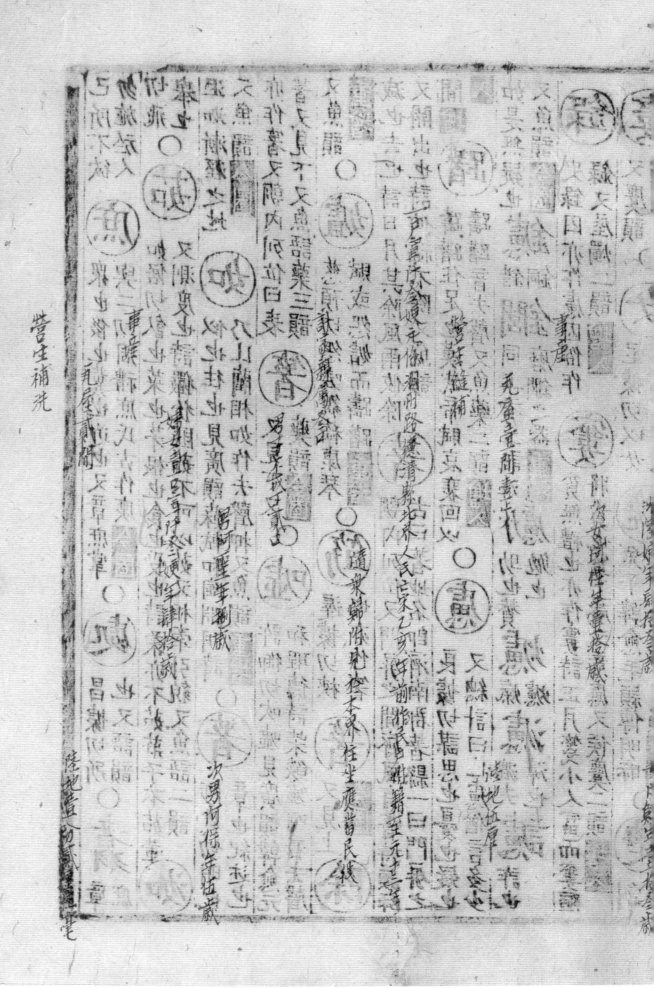

孫女阿女年壹歲

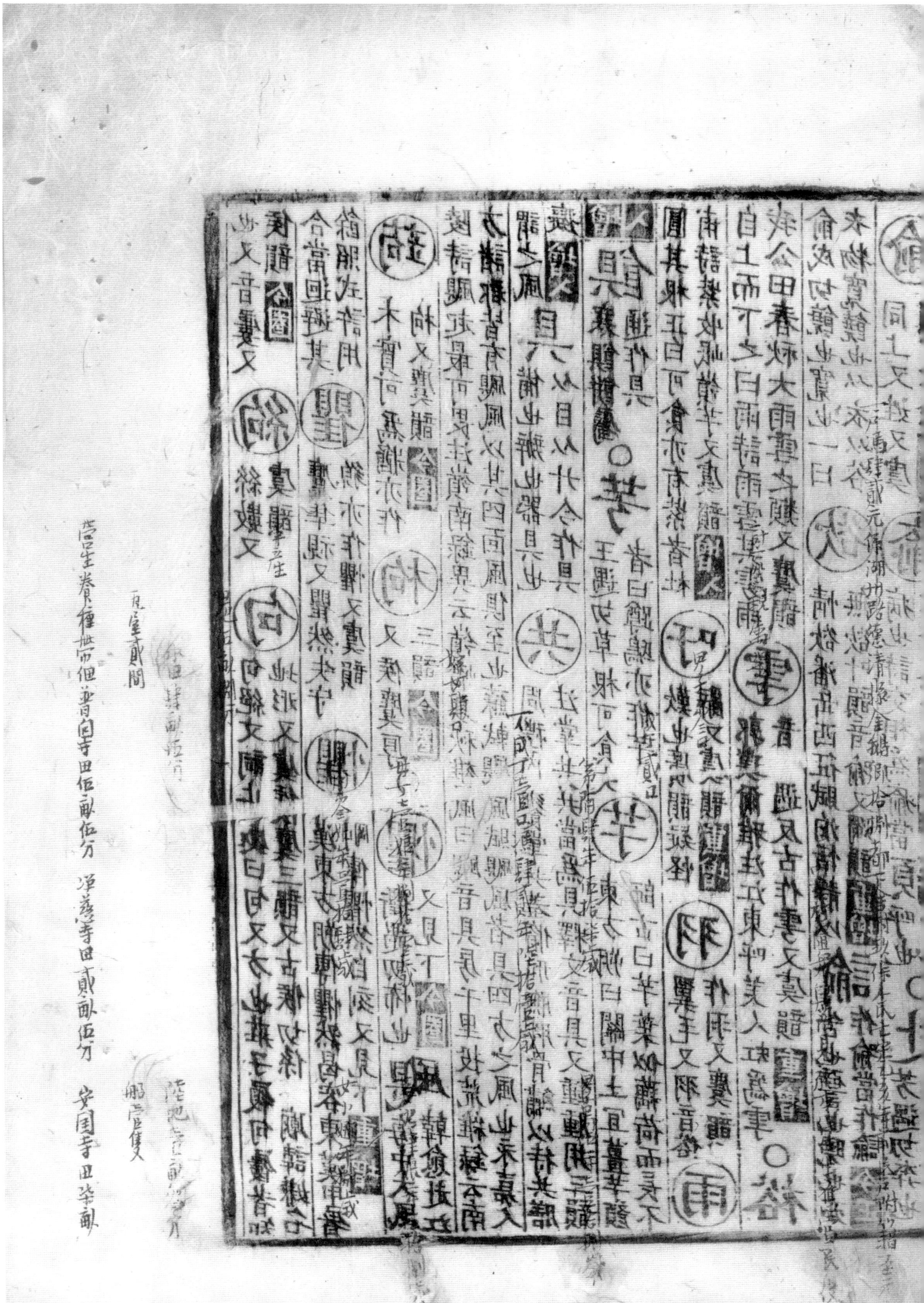
當坐養種卌畝但普向寺田伍畝伍分　淨慈寺田貳畝伍分　安國寺田柒畝
瓦屋貳間
船壹隻

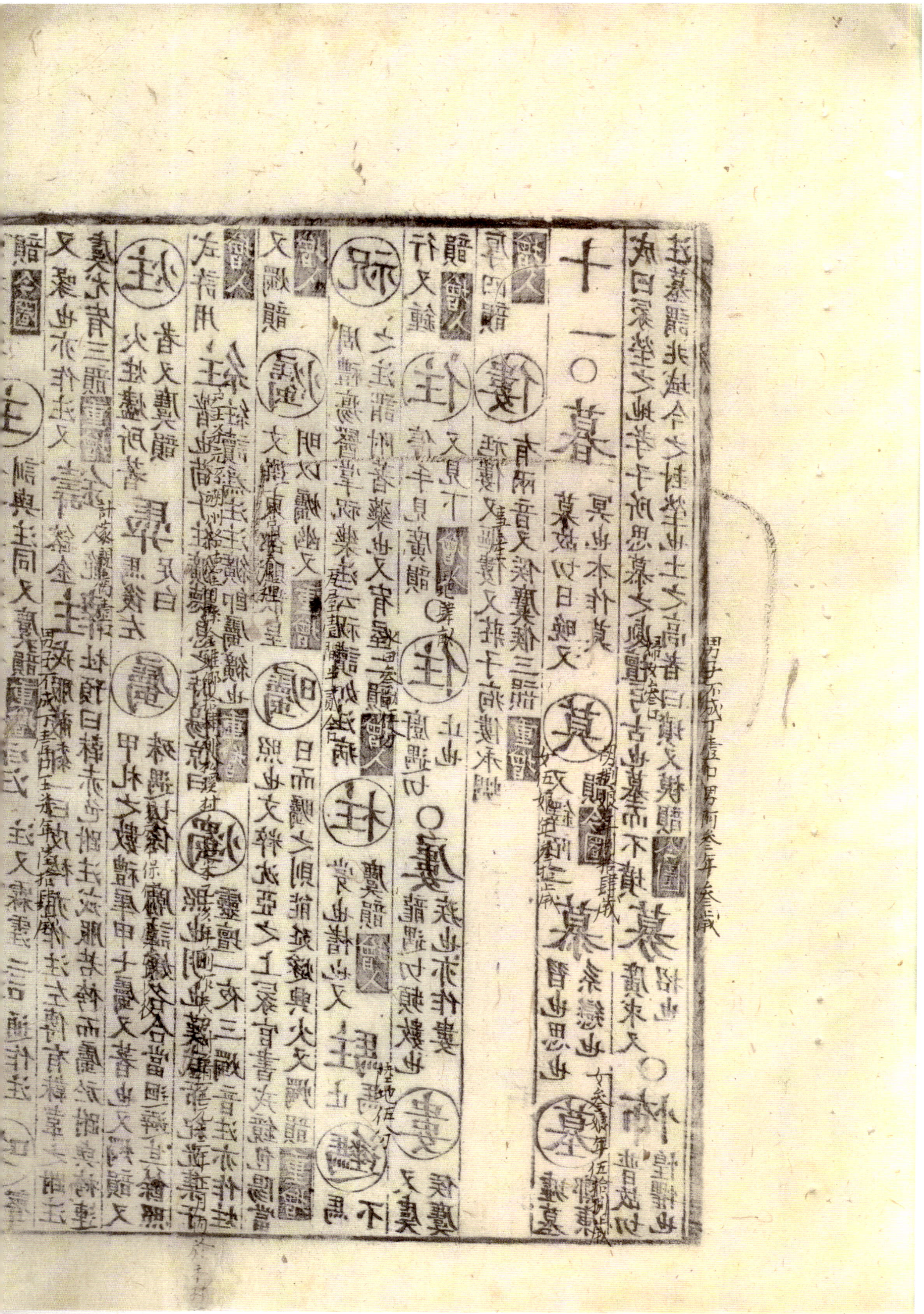

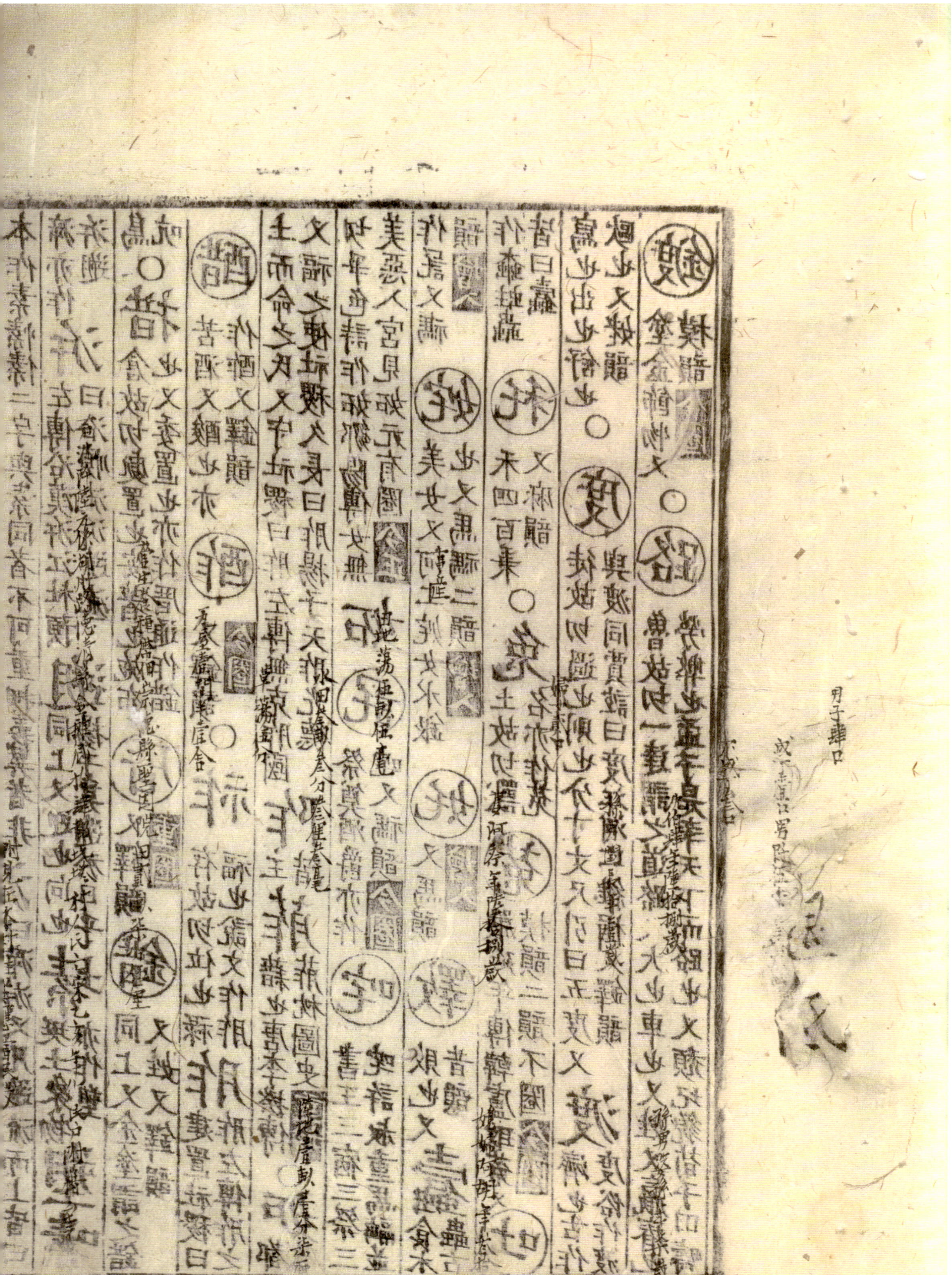

兒婦謝肆娘年貳拾[illegible]

事產

田地蕩壹拾壹畝玖厘

水田捌畝貳分伍厘　陸地伍分玖厘

蕩貳畝貳分伍厘

房屋貳小間壹舍

營生　養種佃[illegible]田陸畝柒分[illegible]

一戶沈伯柒元係湖州路德清縣金鵝鄉拾陸都[illegible]

計家親屬柒口

男子五口

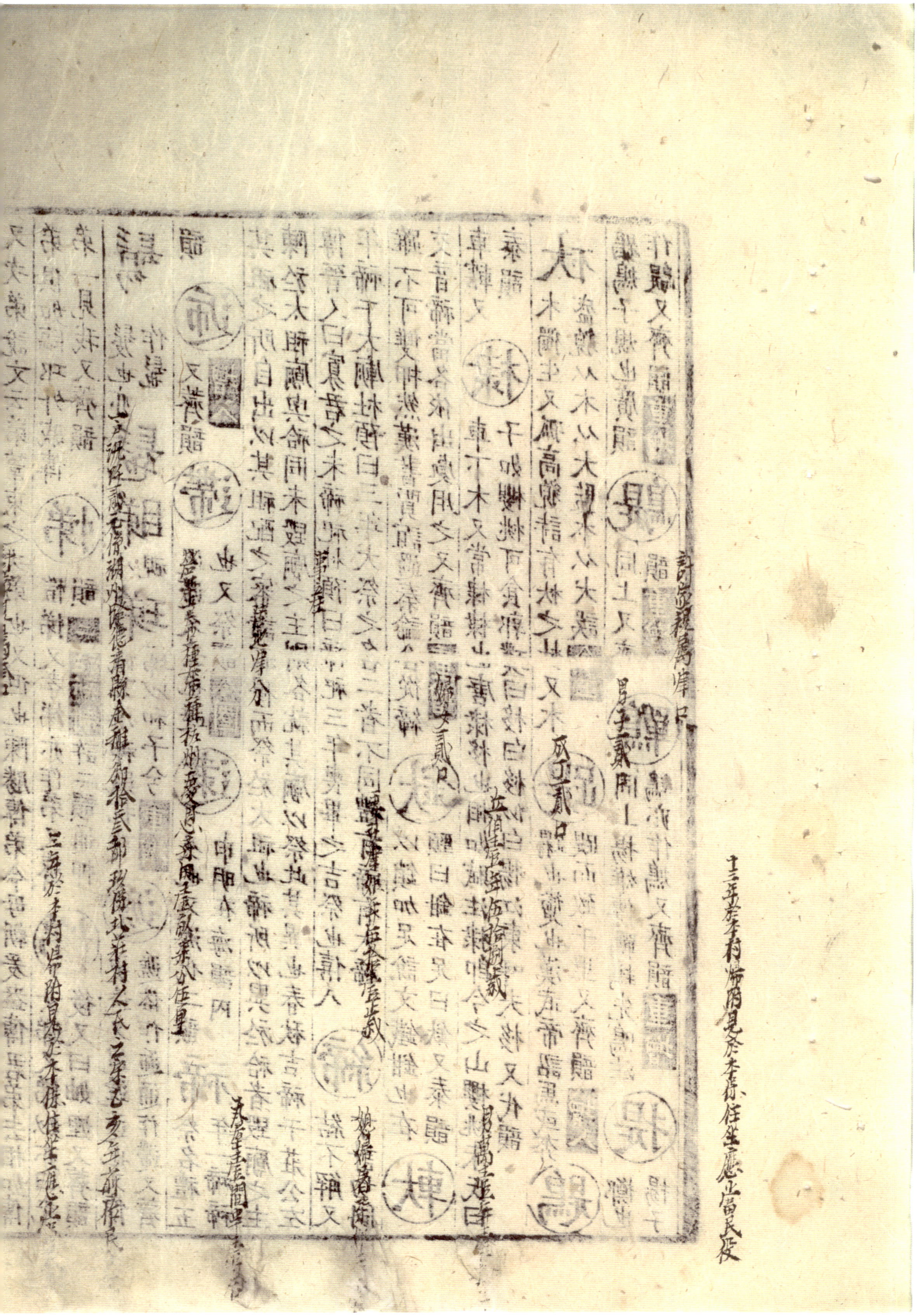

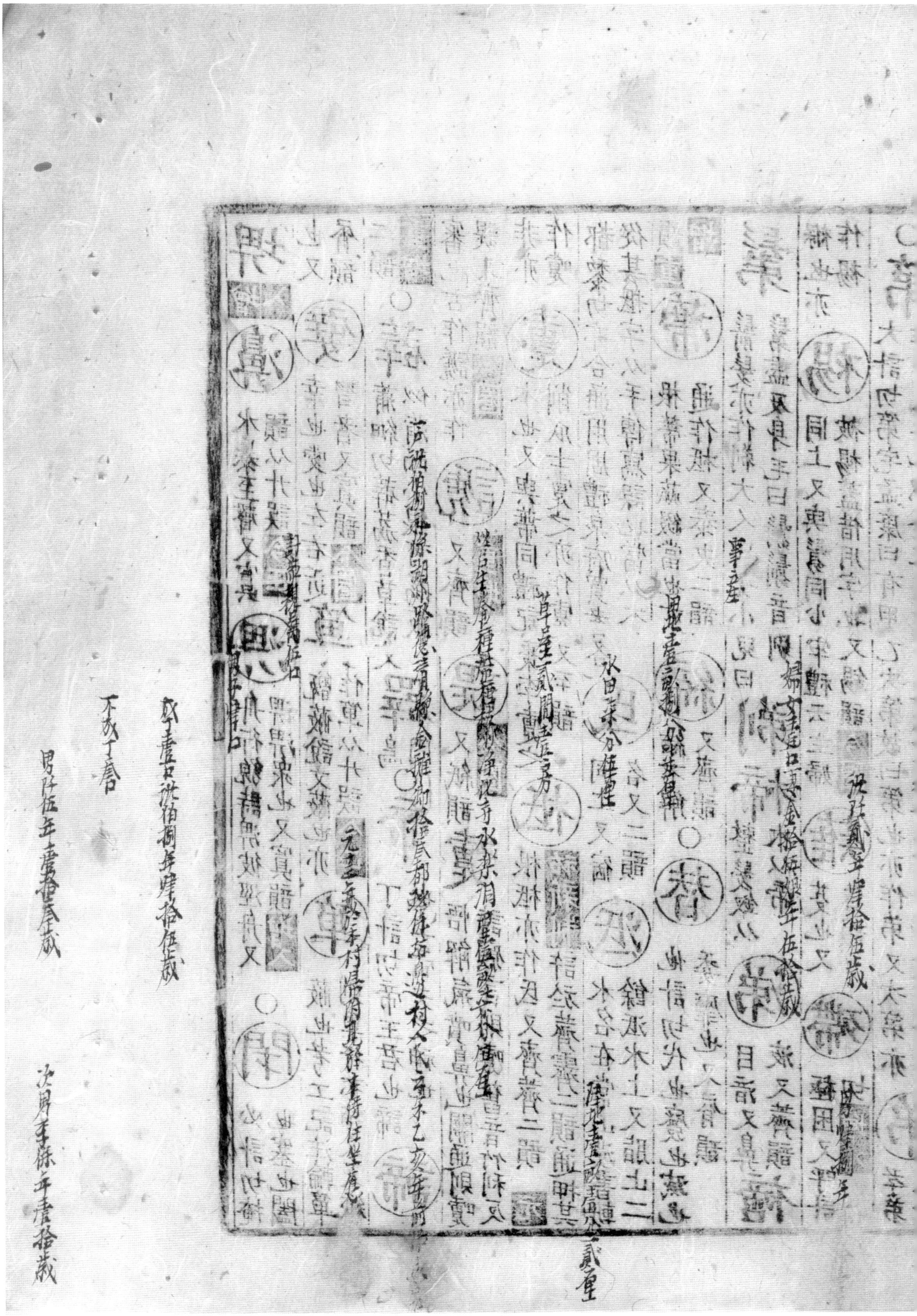

一戶朱陞捌元係湖州路德清縣金鵝鄉拾捌都下管市東保人氏亡宋乙亥年前民戶附

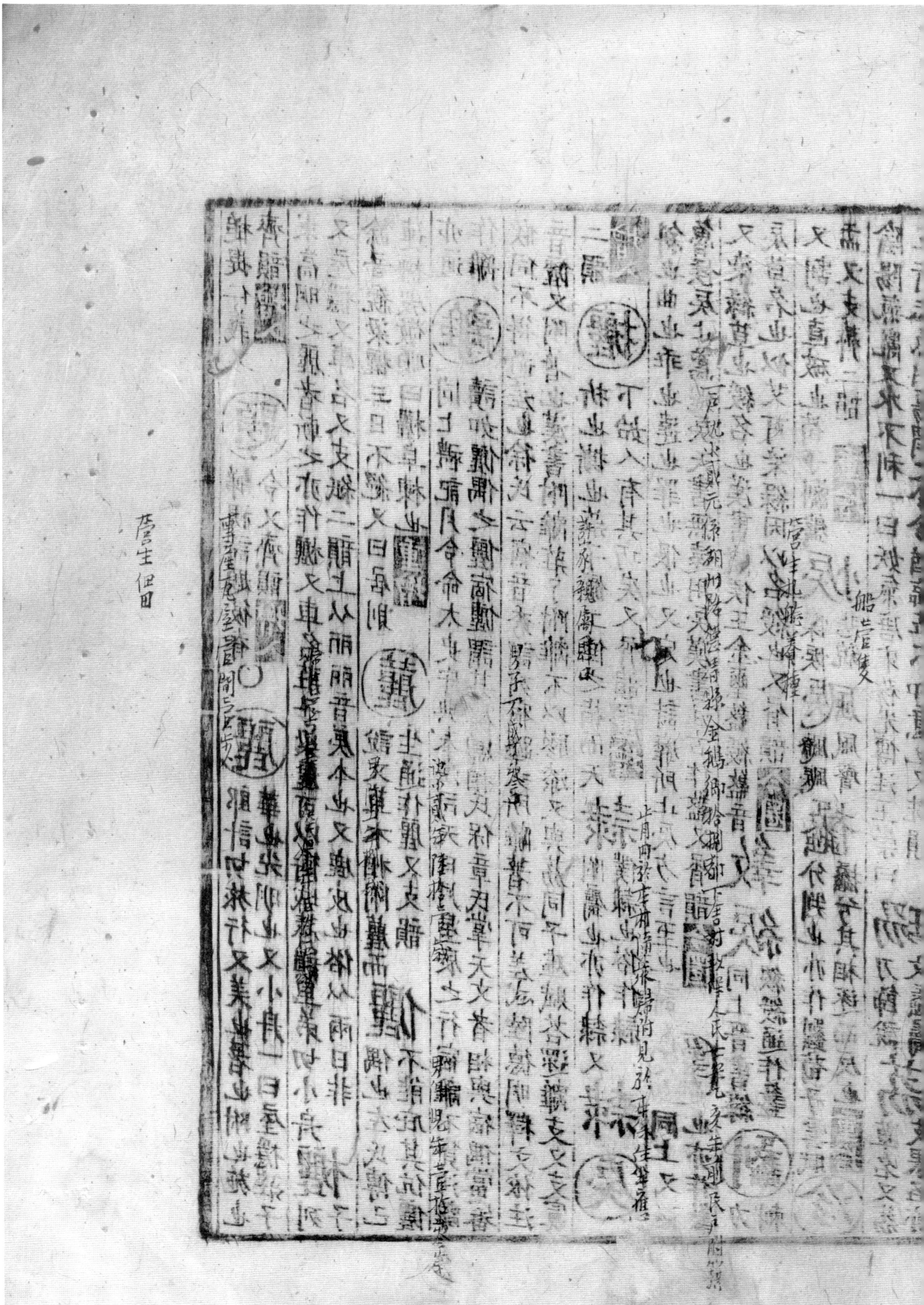

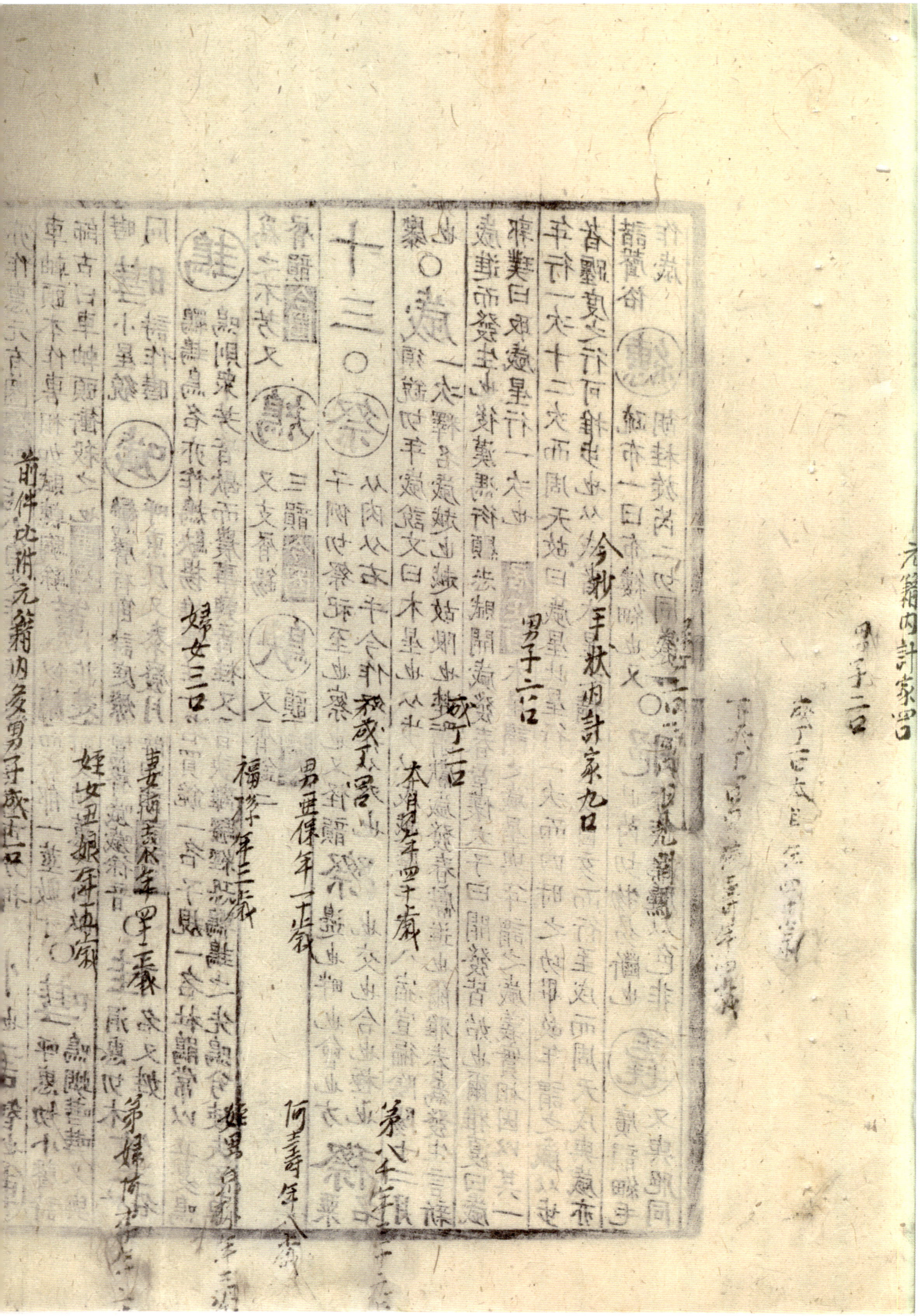

元籍内計家口
男子二口
成丁[illegible]
今狀手狀内計家九口
男子六口
成丁二口
本身年四十歲
第八[illegible]
不成丁四口
男亜保年一十歲
何壽年八歲
福孫年二十歲
婦女三口
妻[illegible]年四十[illegible]歲
姪女丑娘年[illegible]歲
前件元附元籍内多男子成丁一口

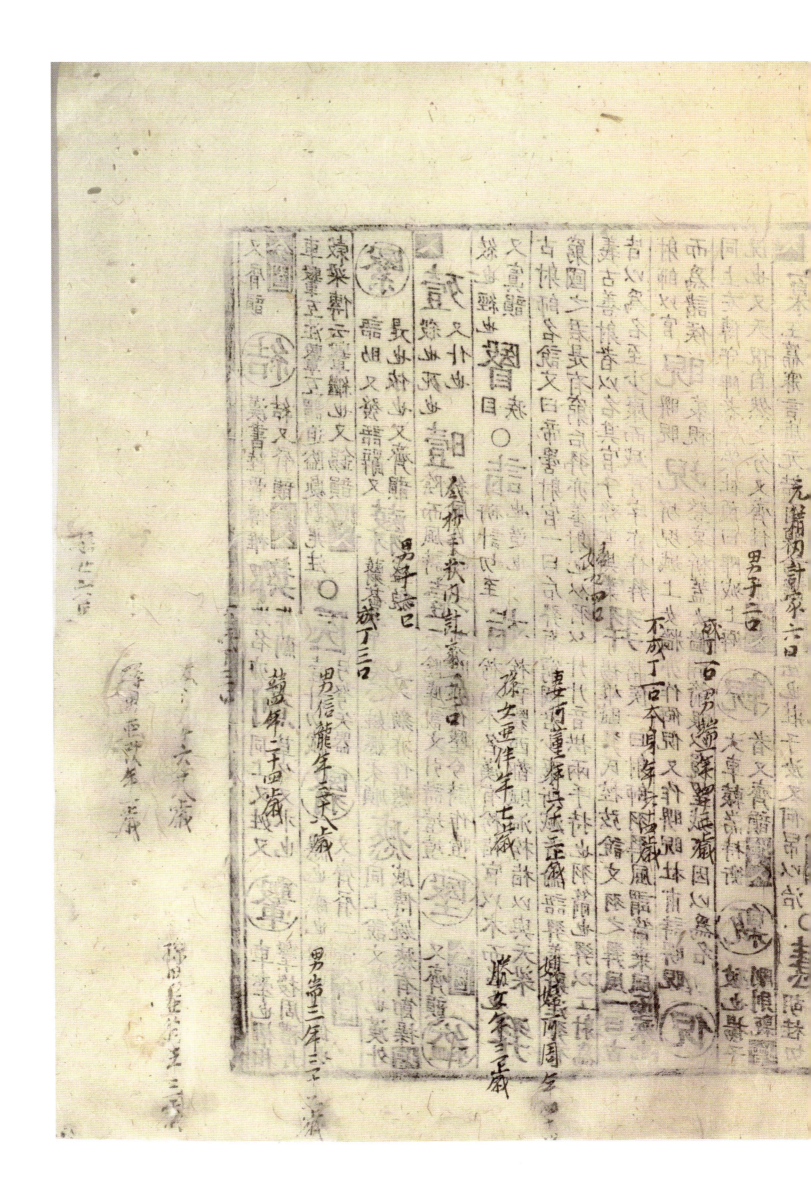

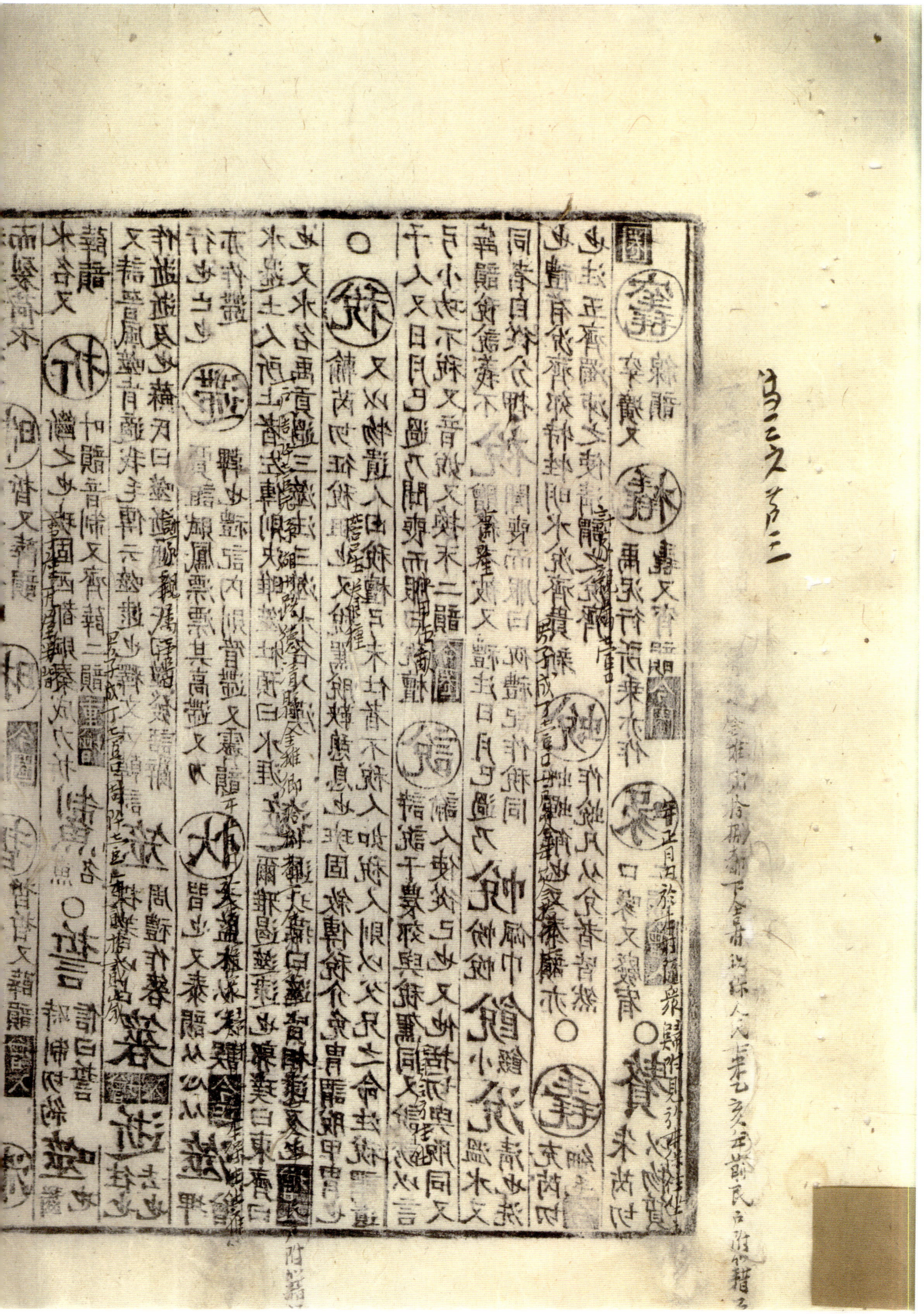

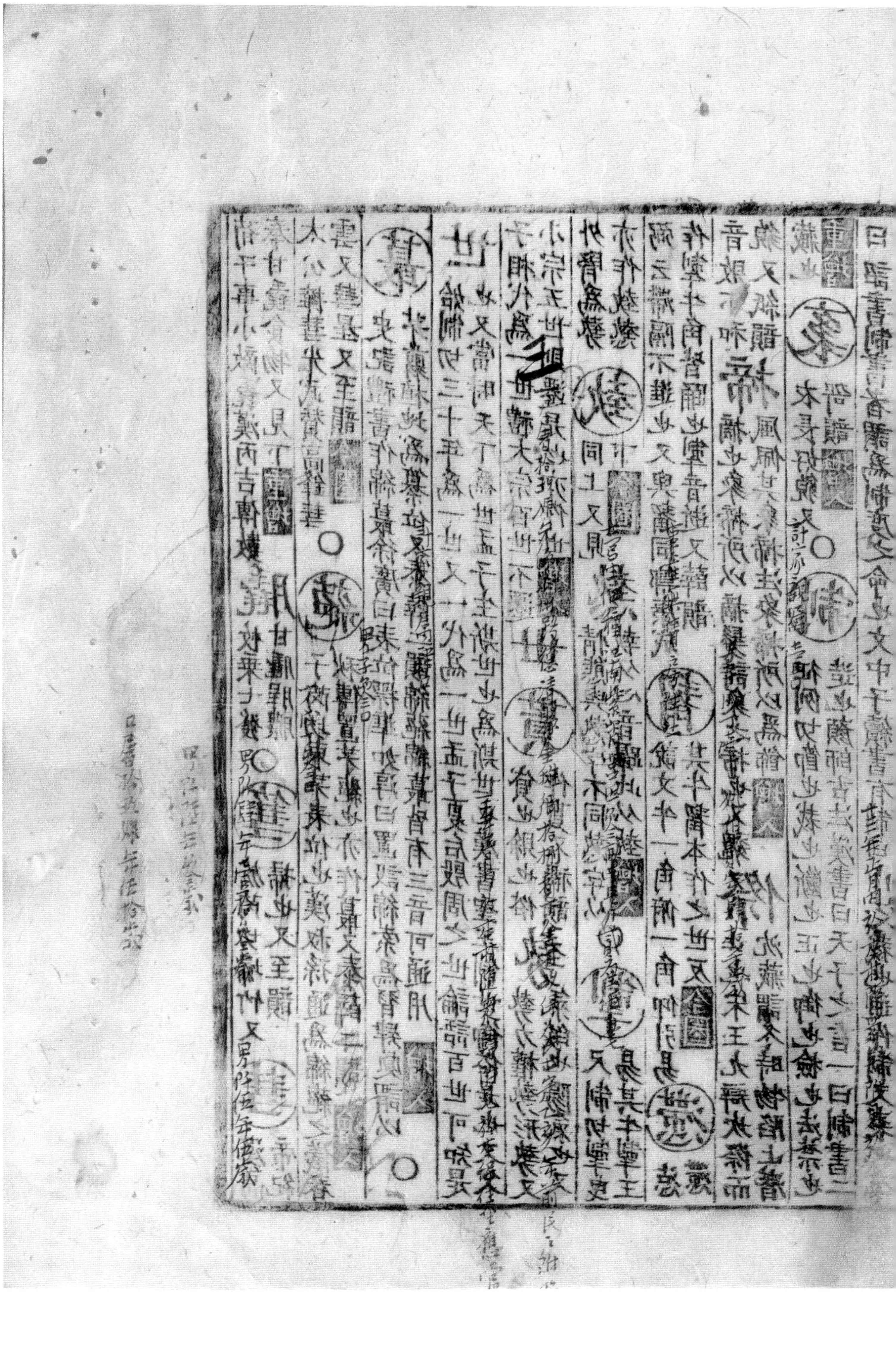

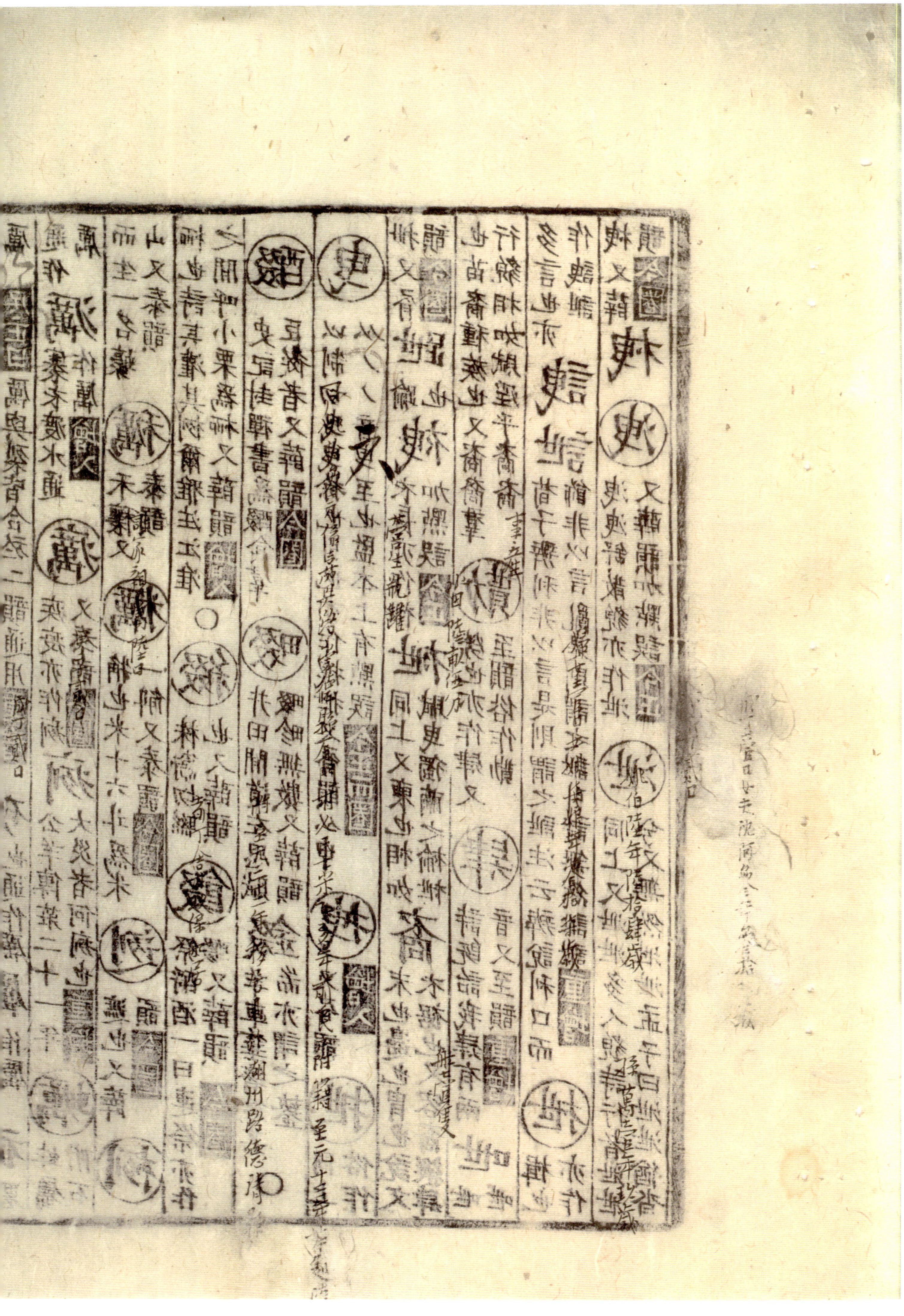

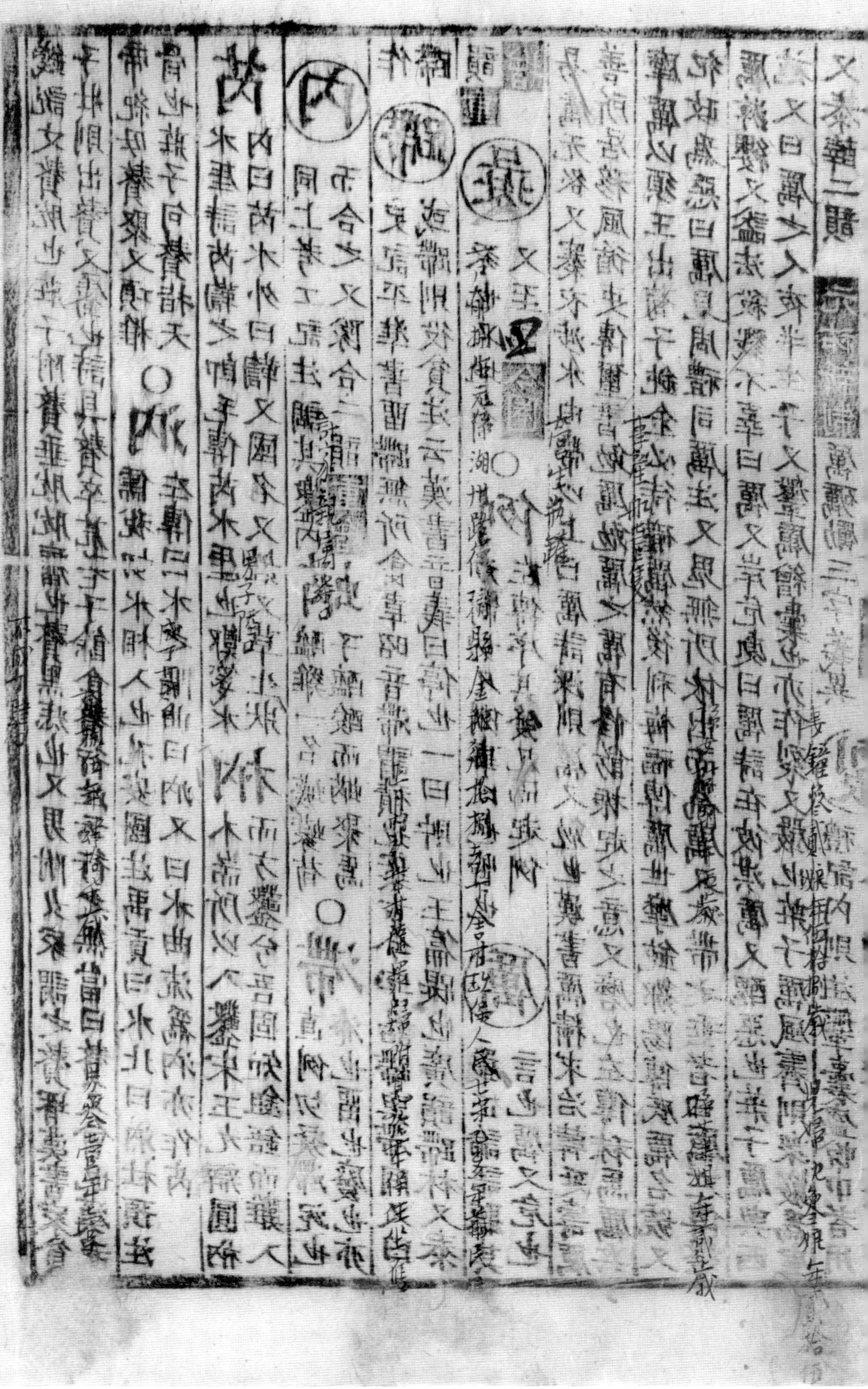

婦女壹口　妻陸貳娘年肆拾叁歲

男阿伍年伍歲

男阿陸年壹歲

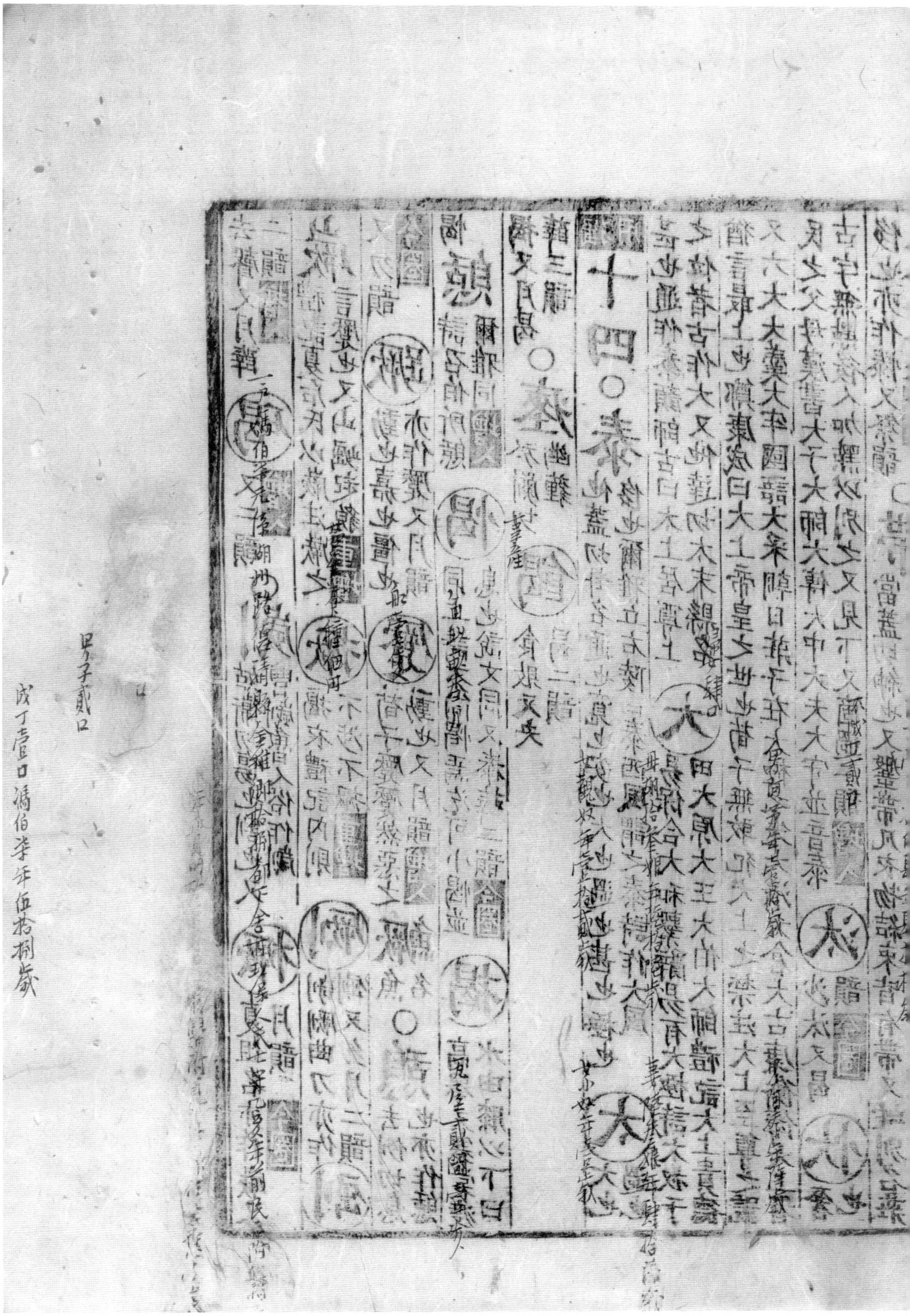

事産

水田貳畝　瓦屋壹間

無營運

營生養種　蒂種杭州路崇慈寺田叁畝伍分

一戶[illegible]元係湖州路德清縣金鵝鄉拾捌都下舍村玖保人氏亡宋民戶附籍

於本村隆泉歸附見於[illegible]其[illegible]注應當民役

計家親屬

男子叁口

成丁貳口　[illegible]參歲

不成丁壹口　[illegible]伍歲

[illegible]年伍歲

婦女參口

妻阿陸娘年[illegible]伍歲

女[illegible]年[illegible]拾貳歲

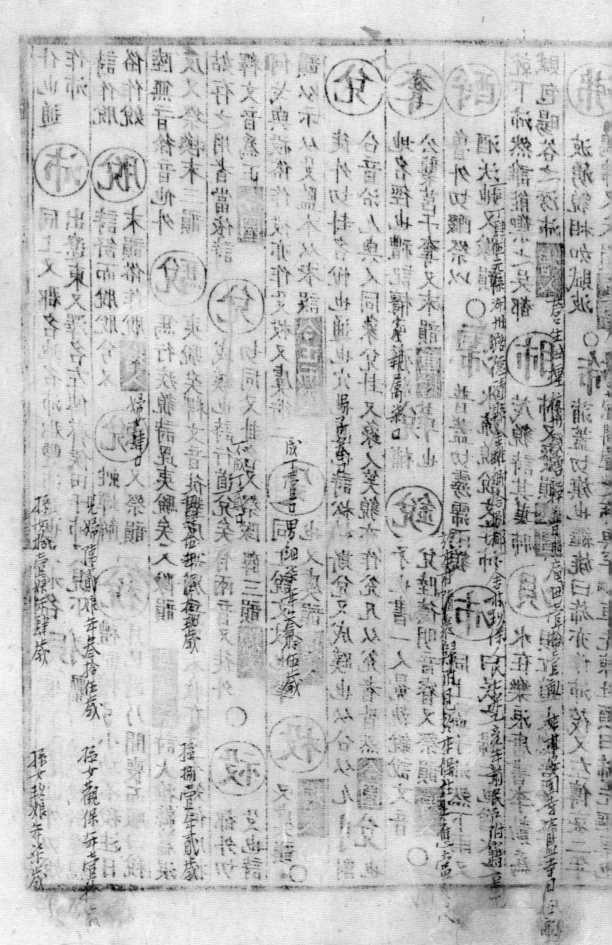

田地壹拾玖畝捌分
水田壹拾捌畝
陸地壹畝捌分
瓦屋貳間
營生養種
鄭宅田貳畝
錢塘縣安靜院田
一戶陸伯叁
計家親屬捌口
男子伍口
成丁貳口
男陸阡壹年肆拾肆歲
男陸阡叁年
不成丁叁口
陸伯叁年陸拾壹歲
孫回孫年叁歲

不成丁貳口
姊夫沈肆伍年柒拾伍歲
男小哥年壹拾叁歲

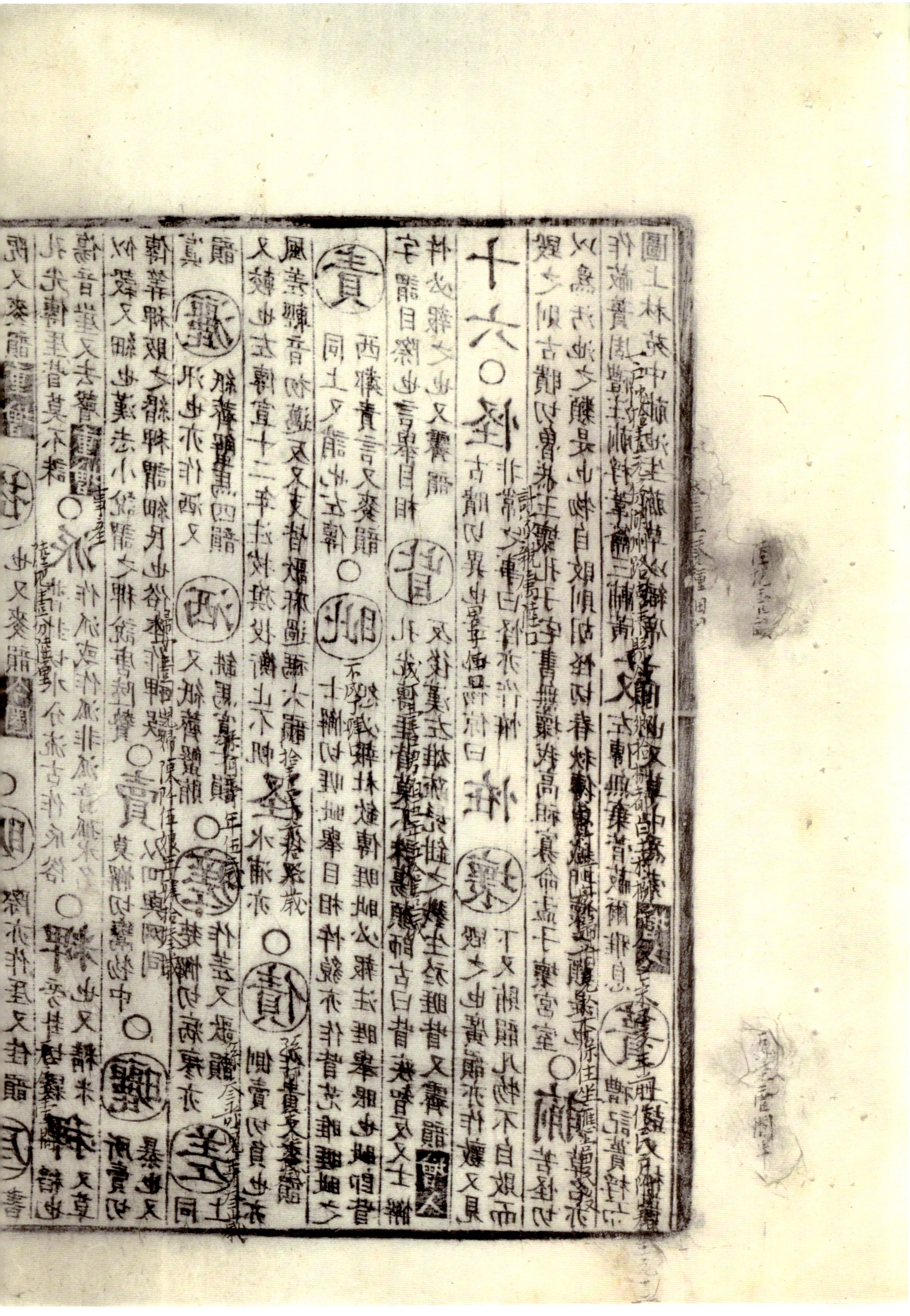

菅生春種帯種下今村安国寺田畔

於本村隨衆歸附見於本保住坐
計家親屬肆口
男子貳口
成丁壹口：余伯玖年肆拾柒歲
不成丁壹口：男阿回年壹拾叁歲
婦女貳口
妻[illegible]娘年伍拾壹歲
女[illegible]娘年[illegible]歲
事產
田地壹畝玖分伍厘
水田壹畝肆分
陸地貳分伍厘

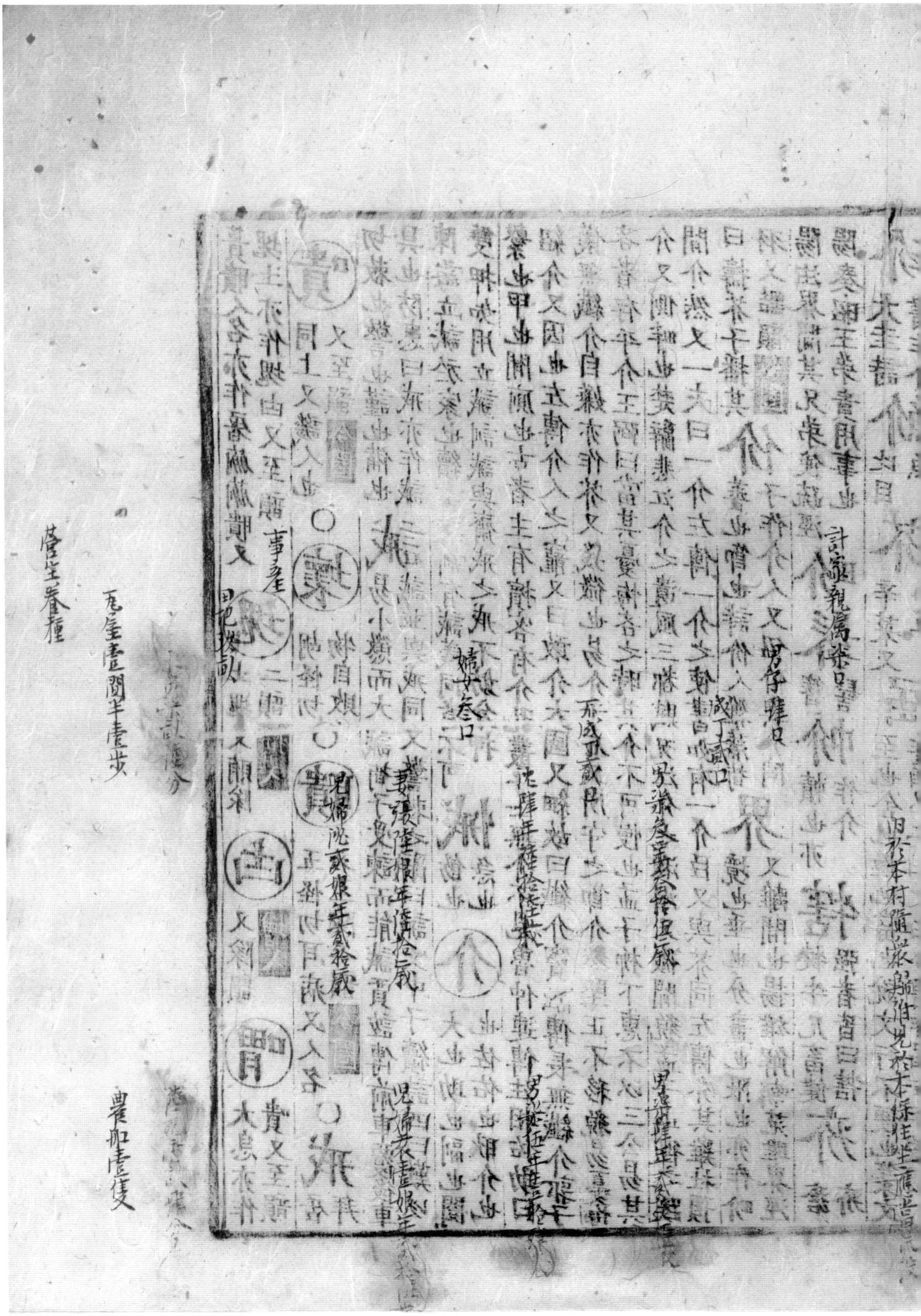

不成丁貳口
男子叁口
馮肆叁年柒拾叁歲
孫男李貝年玖歲
婦女壹口 児婦陳玖娘年肆拾伍歲
事産

沈伯拾年陸拾伍歲

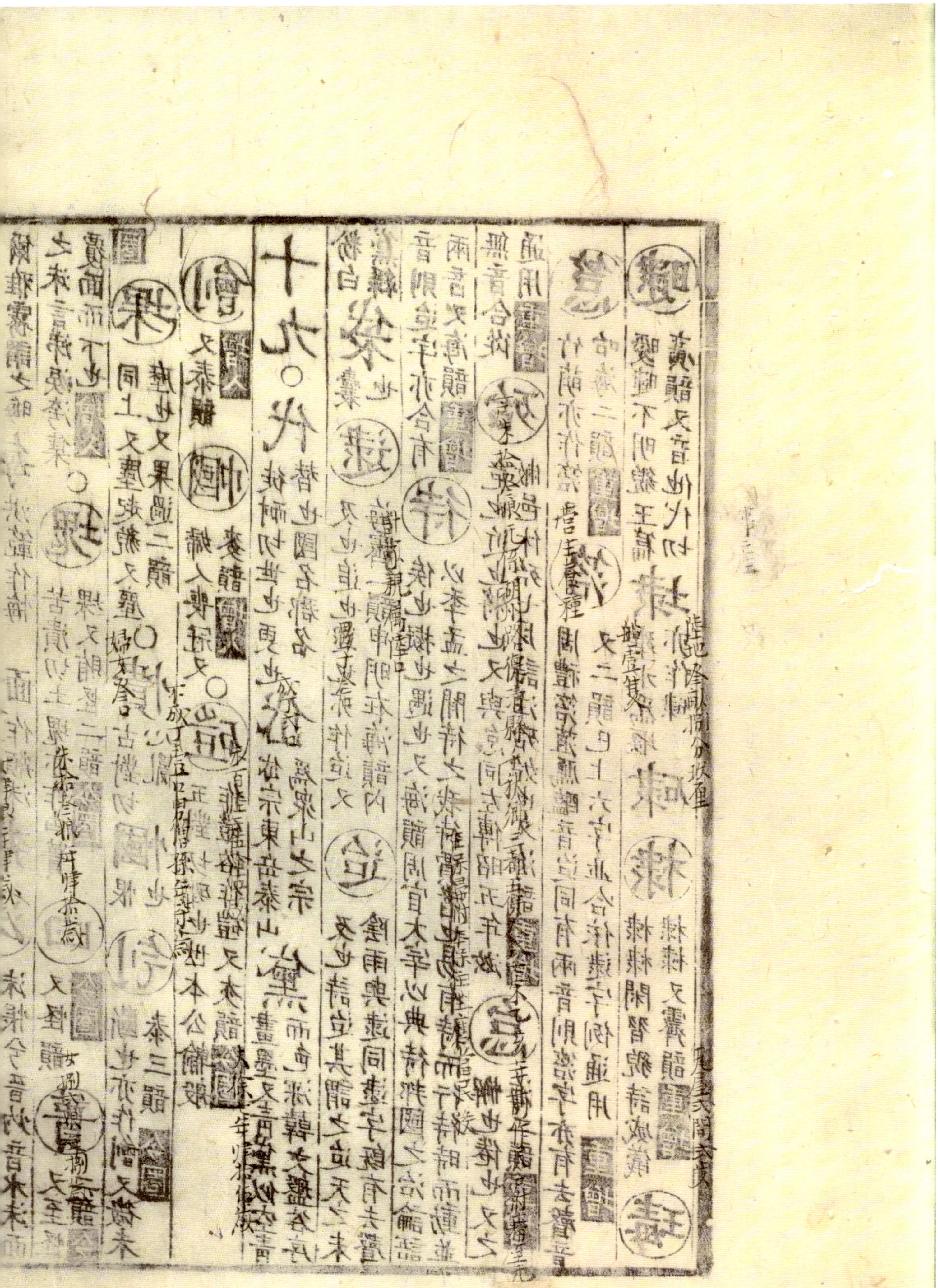

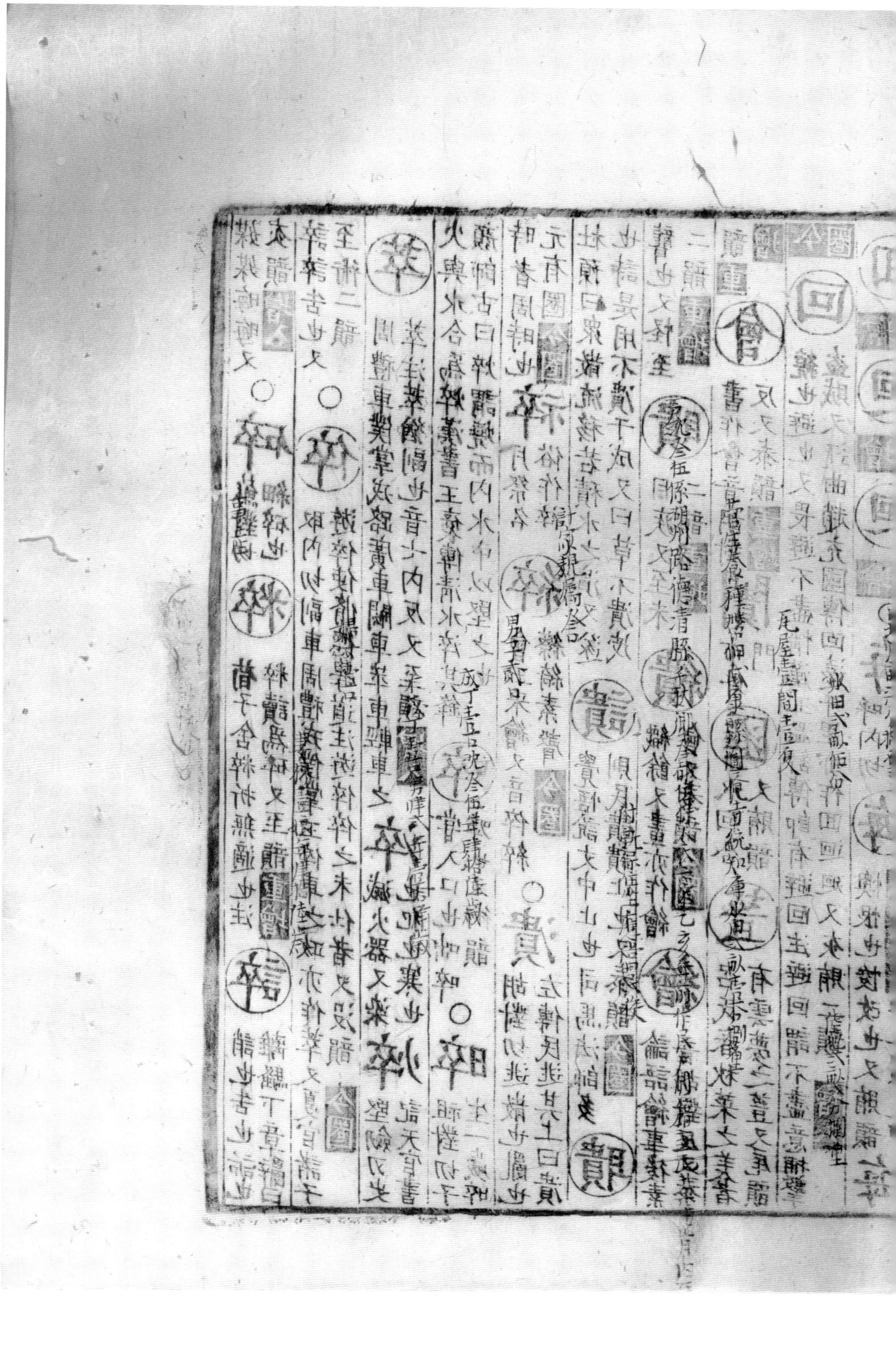

不成丁壹口
事產
男子伍口

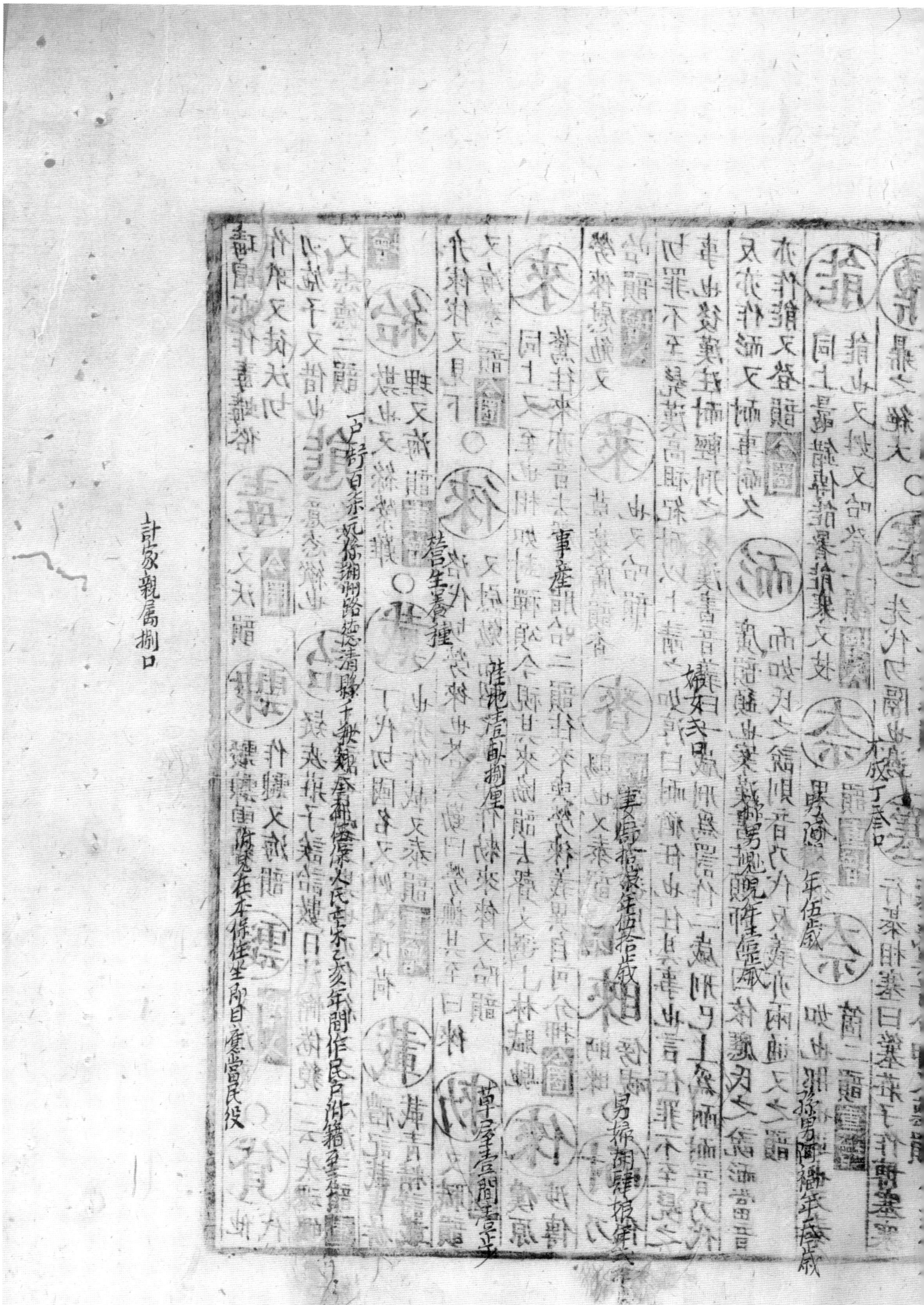
計家親屬捌口

計家親屬柒口

至今元在本保住坐即目應當民役

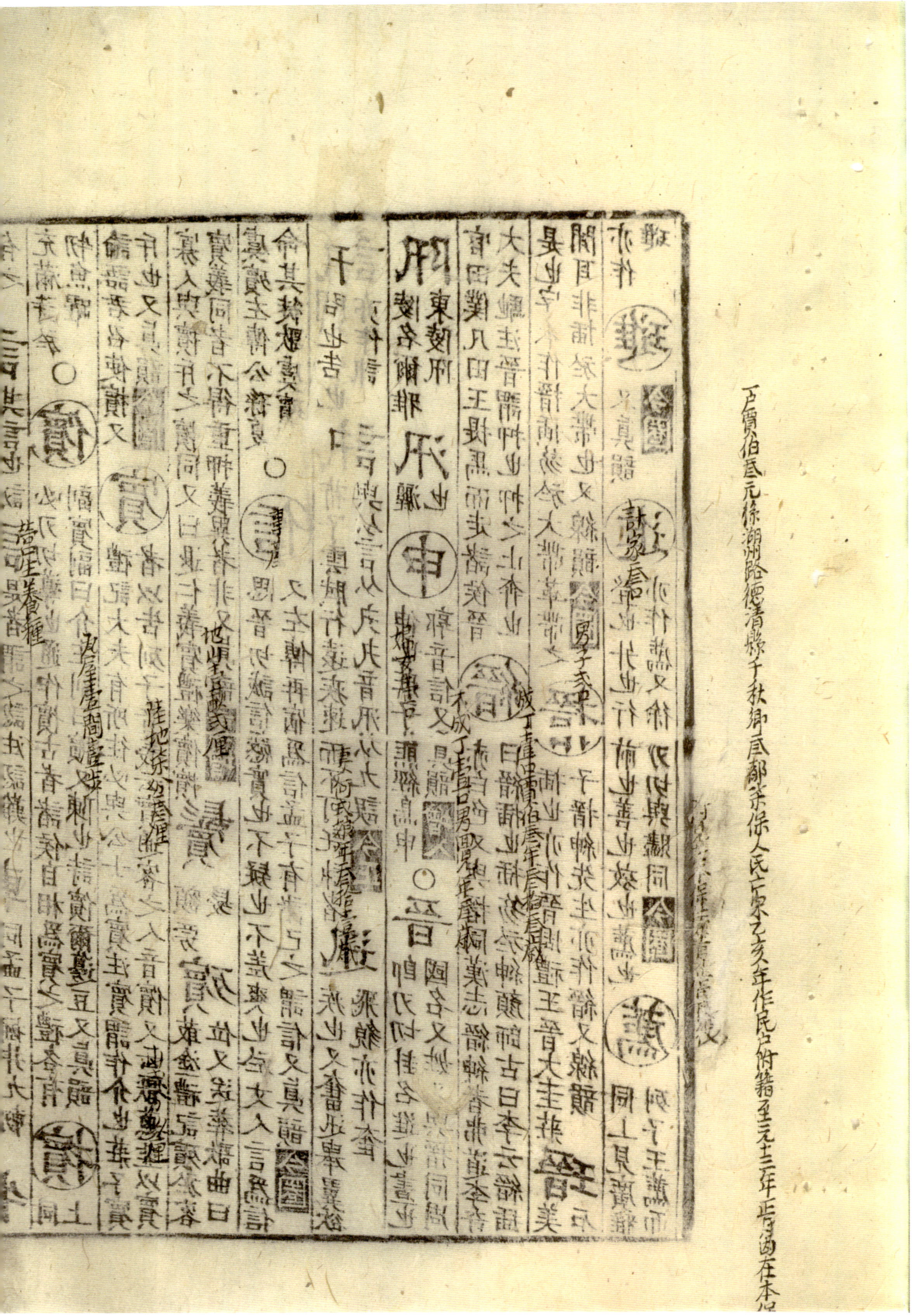
一戶賈伯四元係湖州路德清縣千秋鄉西都宋保人氏亡宋乙亥年作民戶附籍至元十二年正月內在本保

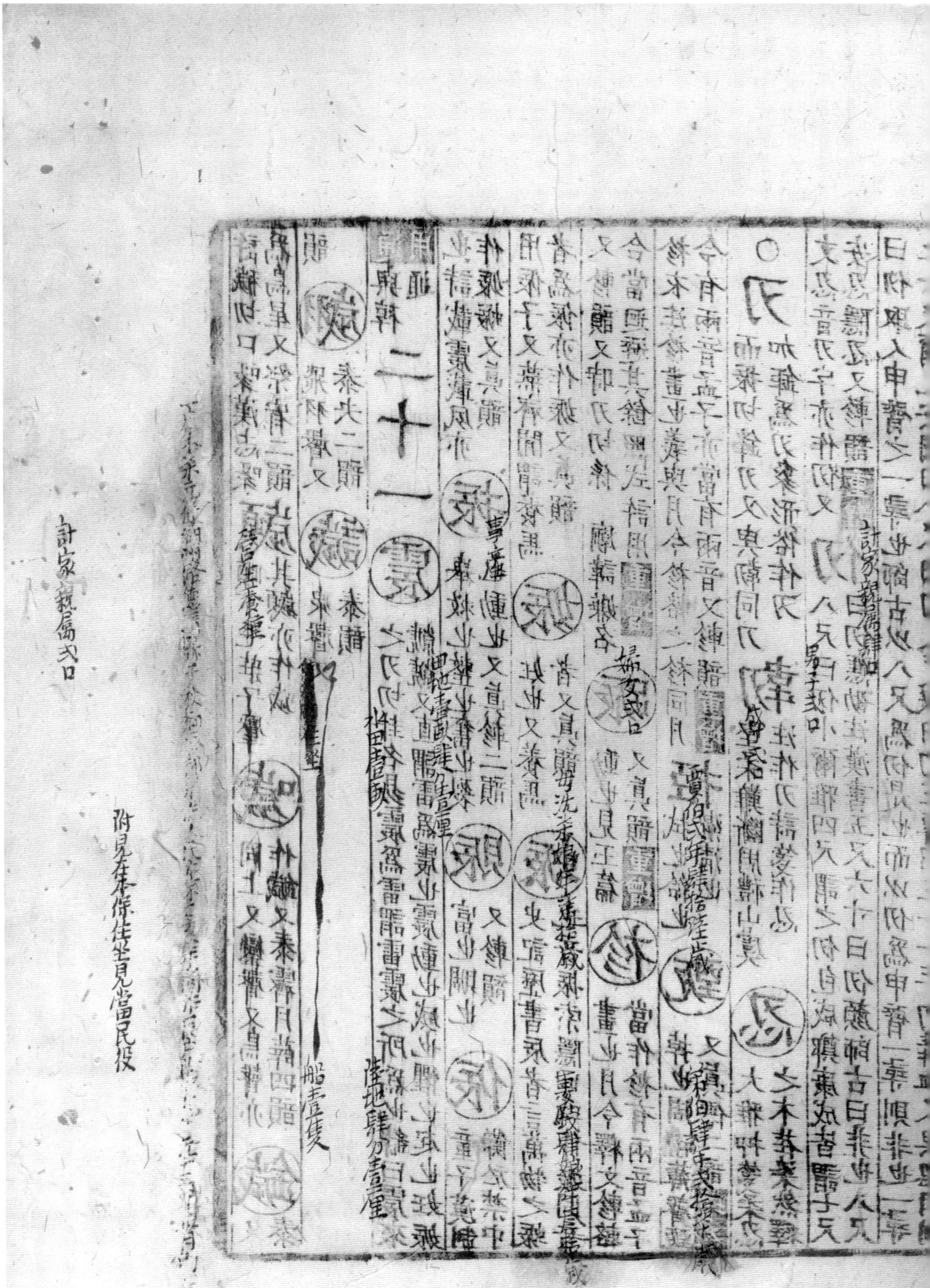

瓦屋貳間
張榮年柒拾伍歲
外甥男小娜年壹歲

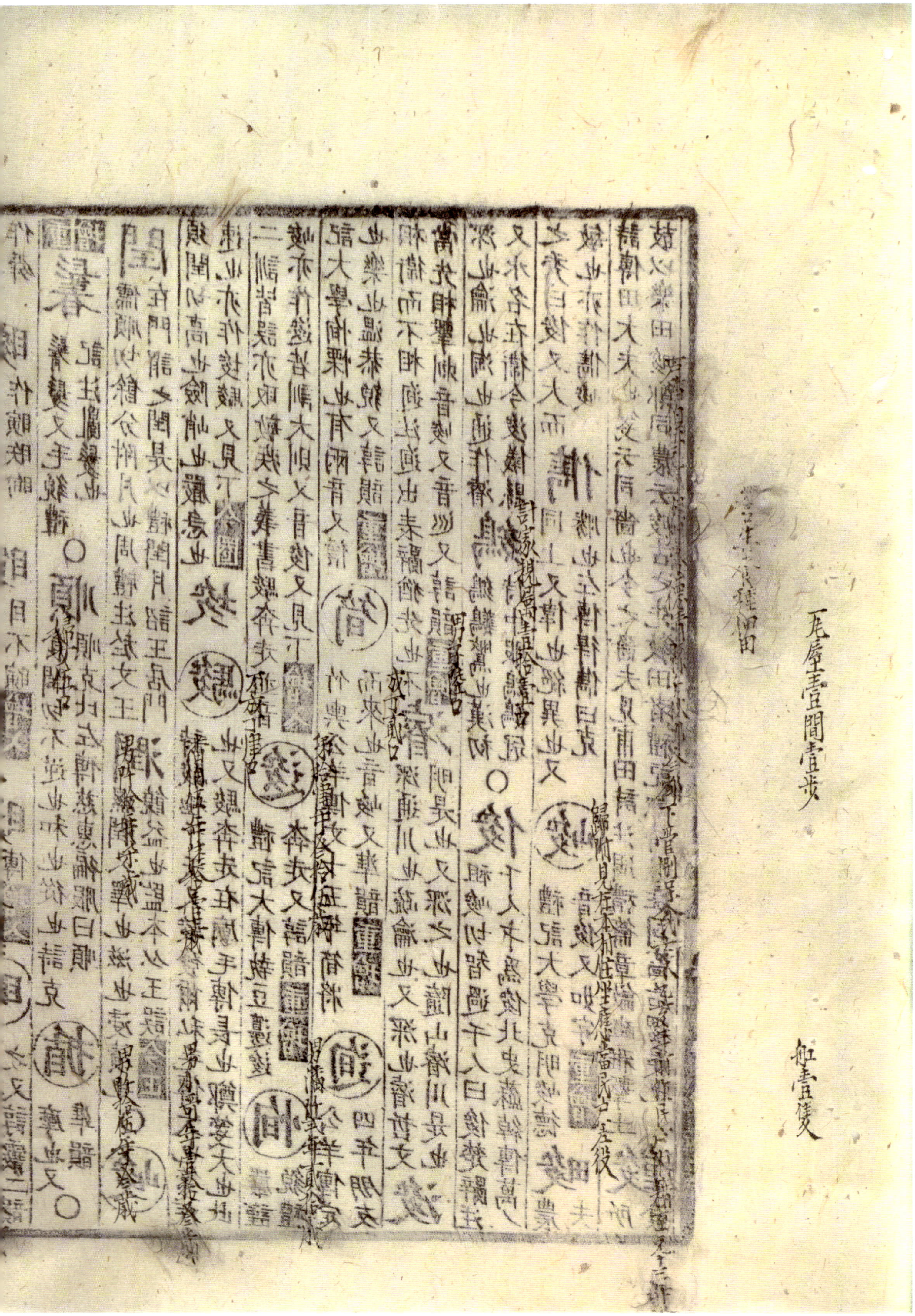

歸附見在本村住坐應當民户差役

種田

瓦屋壹間壹步

船壹隻

一戶潘廿貳元係湖州路德清縣千秋鄉叁都下管拗保人氏亡宋乙亥年前作民戶附籍至元十三年
歸附見在本村住坐應當民戶差役
計家親屬肆口

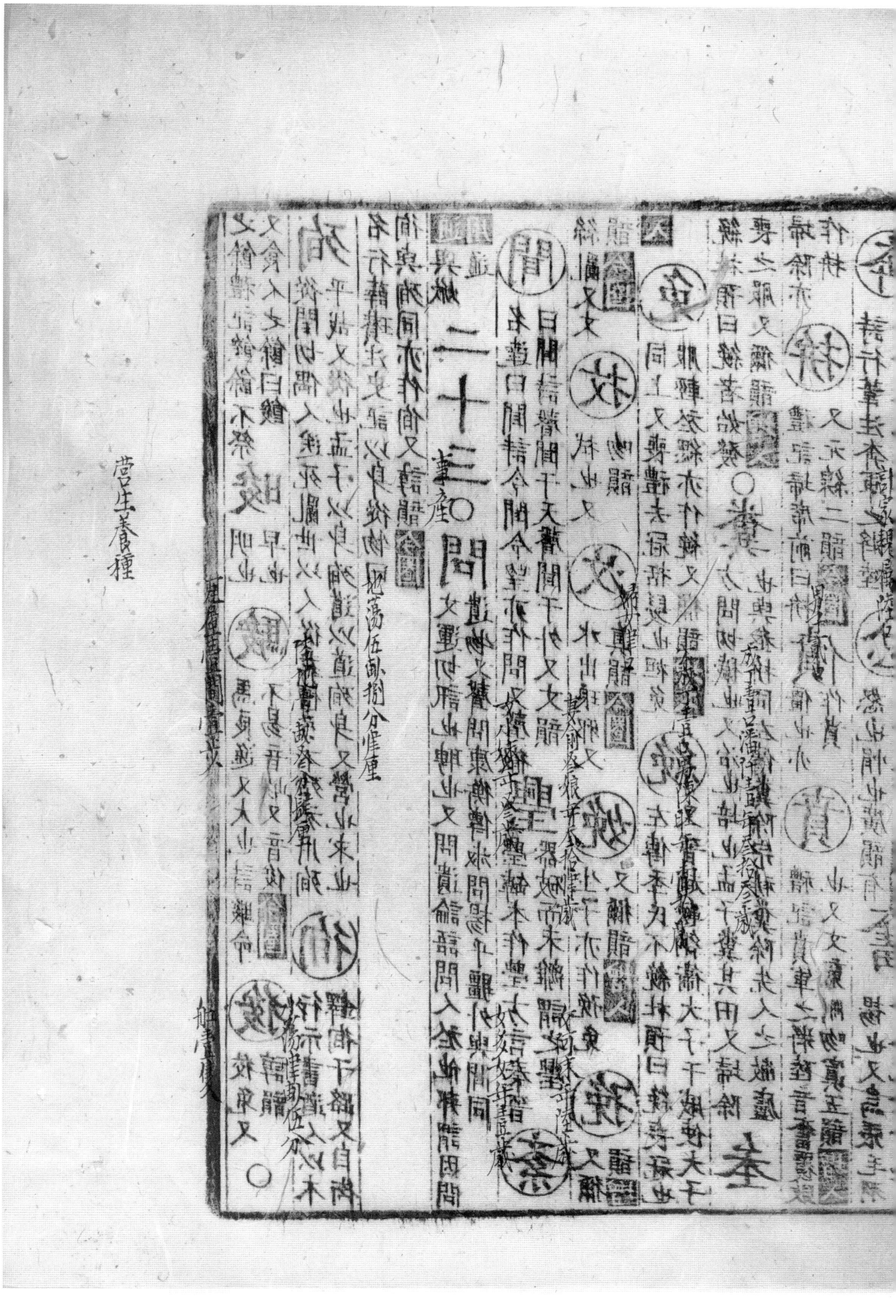
營生養種

事產

女吾娘年肆拾叁歲

媳婦朱叁娘年戴叁伍歲

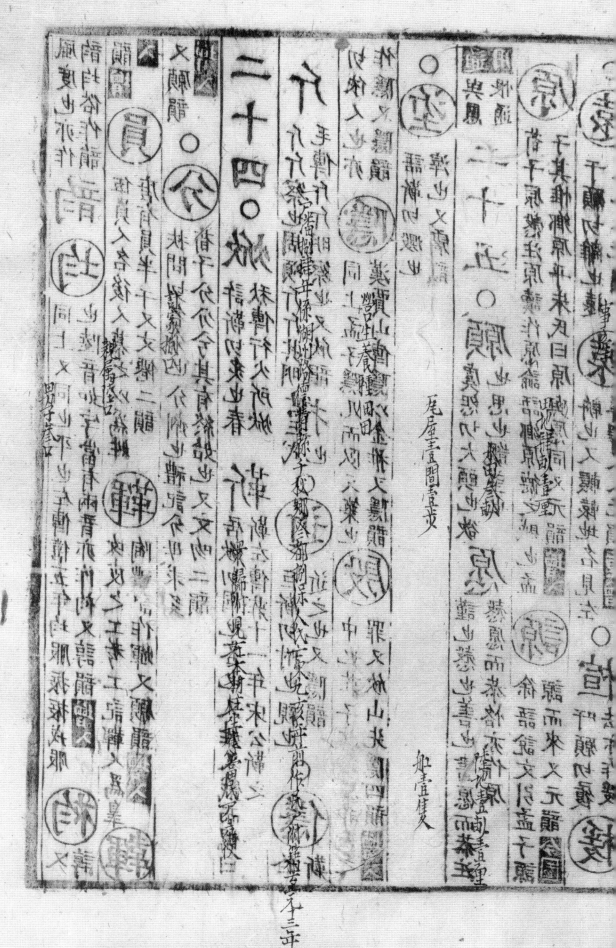

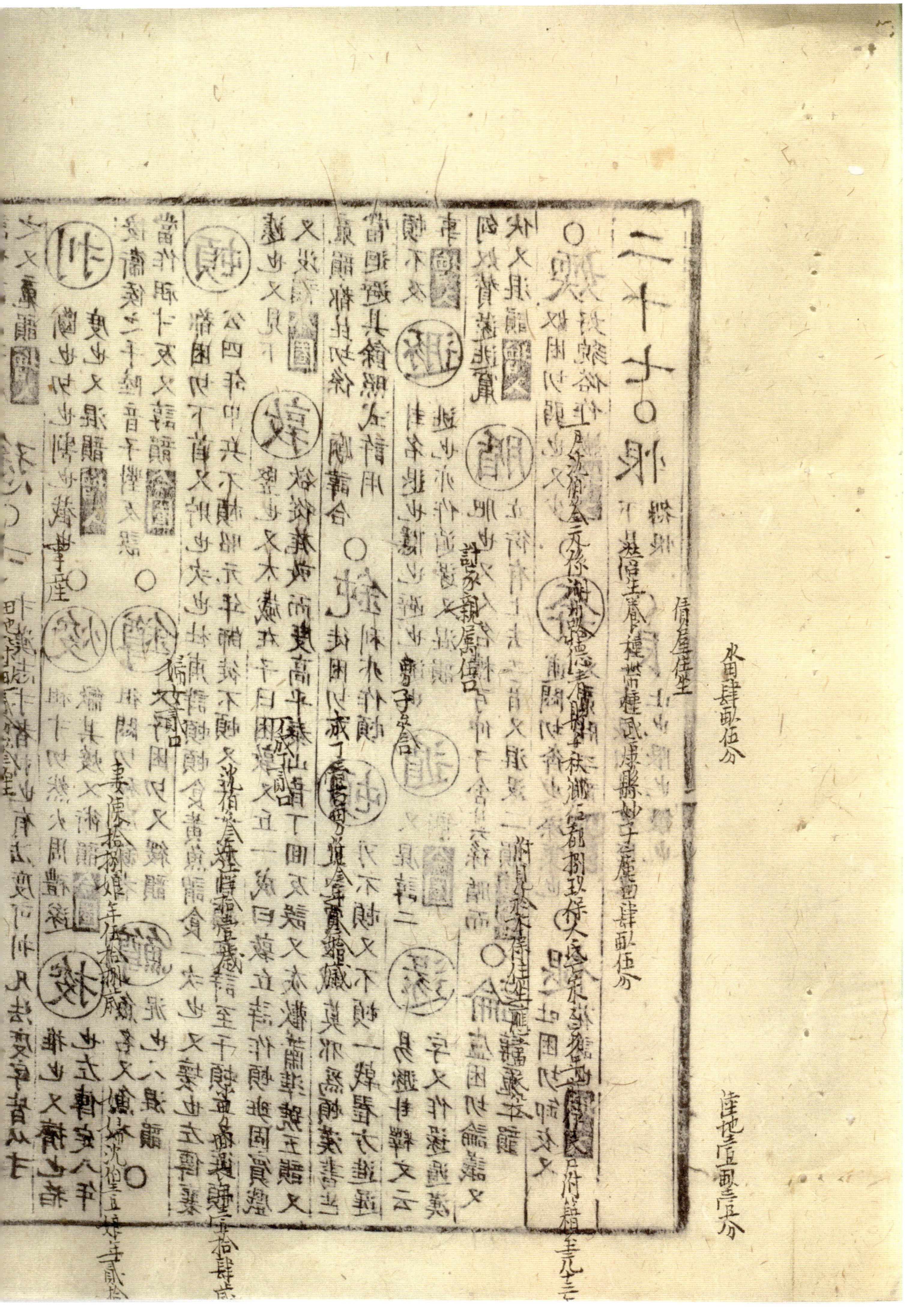
信屋住坐
水田肆畝伍分

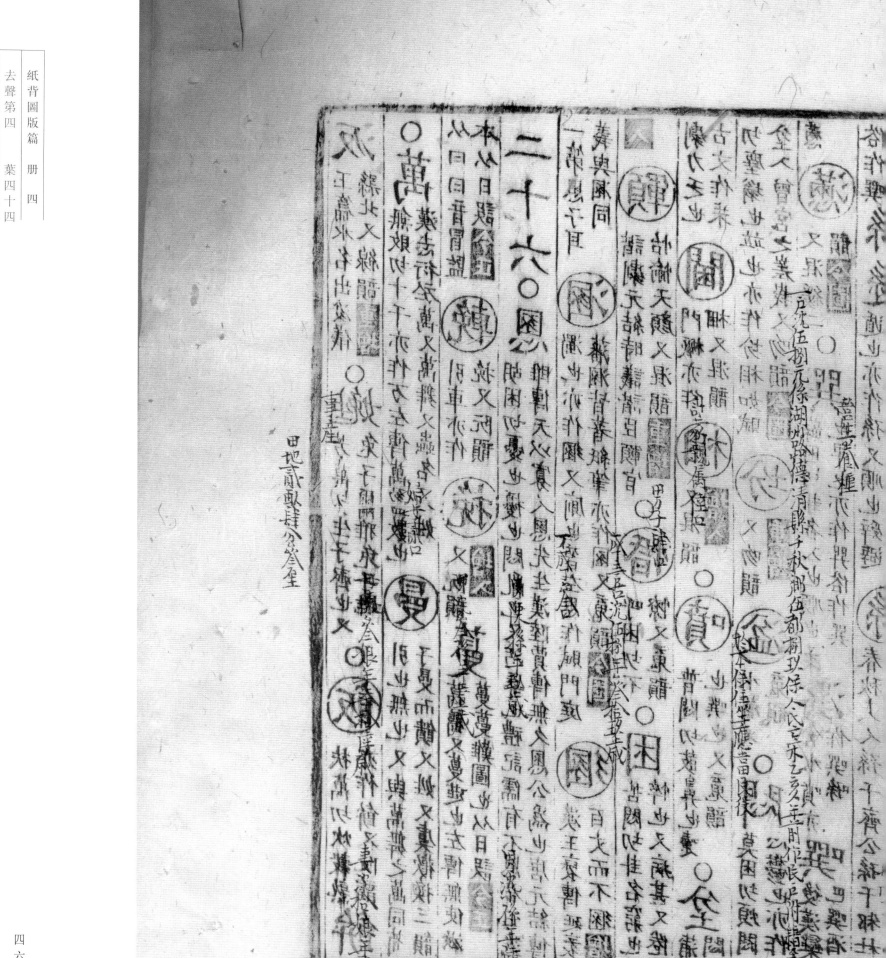

册五　去聲第四

水田壹拾畝陸分

陸地肆畝玖分伍厘

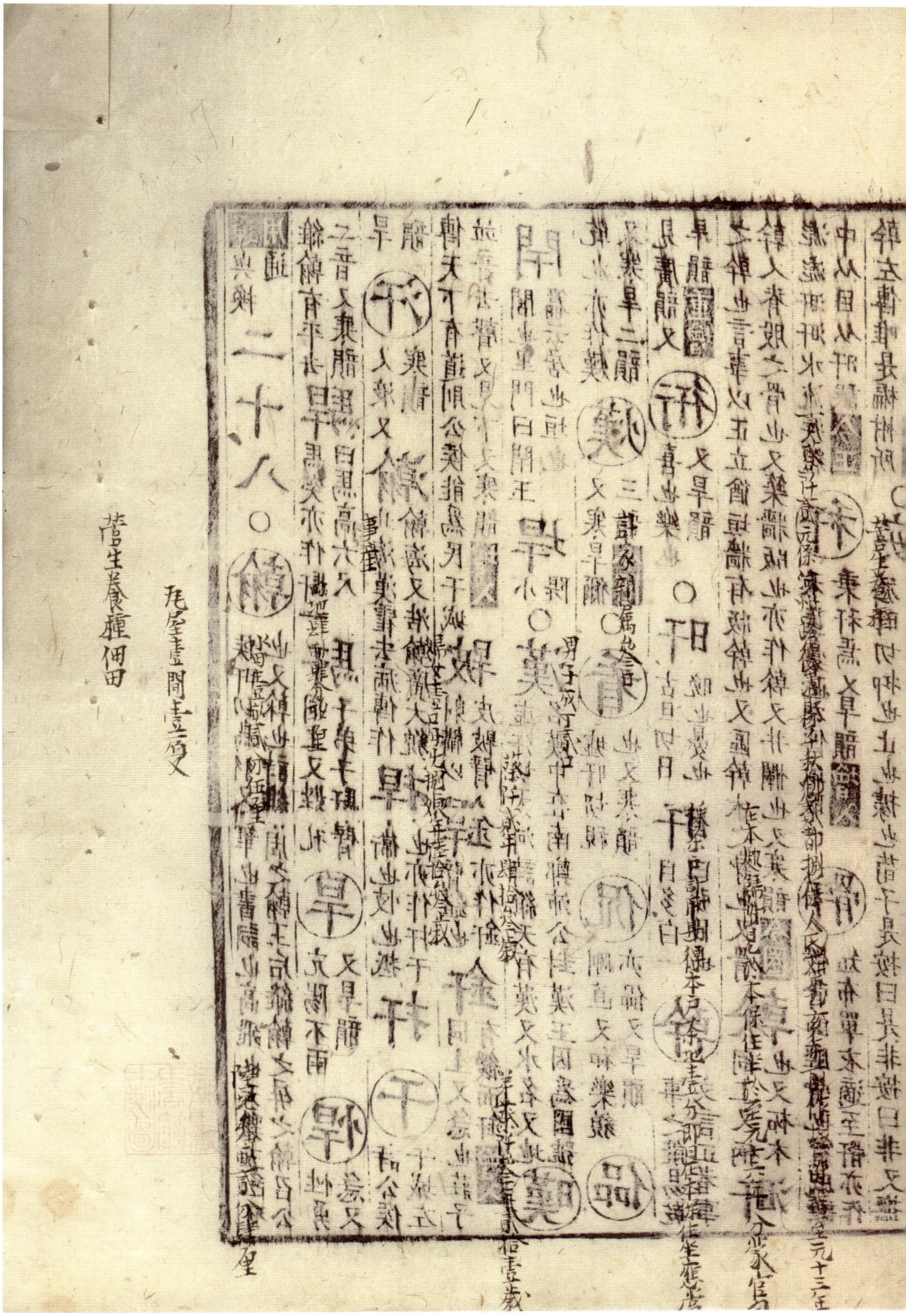

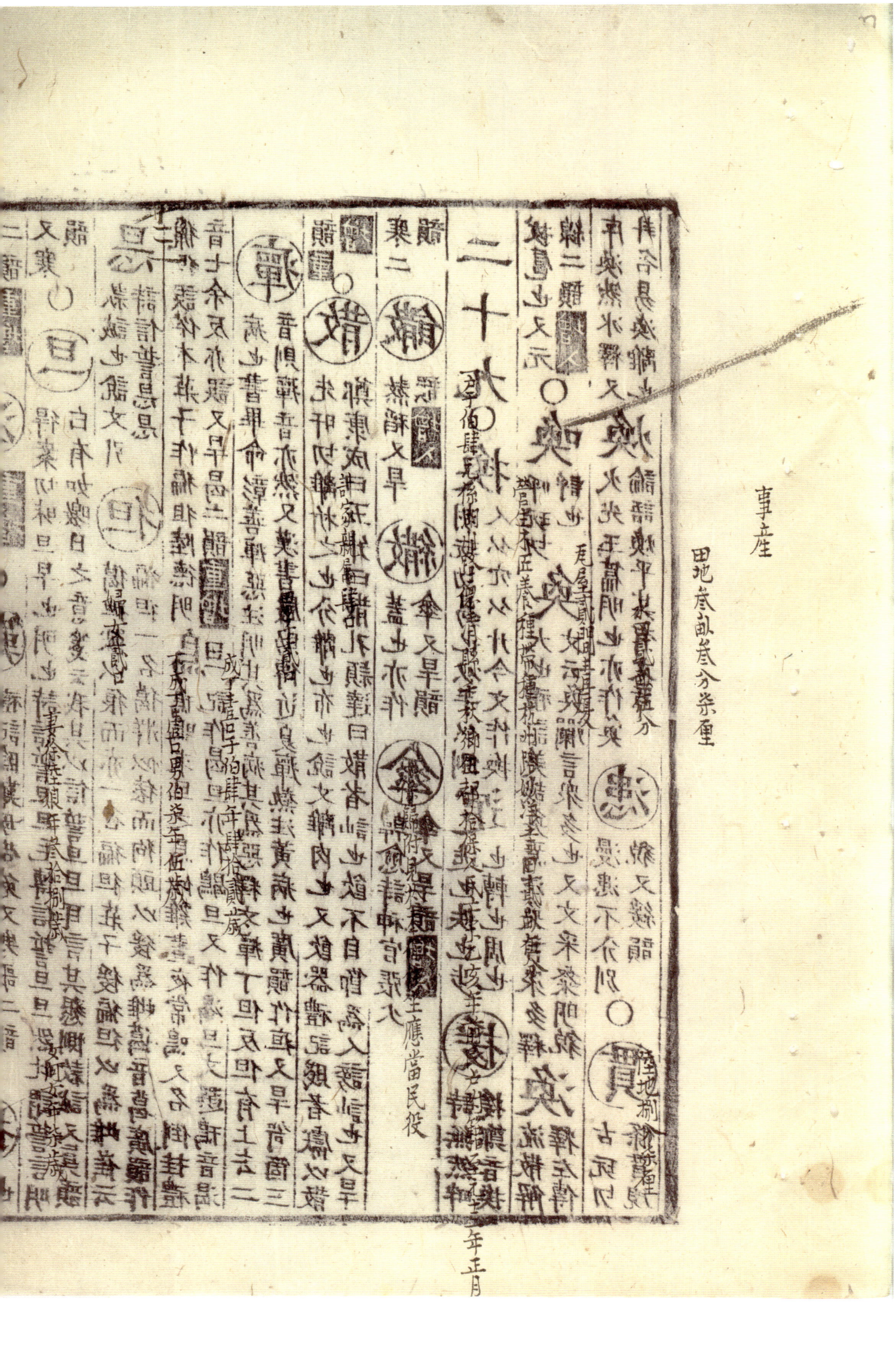
事產
田地叁畝叁分柒釐
應當民役
年正月

事產
媳婦潘伍娘年叁拾叁歲
孫女阿妹年柒歲

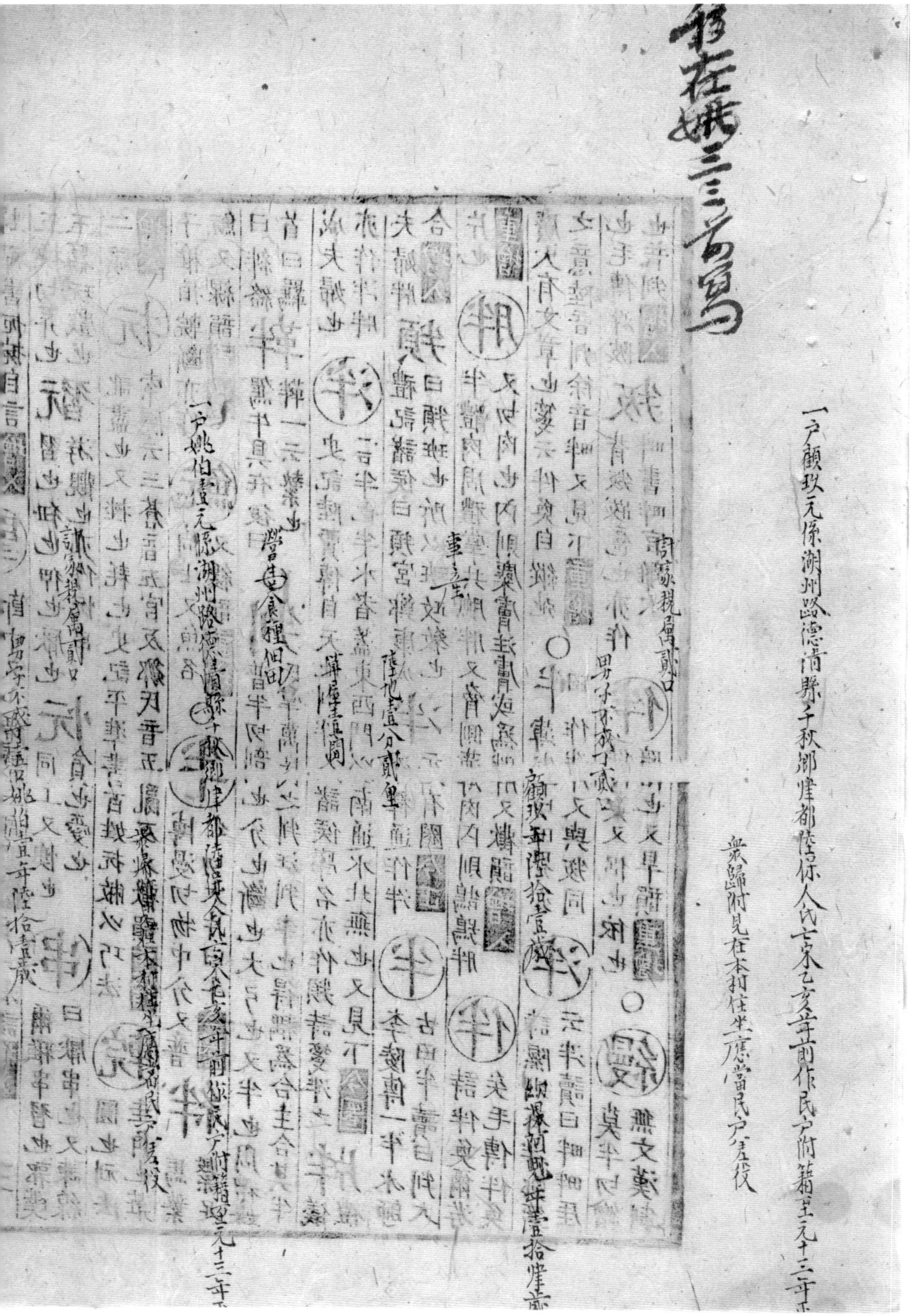

移在姚三三名寫

一户顧玖元係湖州路德清縣千秋鄉肆都陸保人氏亡宋乙亥年前作民户附籍至元十二年

兼歸附見在本村住坐應當民户差役

計家親屬貳口

男子不成丁壹口

顧玖年伍拾壹歲 [illegible]壹拾肆

事產

陸地壹分貳釐

草屋壹間

營生 養種佃田

一户姚伯壹元係湖州路德清縣千秋鄉肆都陸保人氏亡宋乙亥年前作民户附籍至元十二年

兼歸附見在本村住坐應當民户差役

營生蒼種佃田
庄屋壹間壹廈
船壹隻

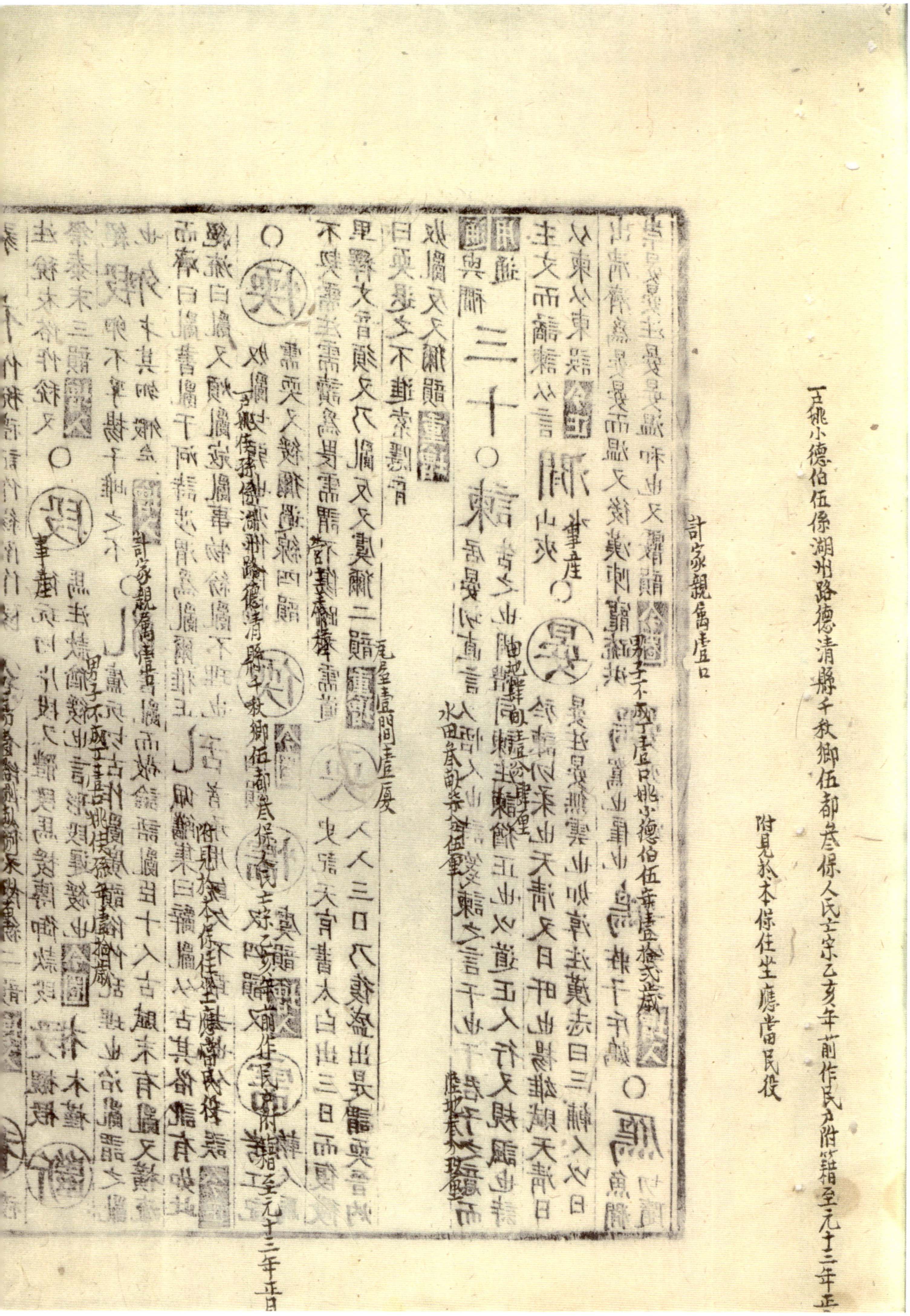

一戶姚小德伯伍係湖州路德清縣千秋鄉伍都叁保人氏，亡宋乙亥年前作民戶附籍，至元十三年正[illegible]

附見於本保住坐，應當民役

計家親屬壹口

男子不成丁壹口　姚小德伯伍年壹拾式歲

事產

田地[illegible]畝[illegible]

水田叁畝柒分伍厘

[illegible]地[illegible]

瓦屋壹間壹厦

一戶[illegible]係湖州路德清縣千秋鄉伍都叁保人氏，亡宋乙亥年前作民戶附籍，至元十三年[illegible]

附見於本保住坐，應當民役

計家親屬壹口

男子不成丁壹口[illegible]

許家親屬壹口
男子不成丁壹口沈定興年壹拾弍歲

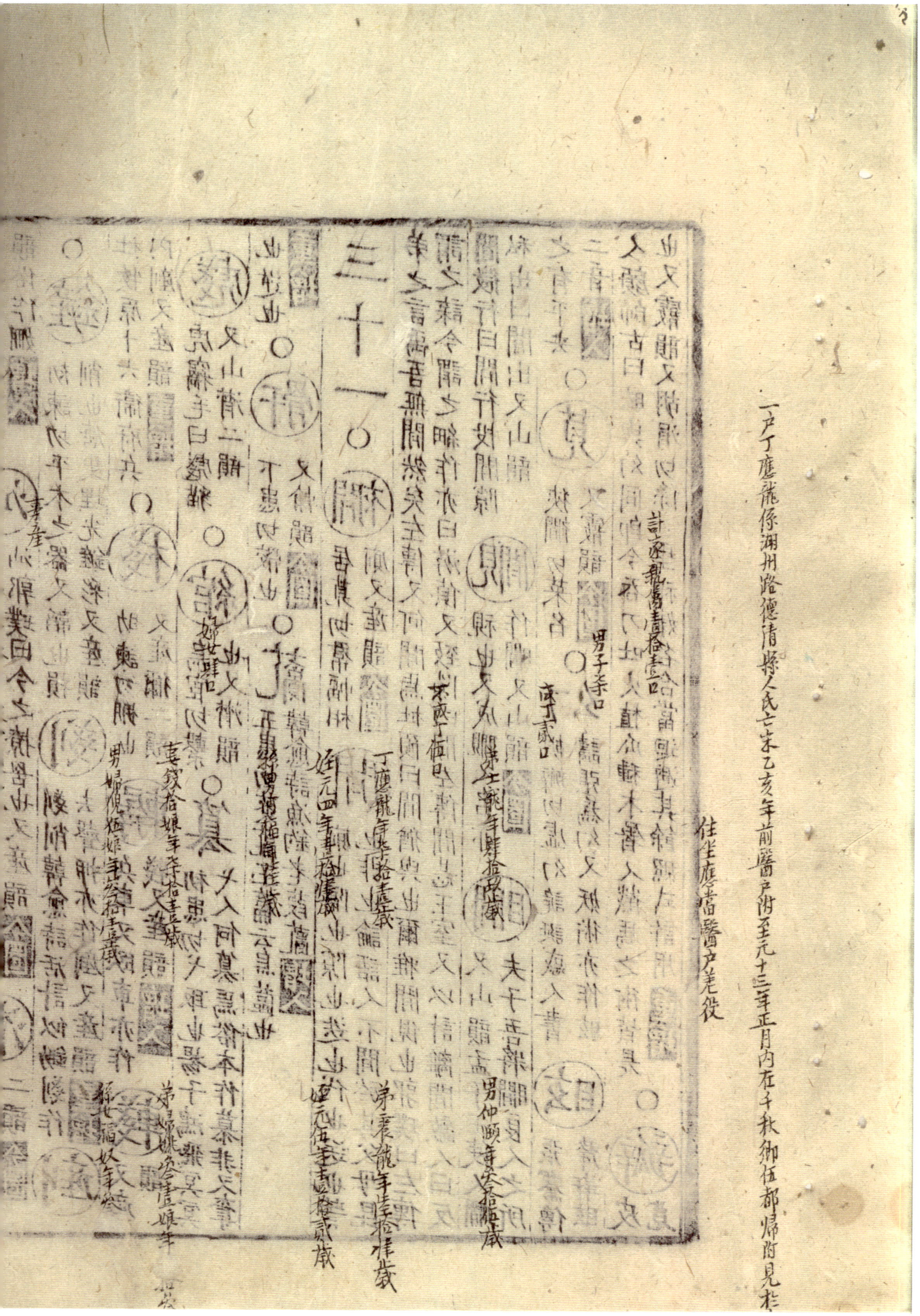

一户丁應龍係湖州路德清縣人氏亡宋乙亥年前醫户附至元十三年正月内在千秋鄉伍都歸附見於
住坐應當醫户差役
計家親屬壹拾壹口
男子柒口
成丁貳口
男[illegible]年肆拾伍歲　男仲顯年叁拾伍歲
不成丁伍口
丁應龍年陸拾壹歲　弟震龍年陸拾柒歲
姪元四年壹拾[illegible]歲　姪元伍年壹拾貳歲
[illegible]
婦女肆口
妻錢[illegible]娘年[illegible]拾壹歲　弟婦姚叁壹娘年[illegible]
男婦倪伍娘年叁拾[illegible]歲　孫女福奴年叁[illegible]

男姚阿鄉年壹拾叁歲
男姚阿孫年捌歲
男姚阿關年肆歲
婦女叁口
妻沈拾弍娘年叁拾肆歲
女姚大姑年壹拾弍歲
女姚阿妹年陸歲
事產
田土壹拾捌畝弍分伍厘
陸地壹畝弍分伍厘
水蕩叁畝
房屋無　借屋住坐
營生佃種普度庵僧寺田伍畝
一戶陳伯拾叁元係湖州路德清縣千秋鄉伍都戈亭村壹保係亡宋乙亥年前作民戶附籍
歸附見於本村住坐應當民戶差役

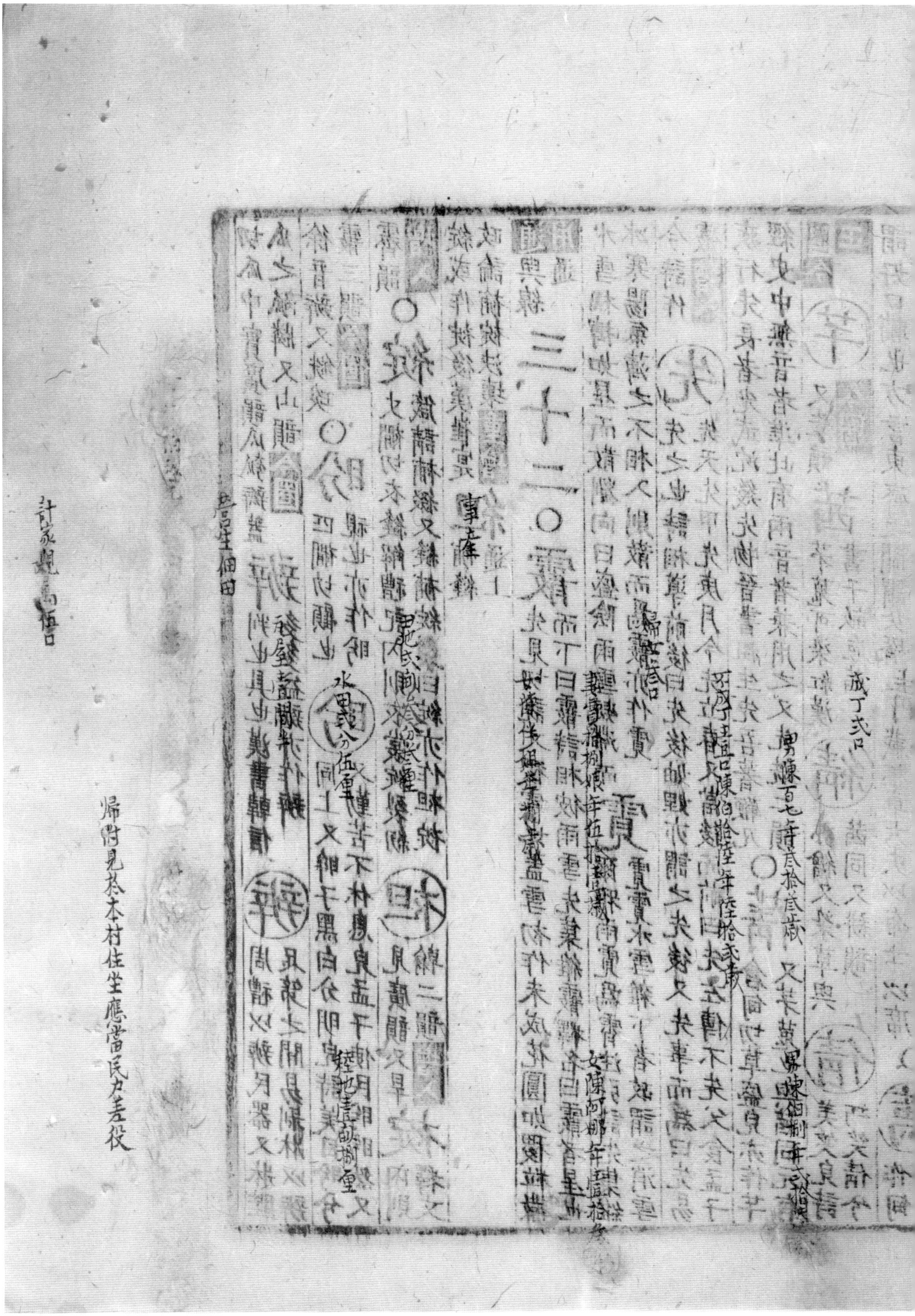
帰附見恭本村住坐應當民力差役

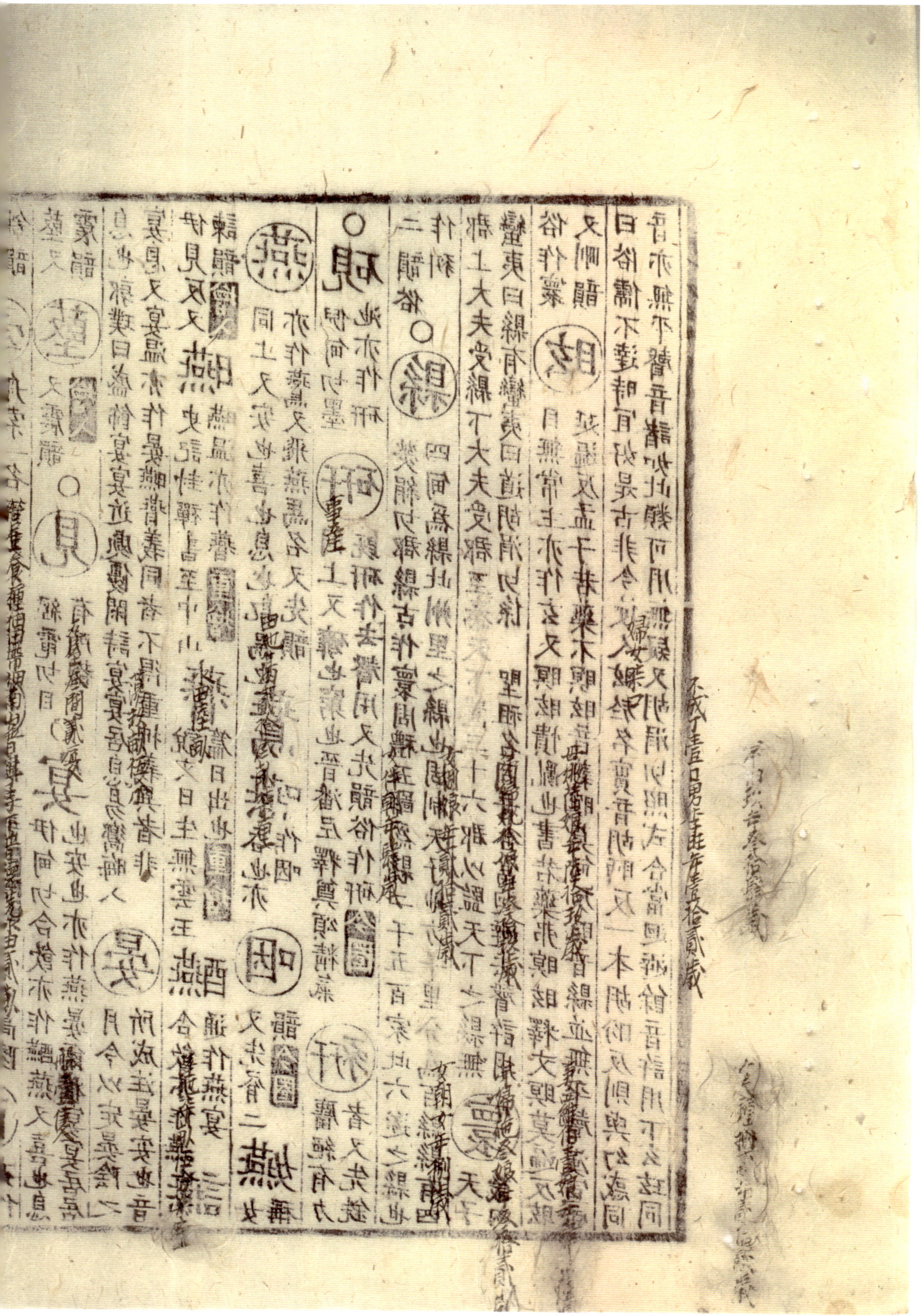

潘肆壹年陸拾壹歲
女夫王阿陸年叁拾柒歲

婦女壹口妻仰拾娘年貳拾玖歲
潘伯叁年肆拾陸歲
弟伯陸年貳拾柒歲

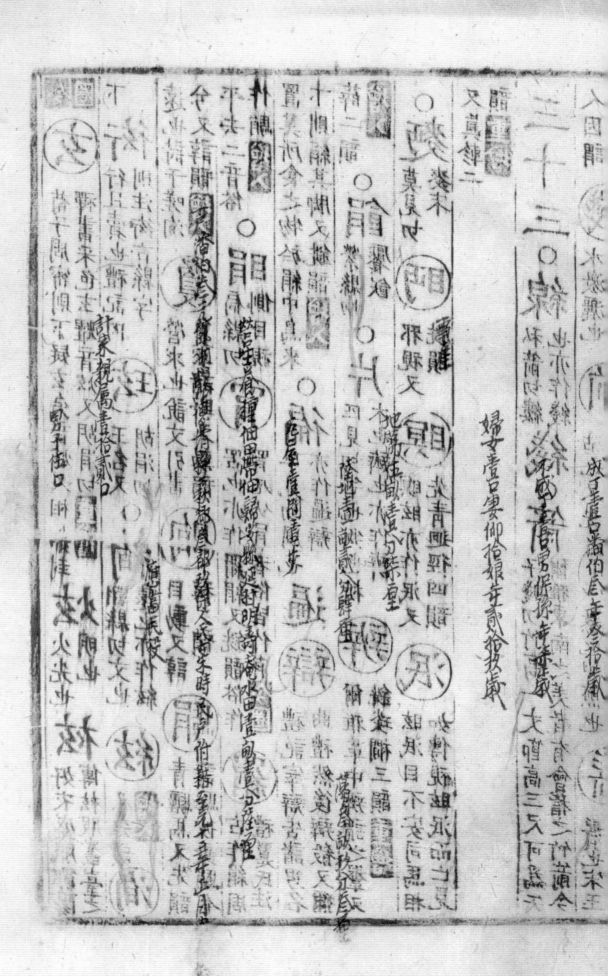

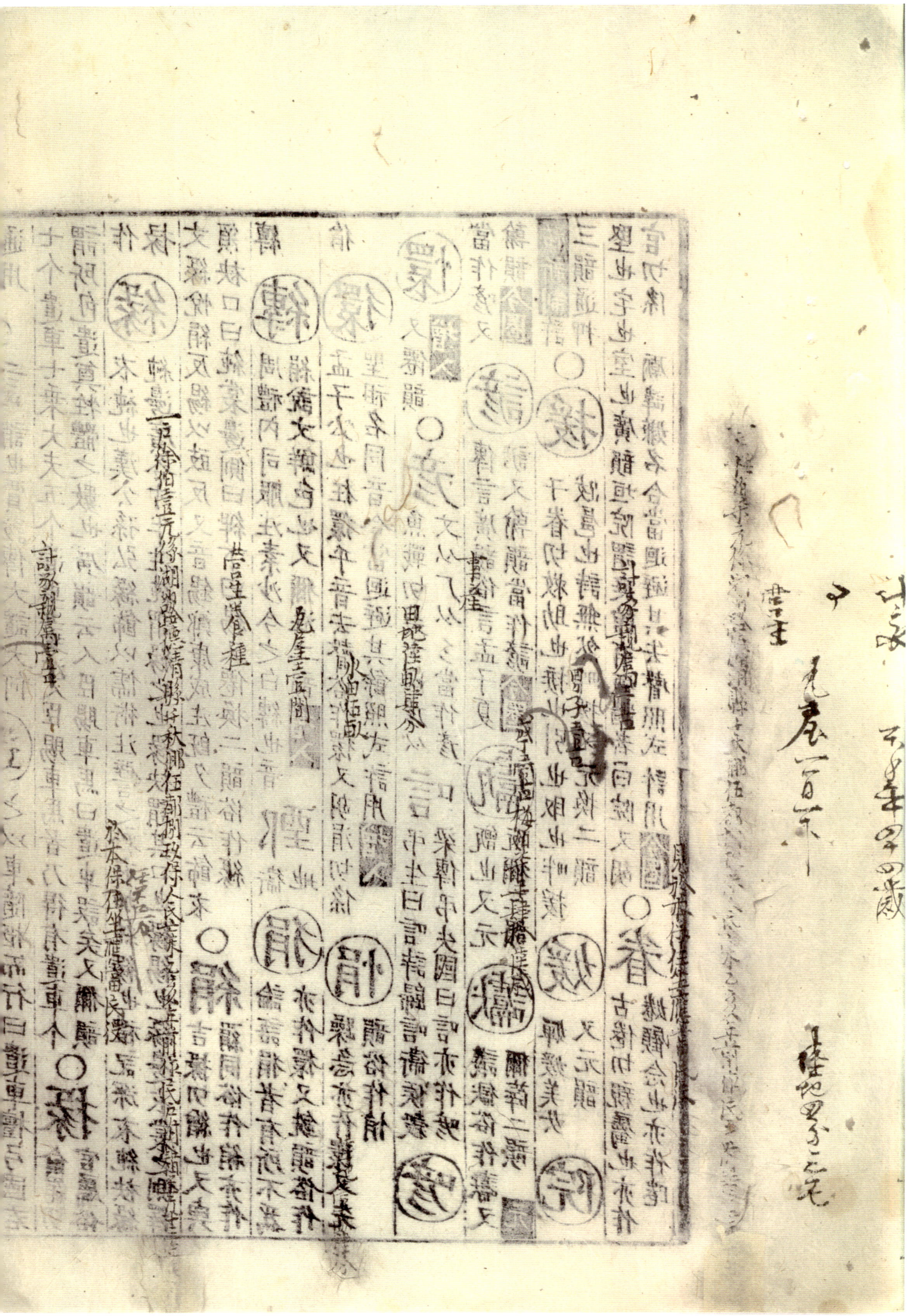

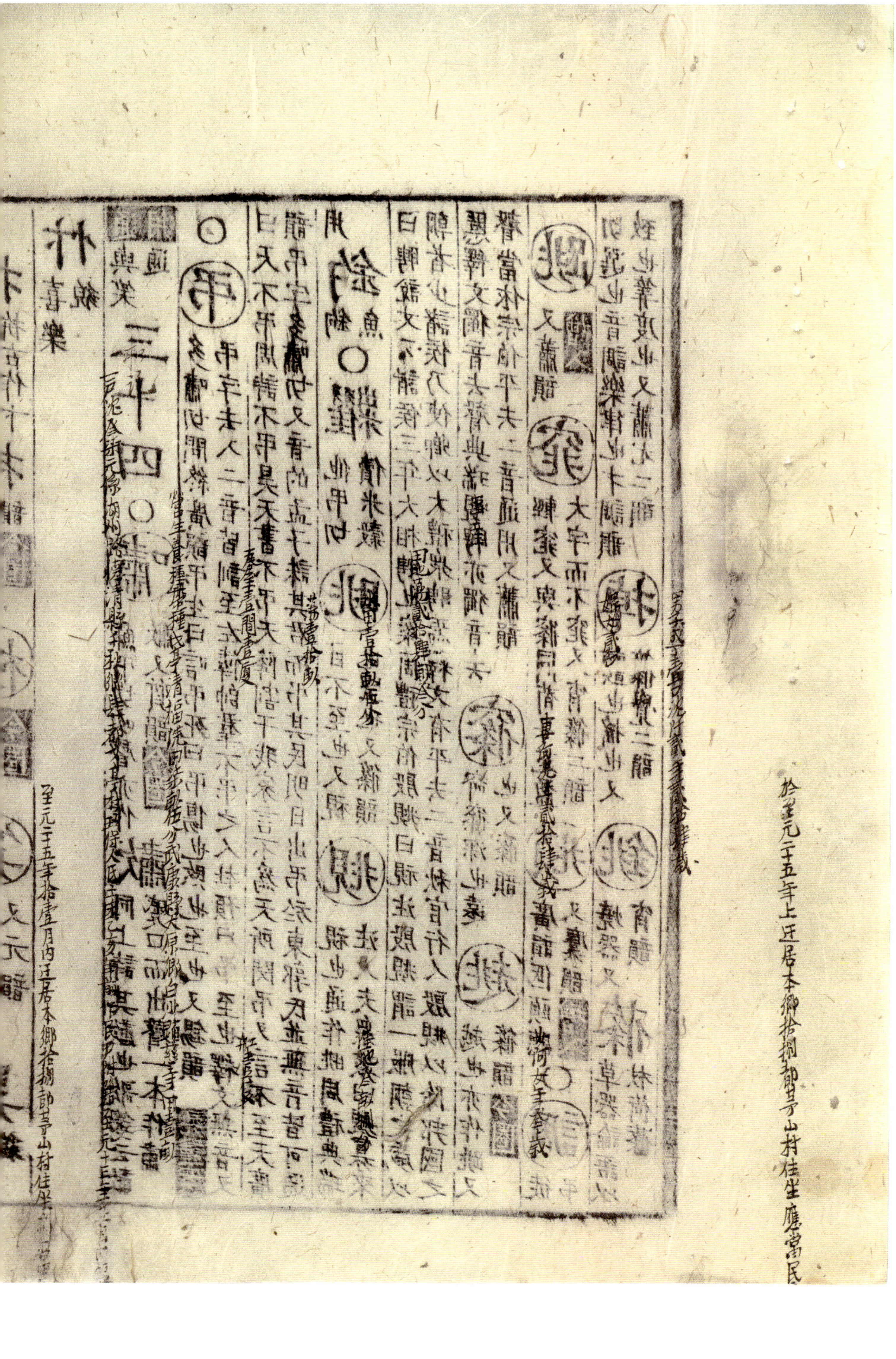
於至元二十五年上還居本鄉拾捌都廿亨山村住坐　應當民

至元二十五年拾壹月內還居本鄉拾捌都廿亨山村住坐

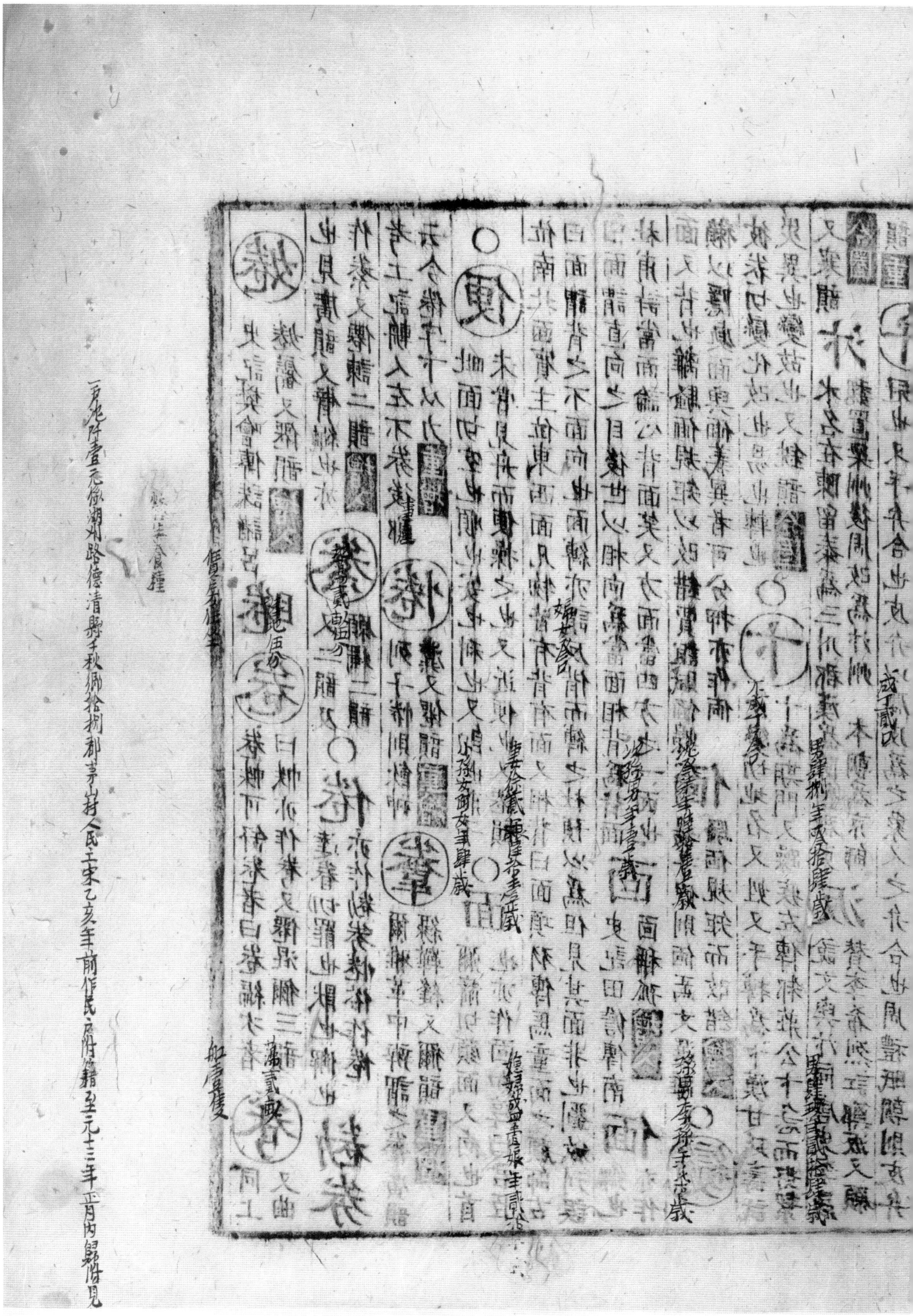
一戶范阡壹元係湖州路德清縣千秋鄉拾捌都茅山村人民亡宋乙亥年前作民戶附籍至元十三年正月內歸附見

[illegible]吉[illegible]年[illegible]歲

母親[illegible]娘年[illegible]歲

妻[illegible]娘年[illegible]歲

女[illegible]娘年[illegible]歲

女[illegible]年[illegible]歲

女[illegible]娘年[illegible]歲

事産

田地[illegible]畝[illegible]

水田叁畝[illegible]　[illegible]地[illegible]畝伍[illegible]

瓦屋[illegible]間[illegible]

營生養種[illegible]東衡村普[illegible]院[illegible]

[illegible]元[illegible]路德清[illegible]千秋鄉[illegible]都[illegible]保人[illegible]

[illegible]

不成丁叁口
男大長年陸歲
男小長年肆歲

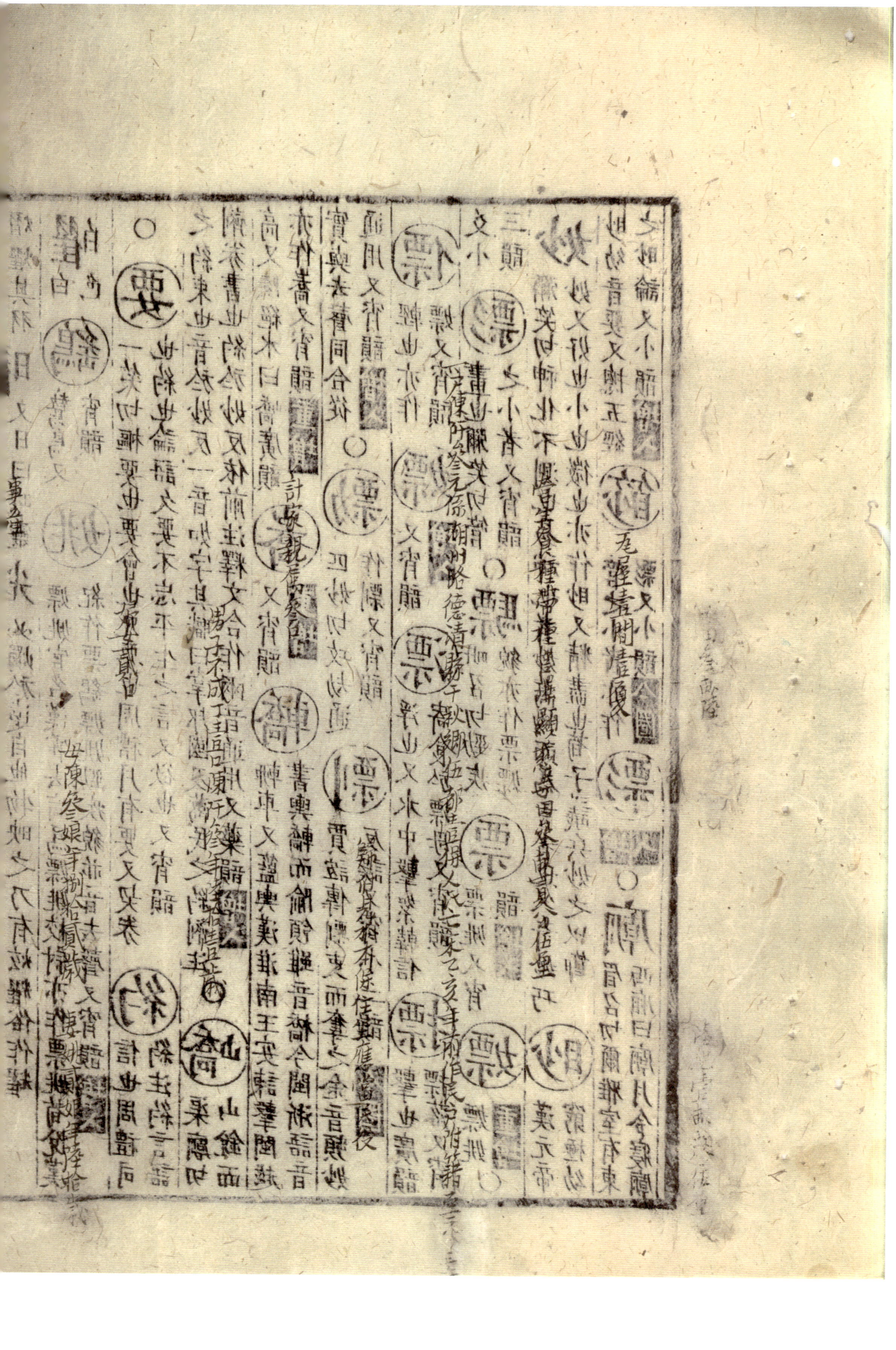

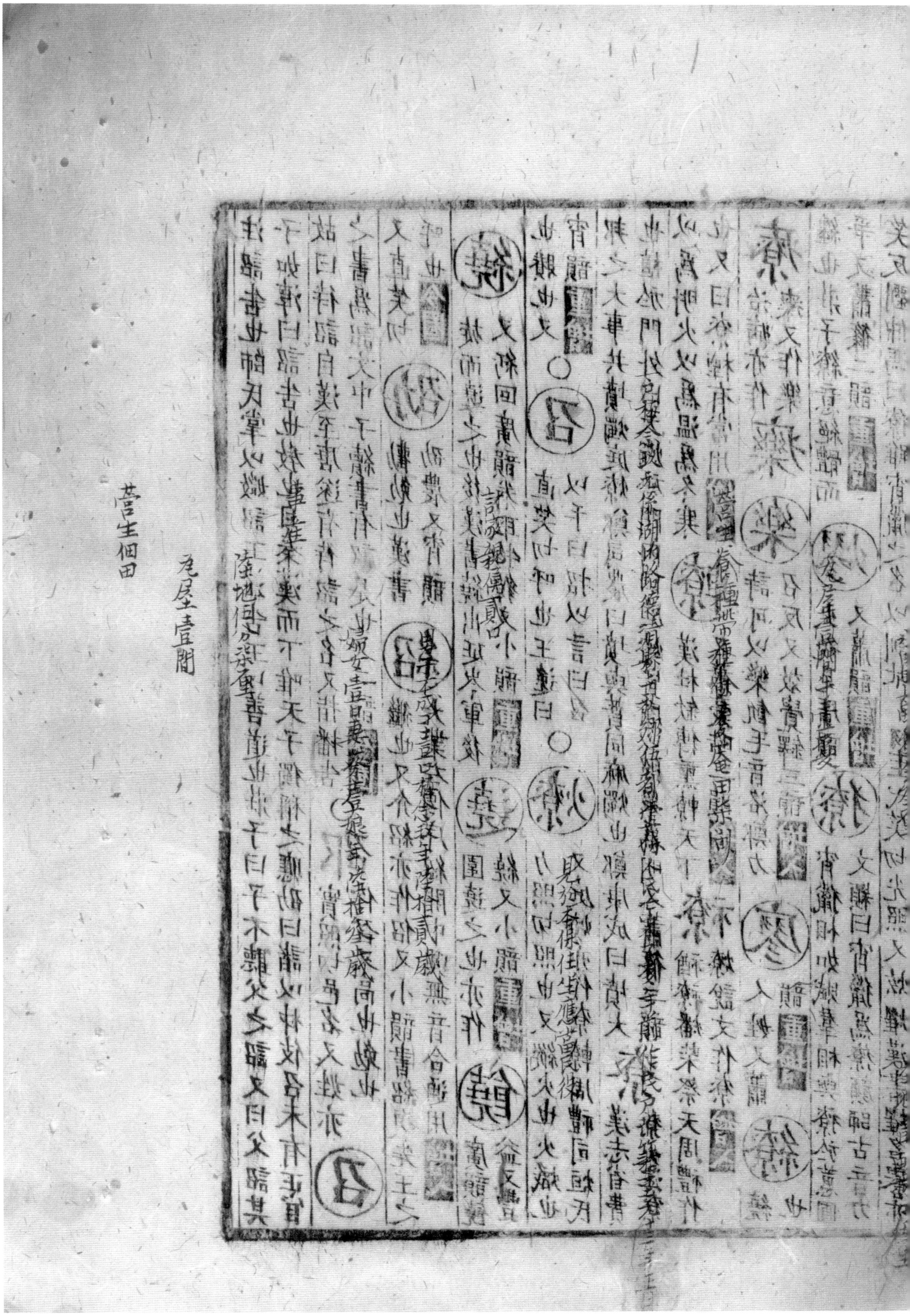
菅生佃田
庄屋壹間

一户黃仟玖元係湖州路德清縣千秋鄉肆都叁保人氏亡宋乙亥年前醫户附籍至元十三年正月內在本鄉

於本保住坐應當醫户差役

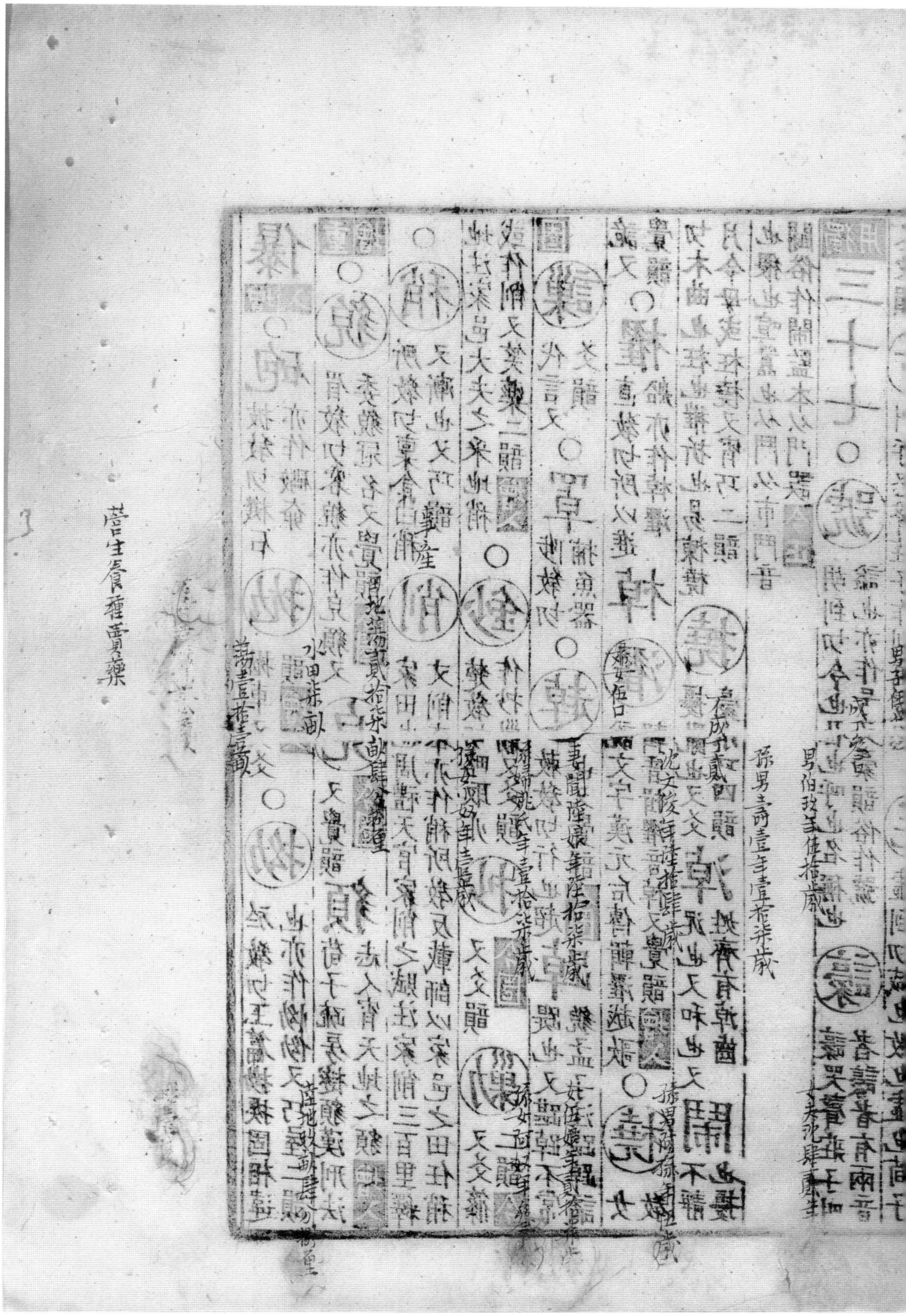

沈桐壹年肆拾伍歲

弟沈桐貳年肆拾歲

不成丁貳口

妻沈梁卑娘子陸拾錢
女梁阿仟子捌錢

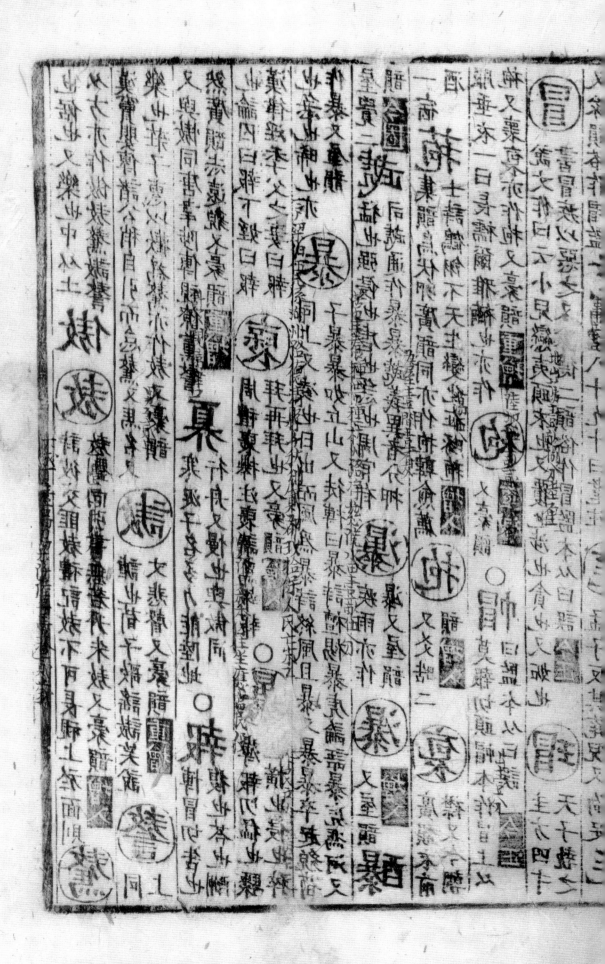

妻仲柒崔娘年貳拾

母親宋拾娘年陸拾陸歲

事產

一戶王伯𣳌元係湖州路德清縣遵教鄉拾壹都新市鎮人氏亡宋乙亥年前係民戶附籍至元十三年

計家親屬陸口

男子貳口

成丁壹口本身王伯𣳌年肆拾陸歲

不成丁壹口男官保年壹拾叁歲

婦女肆口

事產

[illegible]地壹分

營[illegible]

一戶[illegible]元係湖州路德清縣[illegible]

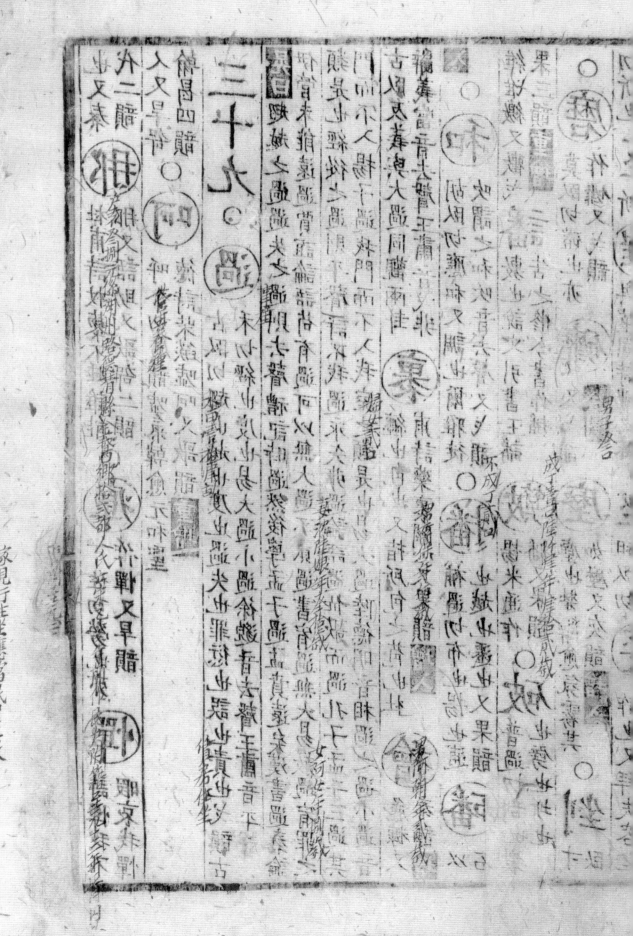

計家親屬陸口

男子貳口

家見行住坐應當民户差役

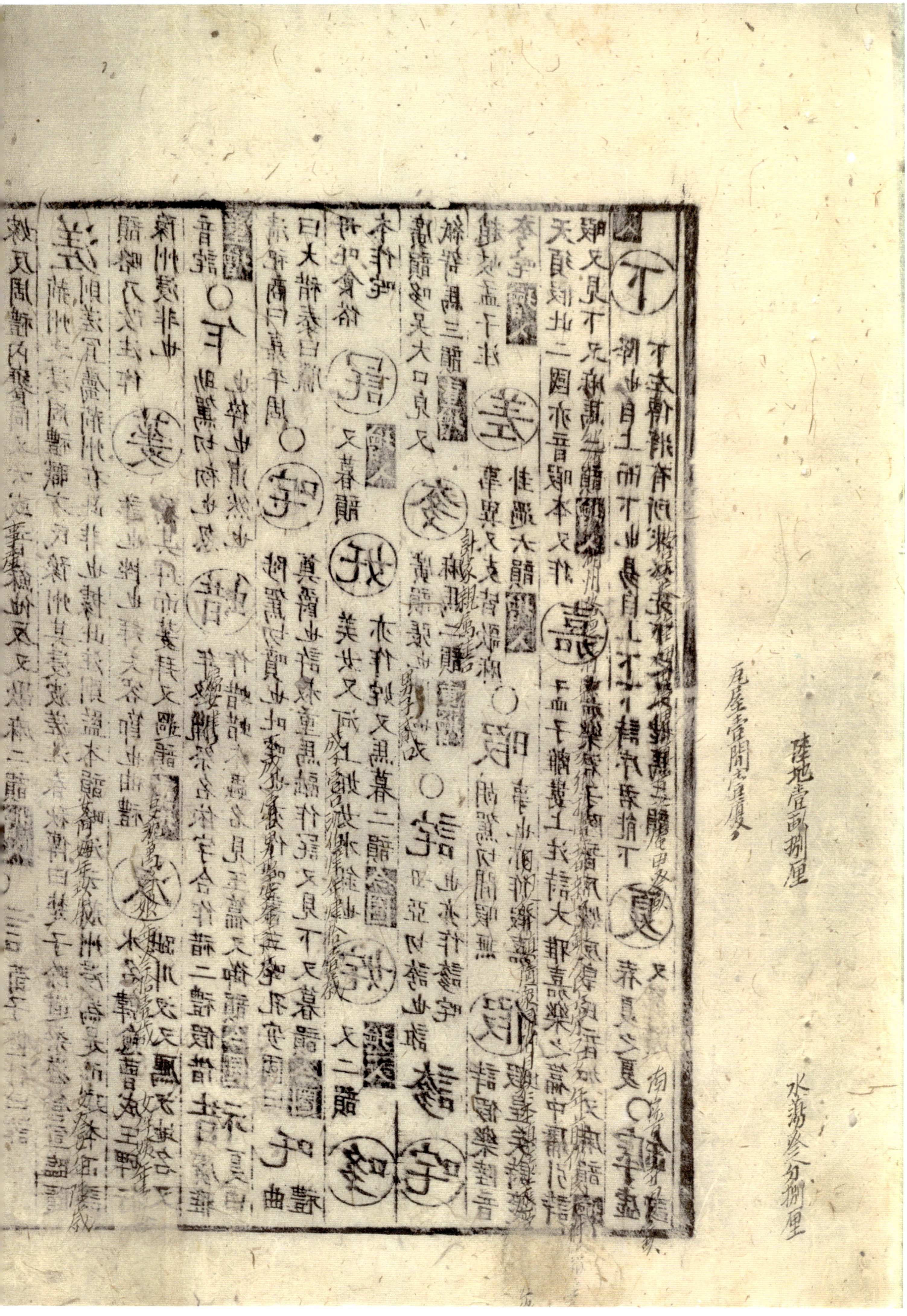
陸地壹畝捌厘
水蕩叁分捌厘

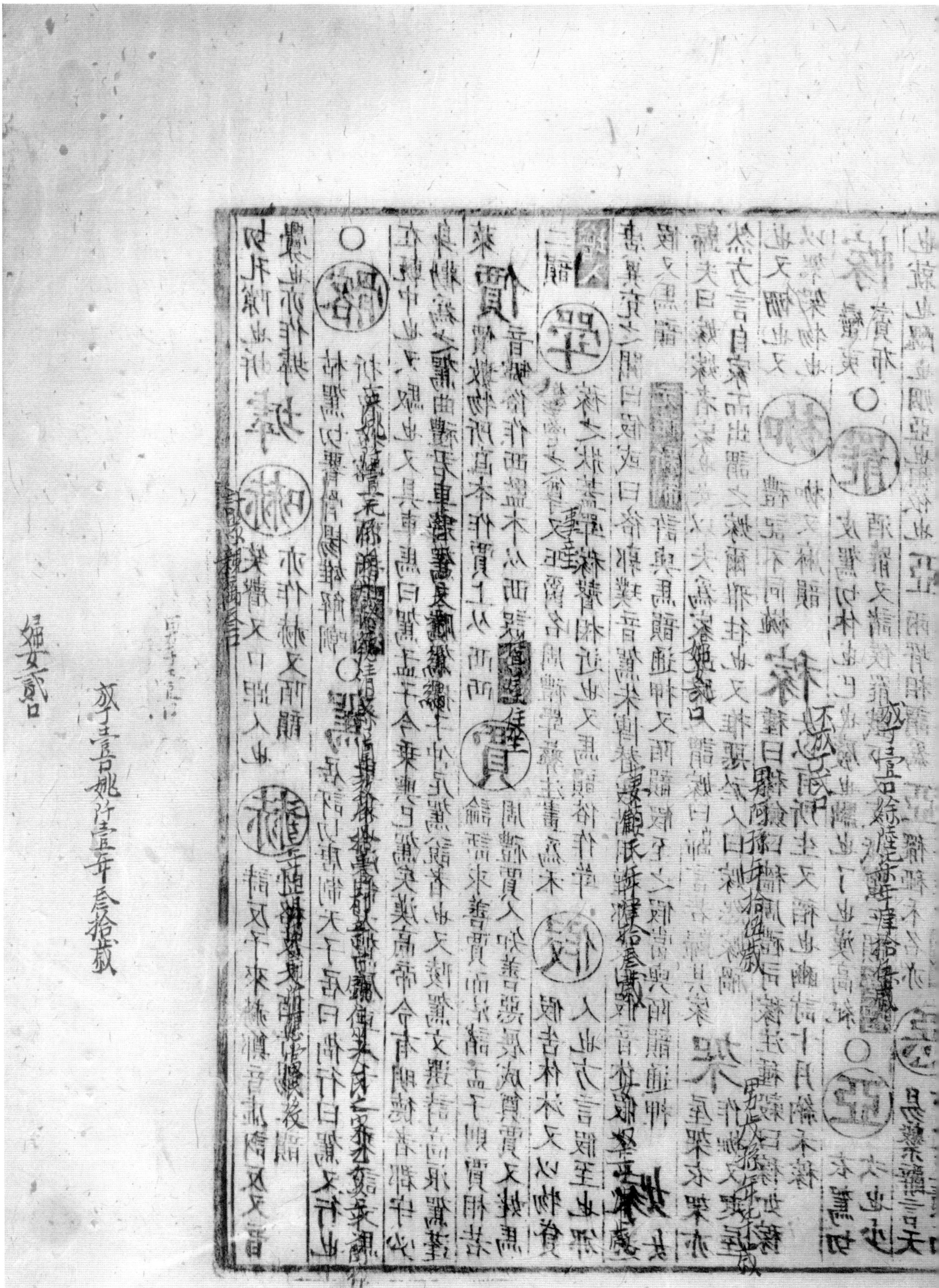
婦女壹口

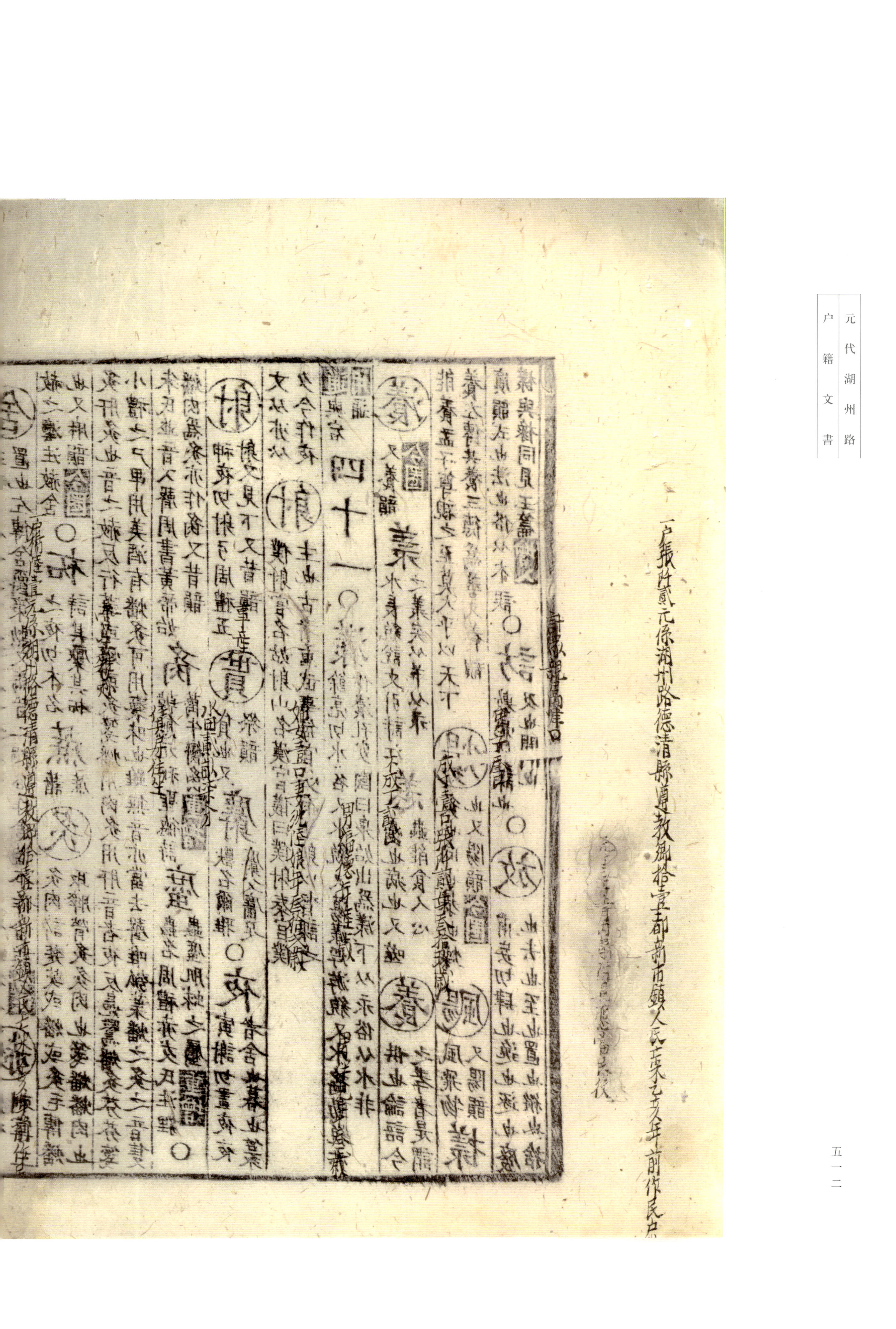

一户張阡貳元係湖州路德清縣遵教鄉拾壹都新市鎮人氏亡宋乙亥年前係民户

月內隨衆歸附應當民役
計家親屬陸口

男子贰口

男土保年拾貳歲
男阿関年拾歲
男小保年壹歲

屋貳間

營生養種　帶種資福寺水田貳畝柒分伍厘

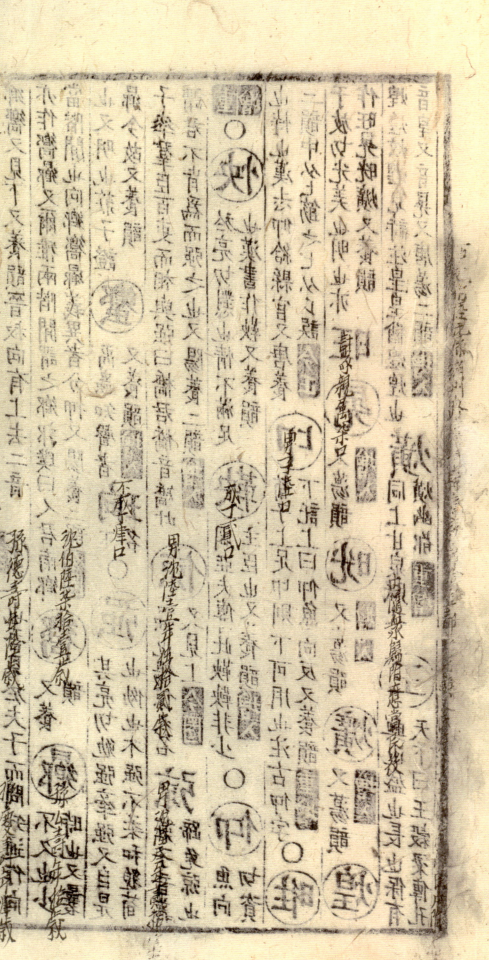

計家親屬柒口

男子叁口

成丁貳口

男沈陸五年肆拾貳歲

[illegible]

不成丁壹口

沈伯陸年叁拾壹歲

孫德壽年[illegible]歲

婦女[illegible]口

事產

正月內適衆歸附應當民役

計家攬高伍口

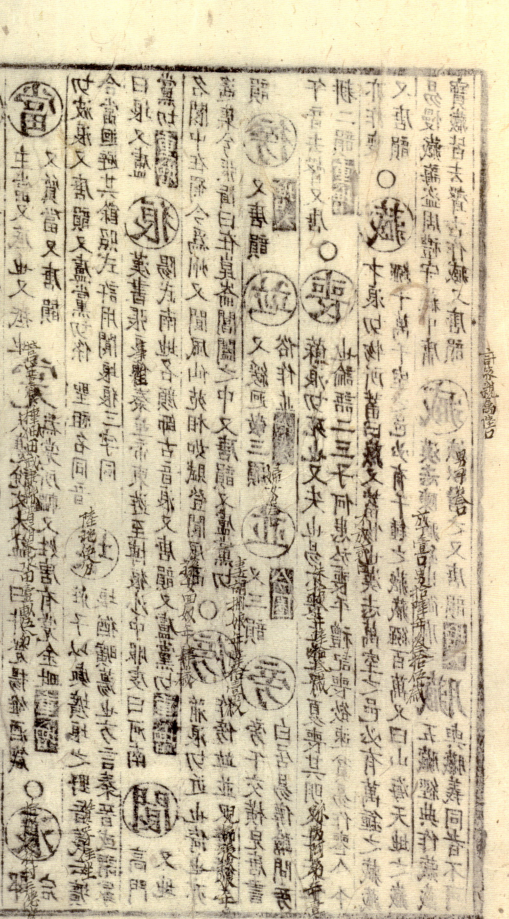

音案說高字

一戶朱拾玖元係湖州路德清縣遵教鄉拾壹都新市鎮人氏亡宋乙亥年前作民戶附籍至元十三年正月內於本縣隨

本鎮住坐應當民役

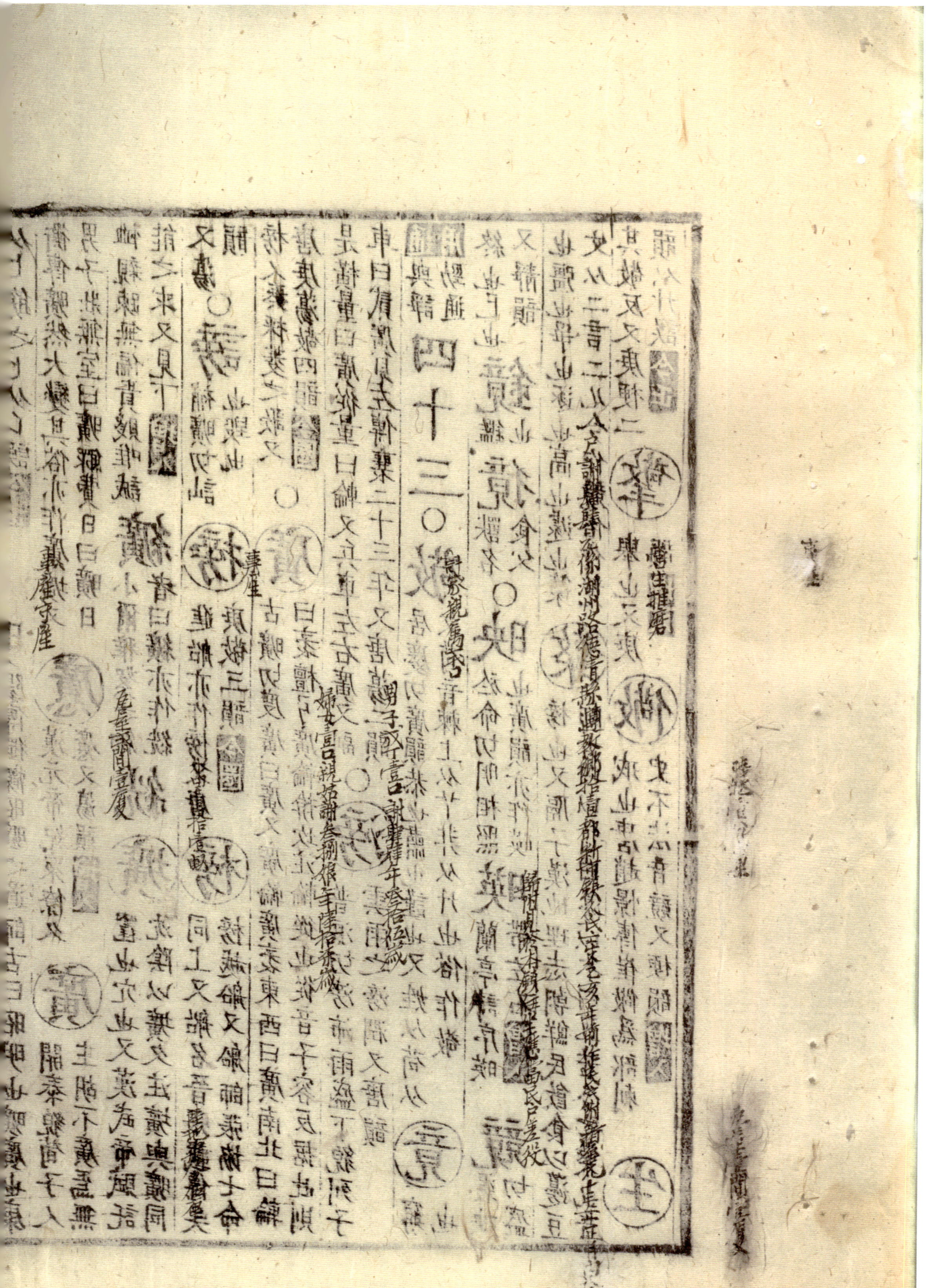

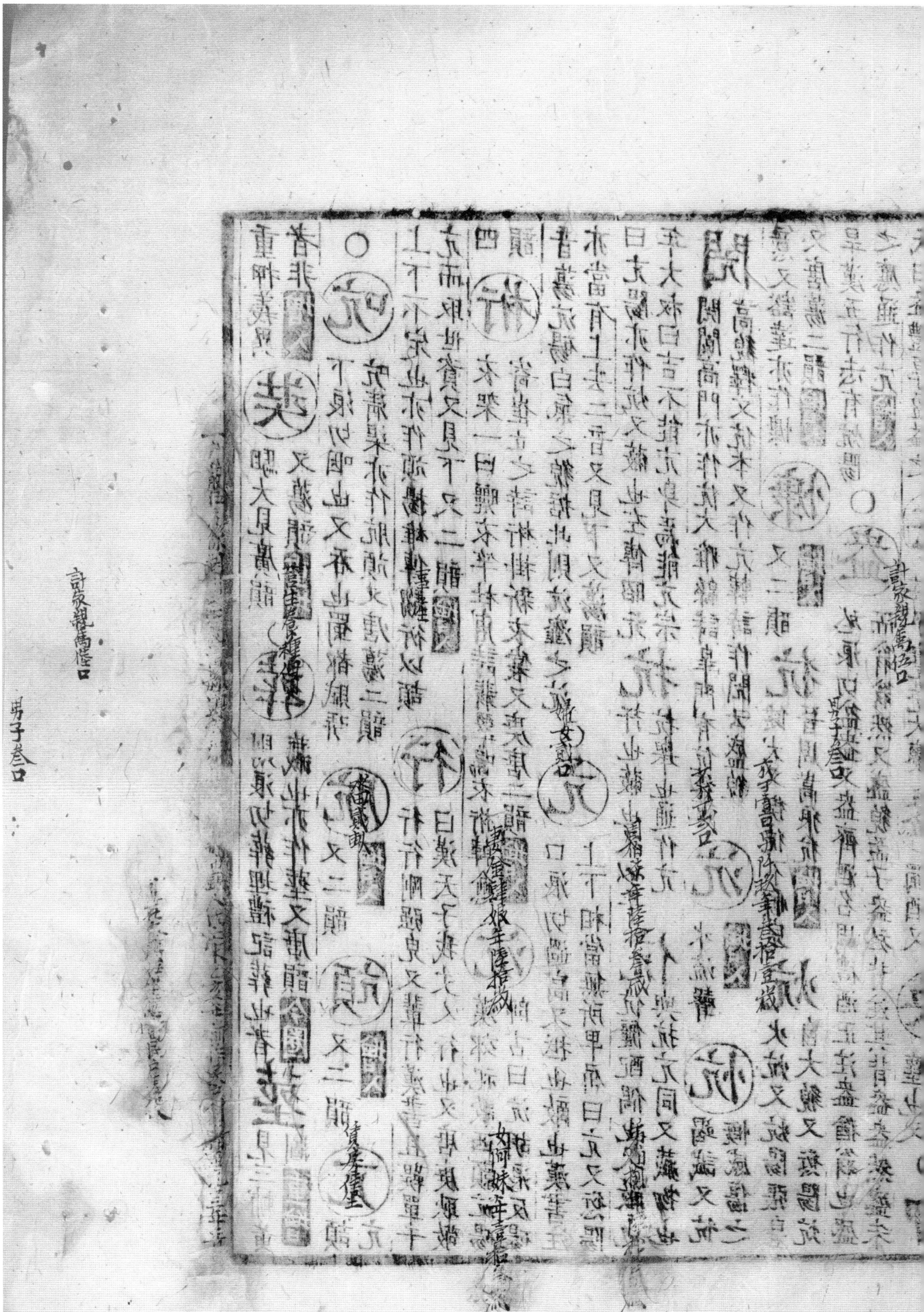

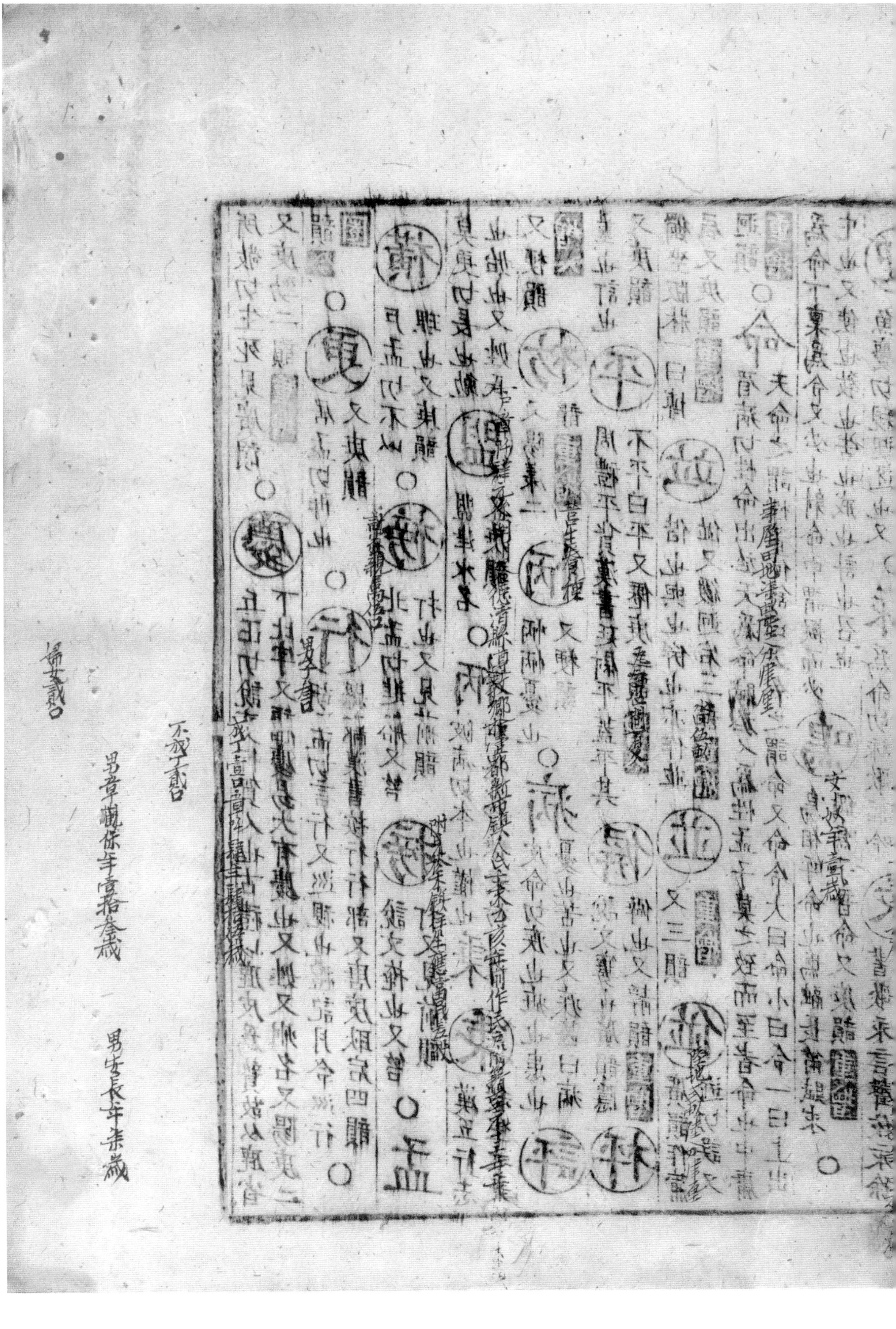
男章觀保年壹拾叁歲
男安長年柒歲

女小奴年壹歲

曰正又音也又成之首月曰正月四月正陽[illegible]
作䫶 ○聖 式正切 文謂聖从王主聲 睿事通也 盖ョ大而化 ○正 之盛切 中也 正也 是也 平也 定也 正也 無邪也 亦音征
从正字義不同者分神又 [illegible] 作 [illegible] 本从月 [illegible] 亦作 [illegible] 韓愈東部 [illegible]
[illegible] 漢官名 [illegible] 首為之又 [illegible] 作 [illegible] 本从 [illegible] 又 [illegible]
請 謁也 漢律春曰朝秋曰請 如古諸侯朝聘也 吳王濞使人為秋請 [illegible]
[illegible] 與靜義不同 [illegible] 作 阱 [illegible] 靜也 亦 [illegible]
靜 [illegible] 如尚書嘉靖 自靖之靖 安也 亦 [illegible] 又 [illegible] 安也
[illegible] 清 [illegible] 古曰合韻 [illegible] 性 反 又靜韻 [illegible]
[illegible] 息也 [illegible] 也 揚 [illegible] 又 [illegible]
[illegible] 又 [illegible] 字 [illegible] 國中 [illegible]
[illegible] 又見下 [illegible] 正 [illegible] 又 [illegible]
女 正 [illegible] 又 ○ [illegible] 又見下 [illegible]
○凊 七正切 [illegible] 令以冫者 假借也 又見下 ㄅ清韻
[illegible] 欲清之人 [illegible] 明日 [illegible] 从 本
[illegible] 如倩人又 [illegible] 本从月 [illegible] 清 凉也 [illegible] 月 [illegible] 亦作 [illegible]
倩 文 [illegible] 倩 [illegible] 漢曰 言可假借也 [illegible] 備 [illegible] 六 ○ 凊 寒也 令也 亦作
[illegible] 四 年問其 [illegible] 曰令 [illegible] 又 [illegible] 公姓 ○ 倩 使人 七正切 假借
姓 漢外戚傳不能成子姓 師古曰姓生也 [illegible] 東 [illegible]

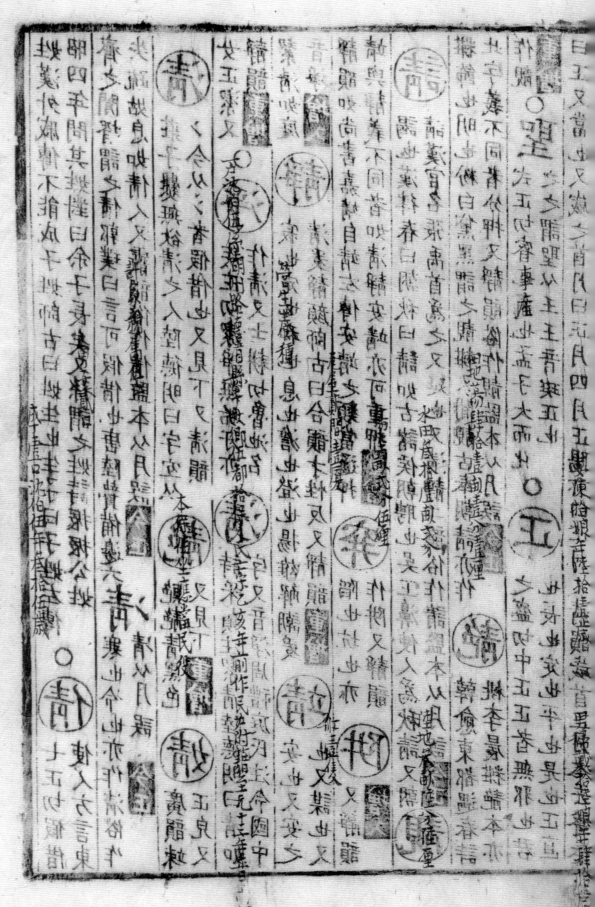

不旋丁巷口男姿孫年捌歲

婦女巷口

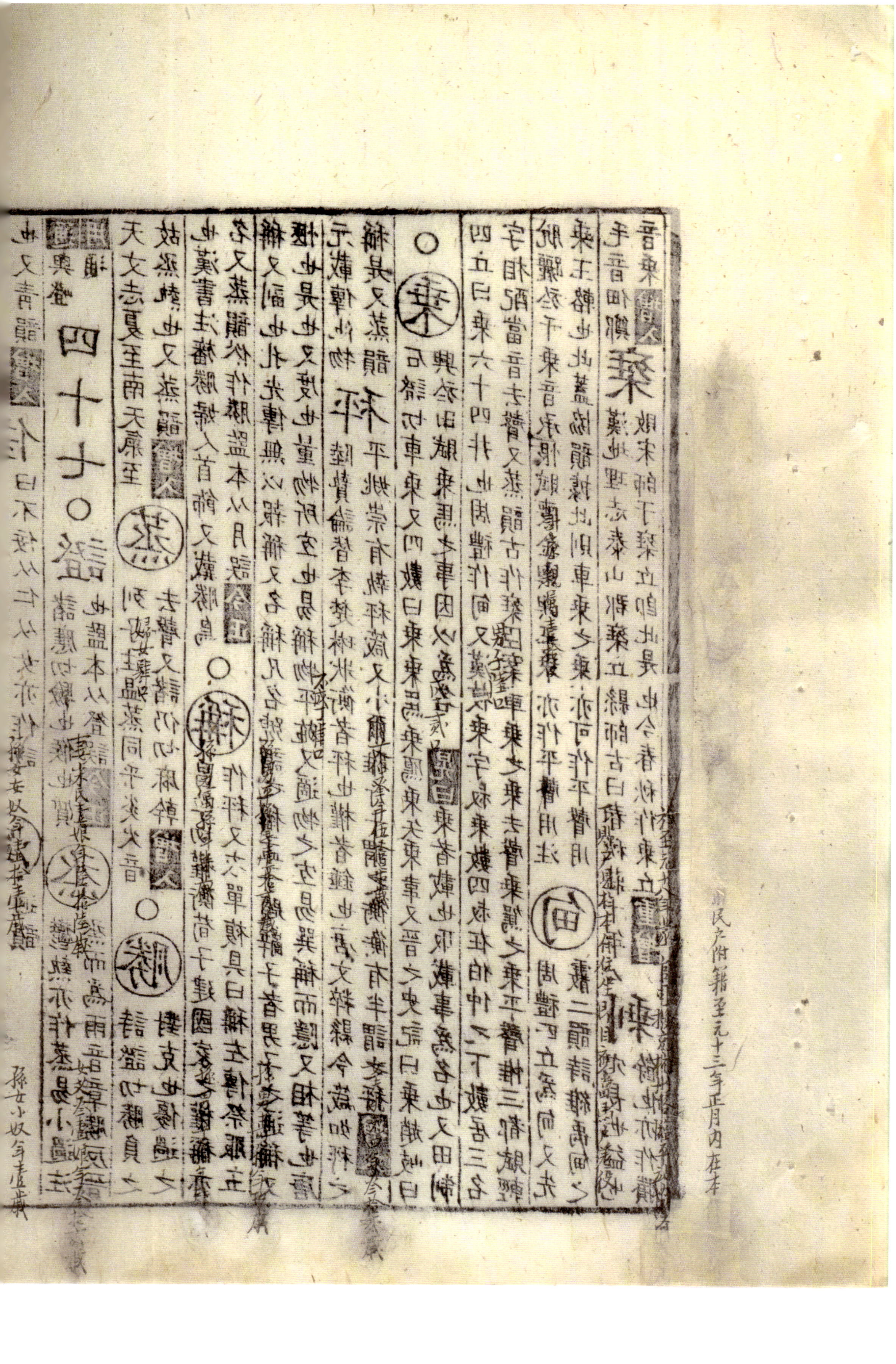
[illegible]民户附籍至元十三年正月内在本
孫女小奴年壹歲

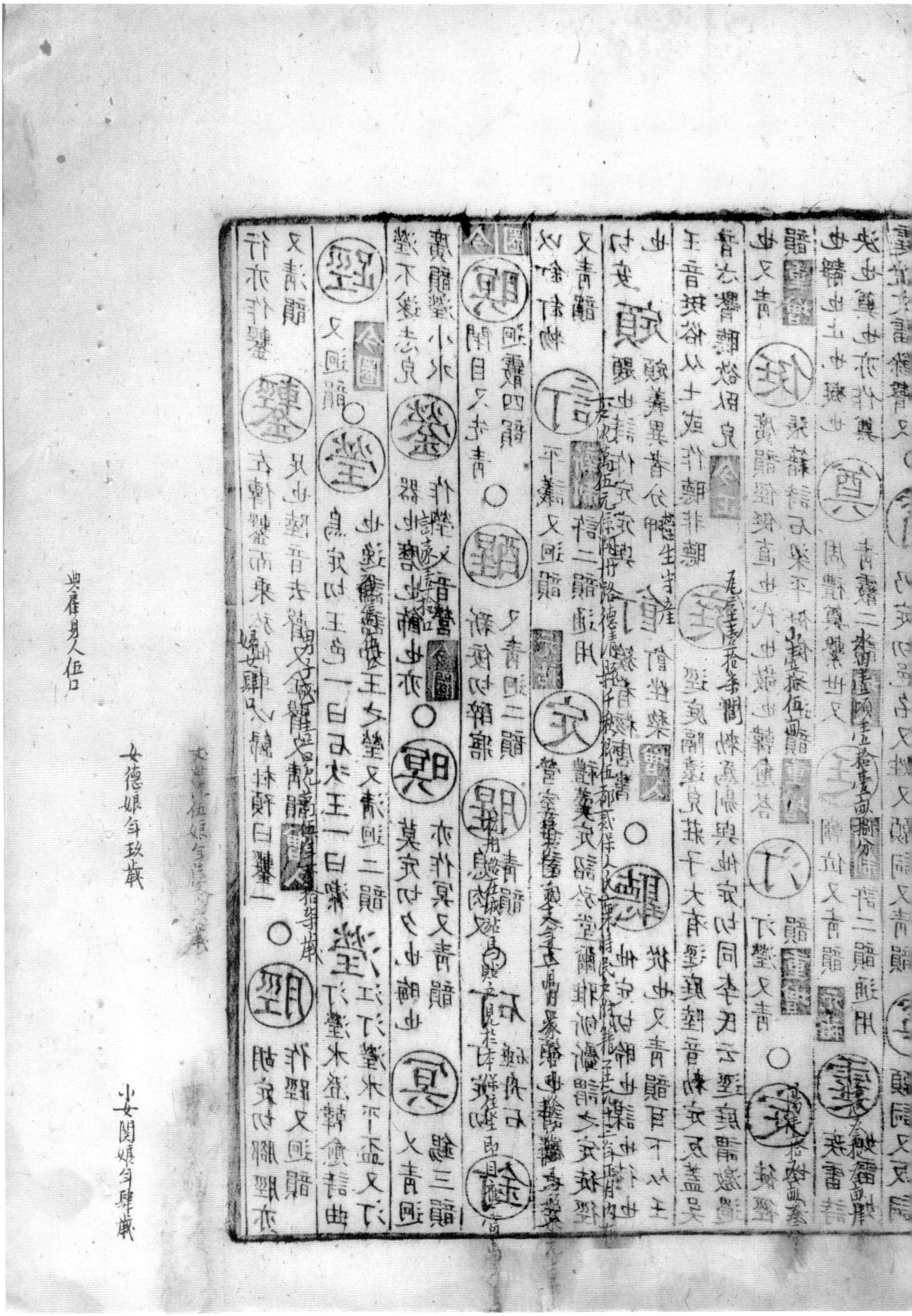
典雇身人伍口
女德娘年玖歲
小女閏娘年肆歲

男子叁口

成丁壹口男叁肆年弍拾玖歲

孫女叁娘年壹拾伍歲

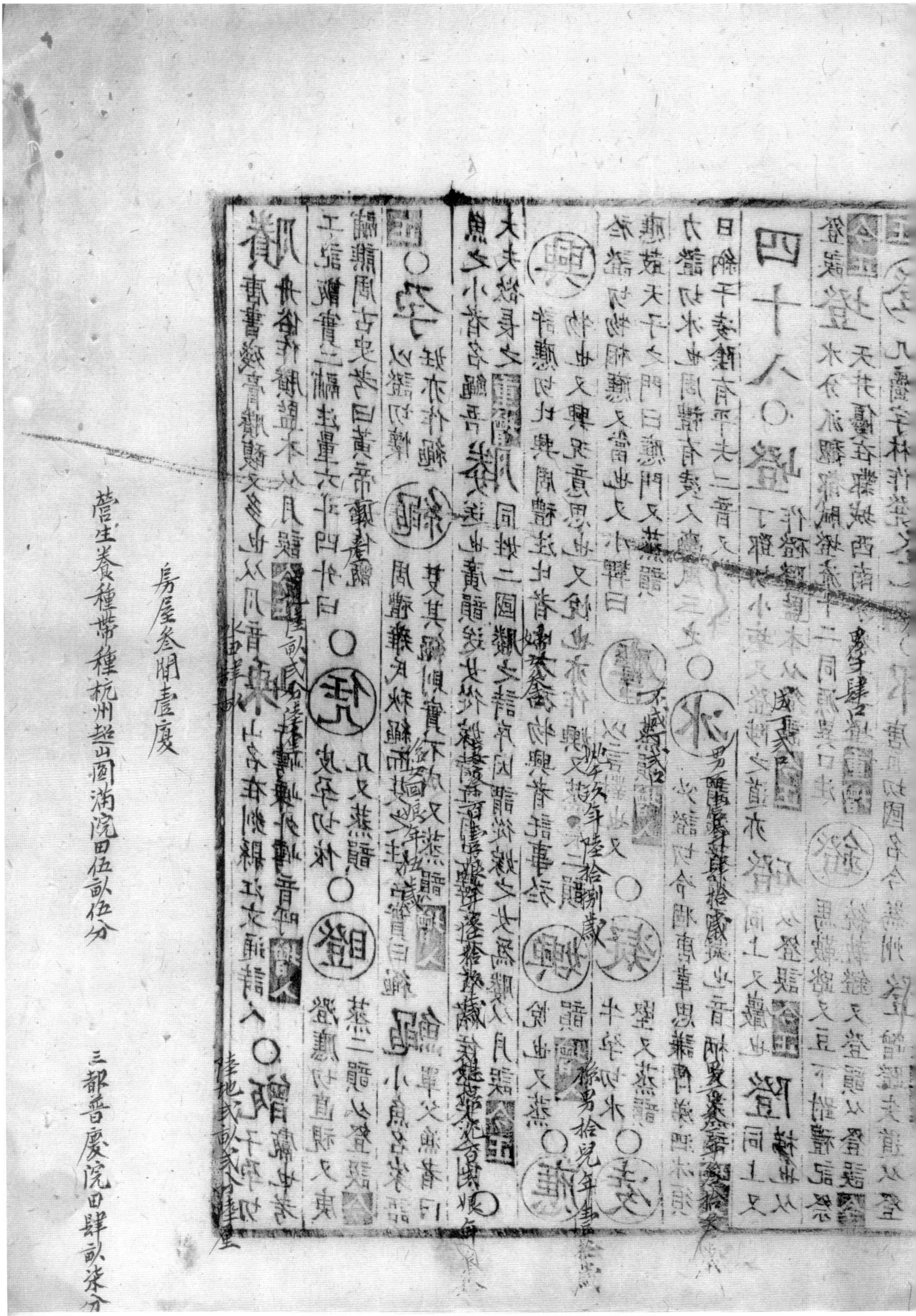
房屋叁間壹廈
營生養種帶種杭州趙山園滿院田伍畝伍分
三都晉慶院田肆畝柒分

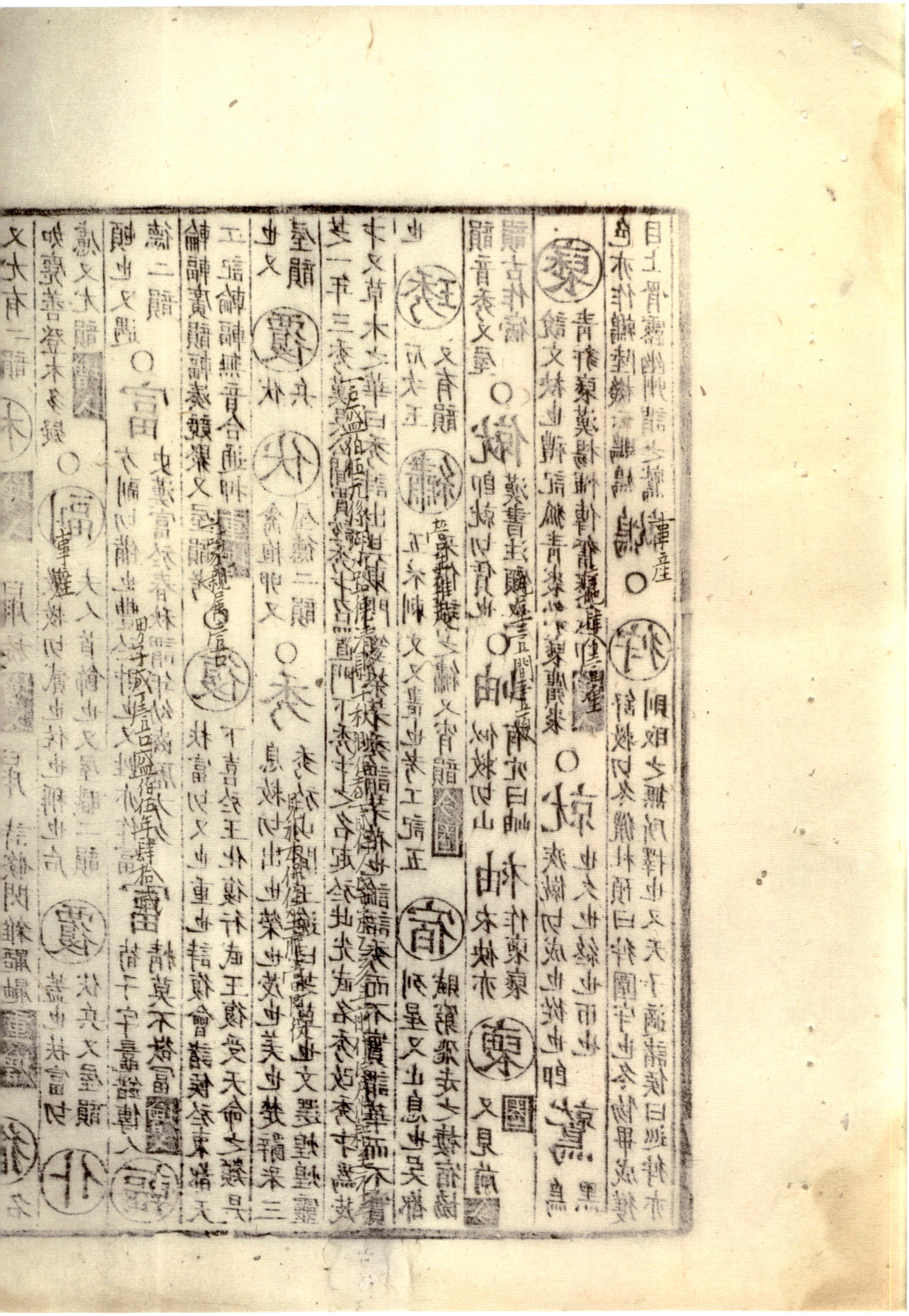

事産

妻姚伯陸娘年叁拾貳歲

弟婦姚伯李年貳拾陸歲

男子肆口

成丁叁口

男[illegible]年[illegible]歲

不成丁壹口

男[illegible]年[illegible]歲

[illegible]娘年[illegible]歲

事產

地[illegible]

陸地壹畝[illegible]分[illegible]釐

屋壹間[illegible]厦

[illegible]

水田伍畝柒分伍厘
陸地伍分
計家親屬陸口
男子叁口
成丁壹口潘伯丞年肆拾柒歲

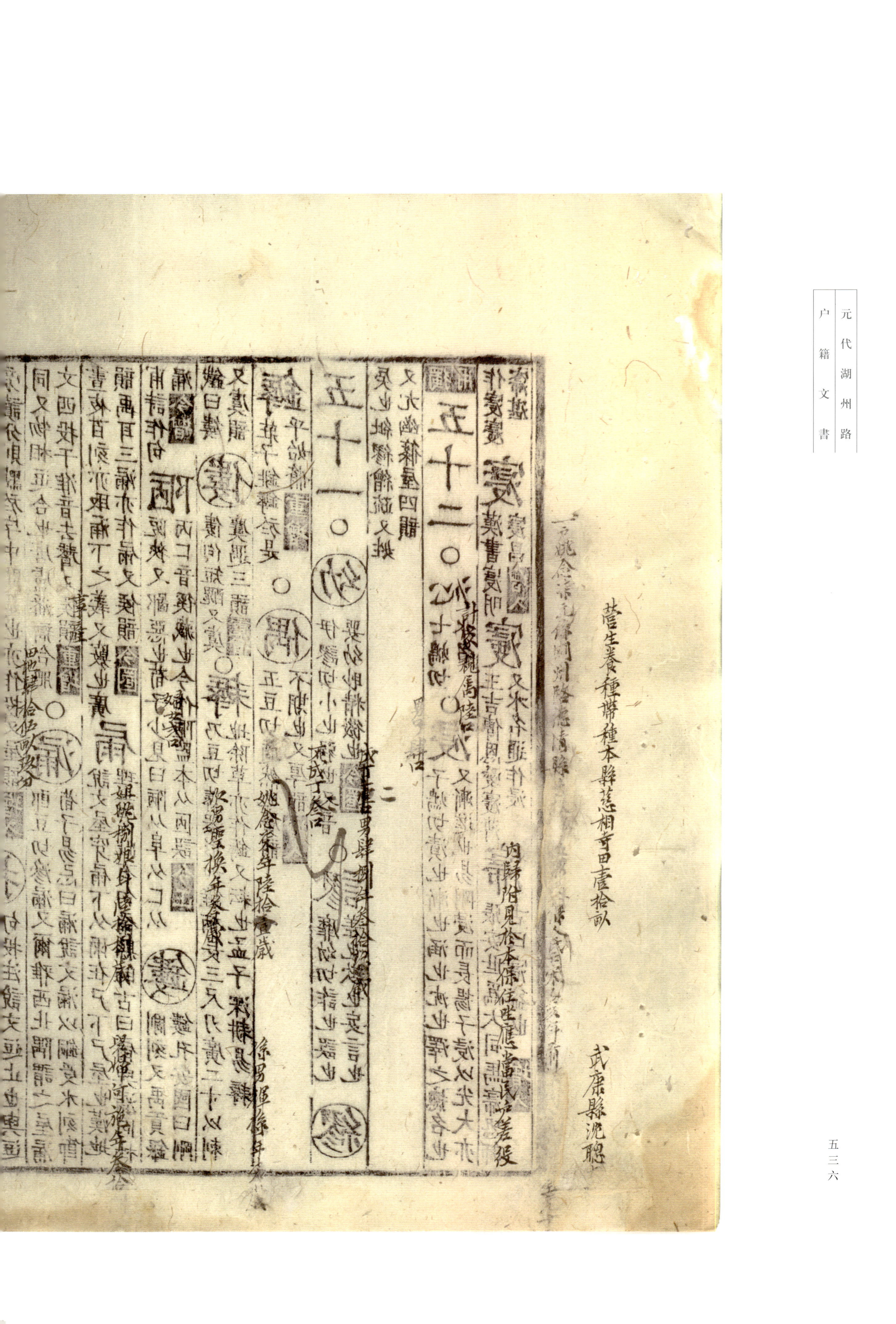

營生養種蠶桑種本縣慈相寺田壹拾畝

内隸附見於本縣住坐應當民户差役

武康縣沈聰

二

五十二

五十一

[illegible]男[illegible]

妻姚[illegible]年陸拾壹歲

孫男[illegible]

事產
田地山陸畝肆分玖厘

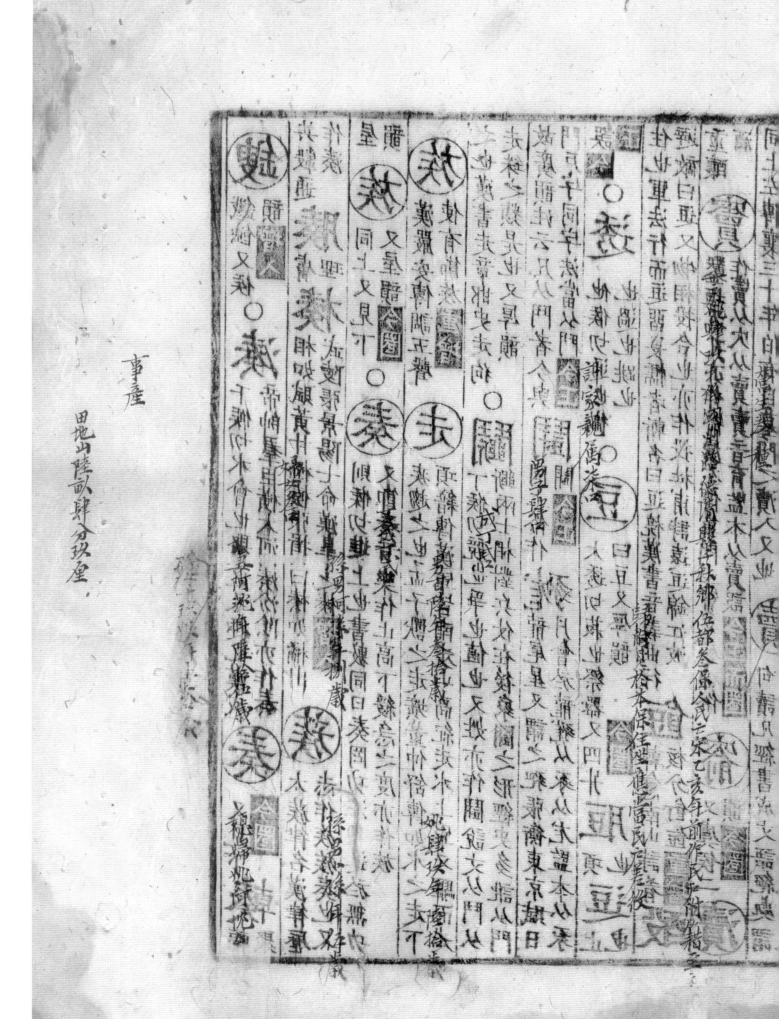

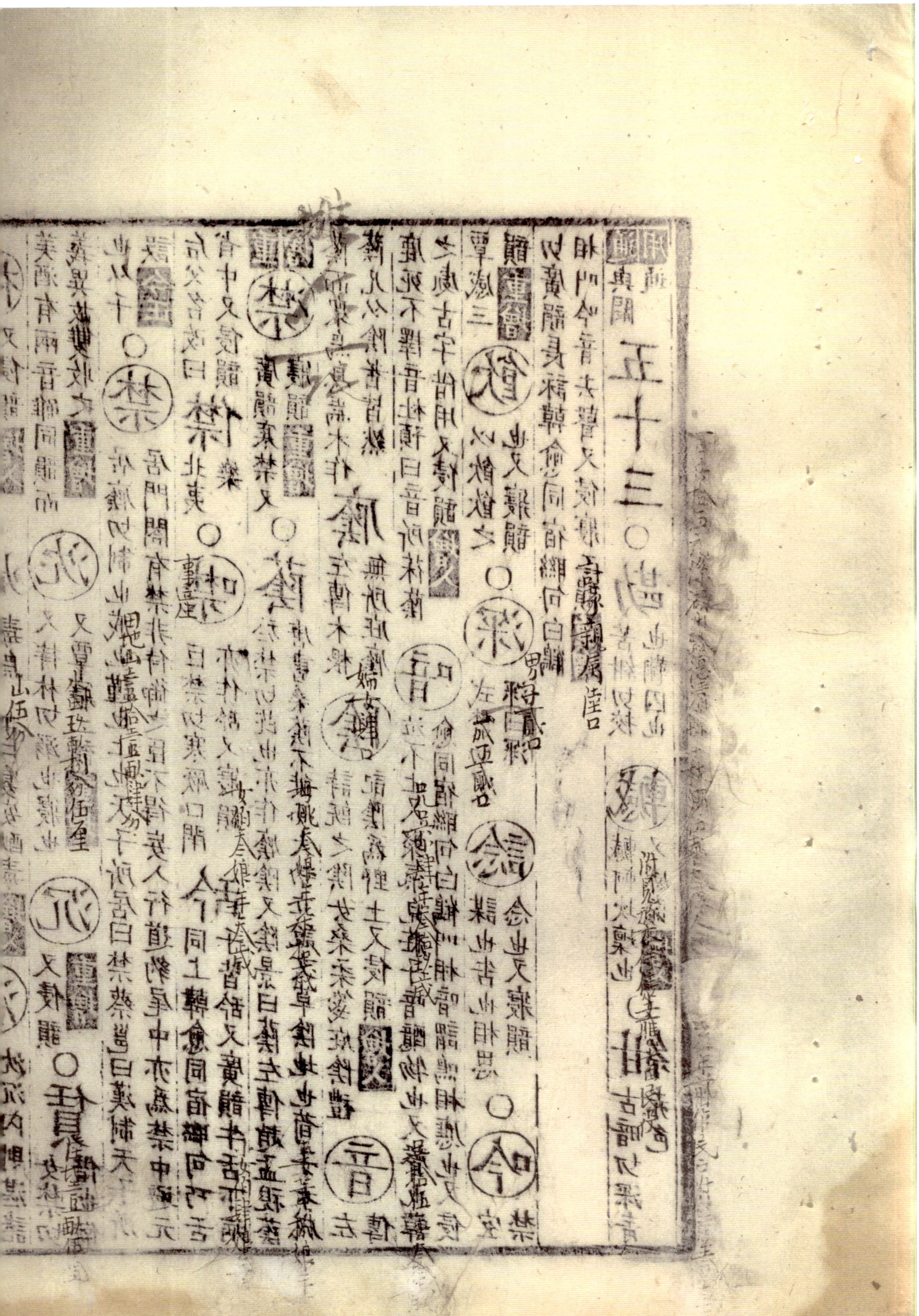

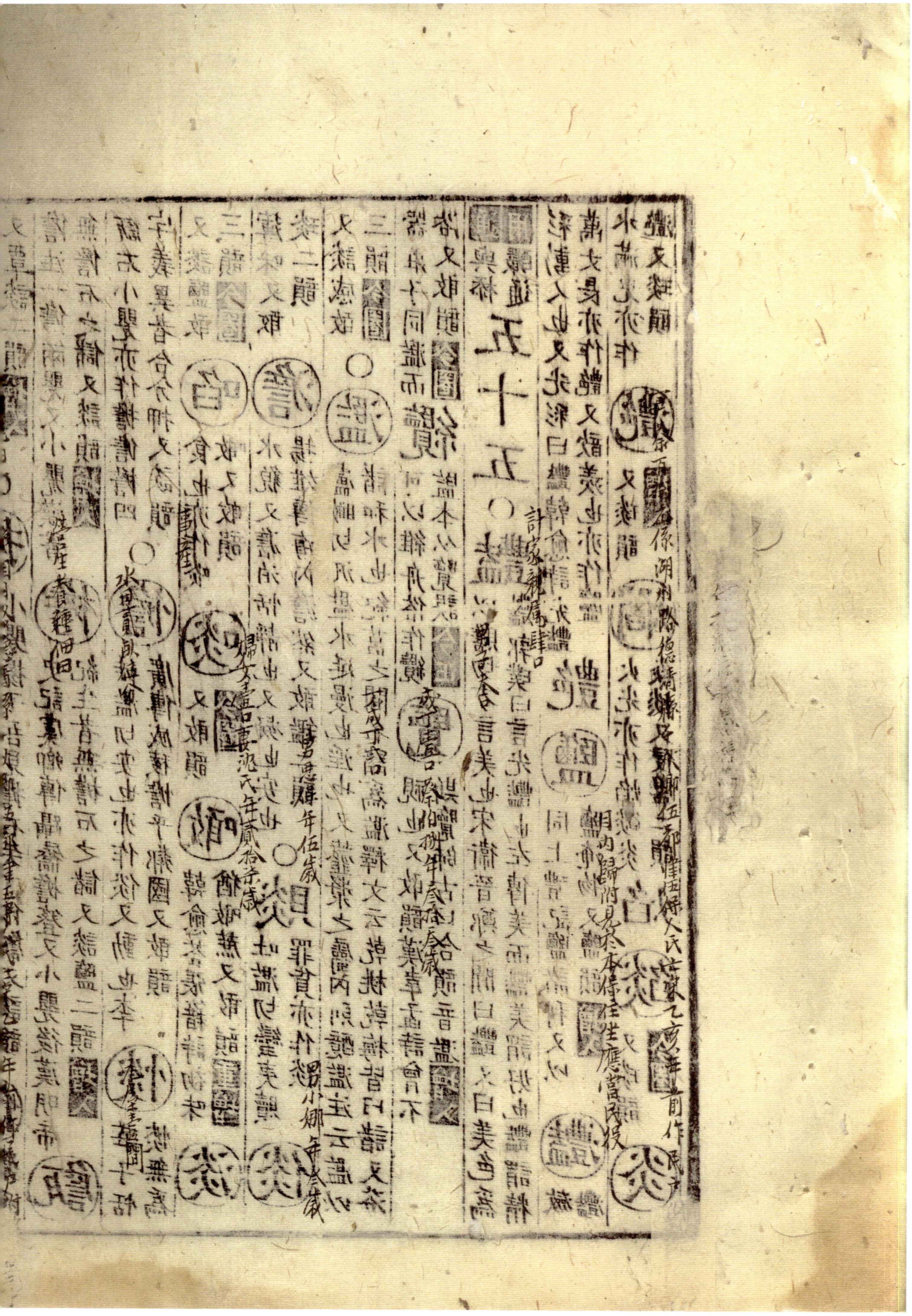

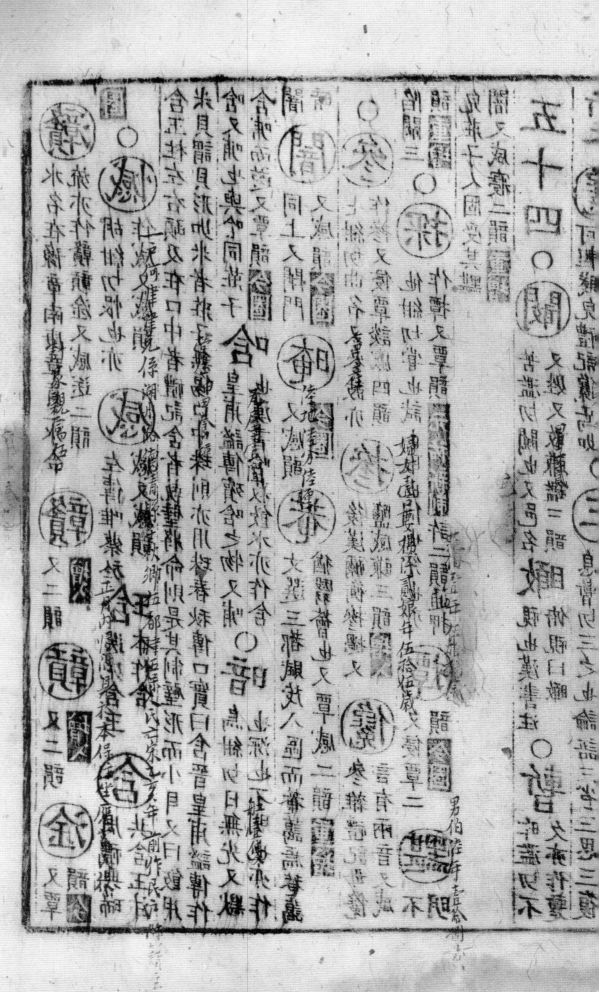

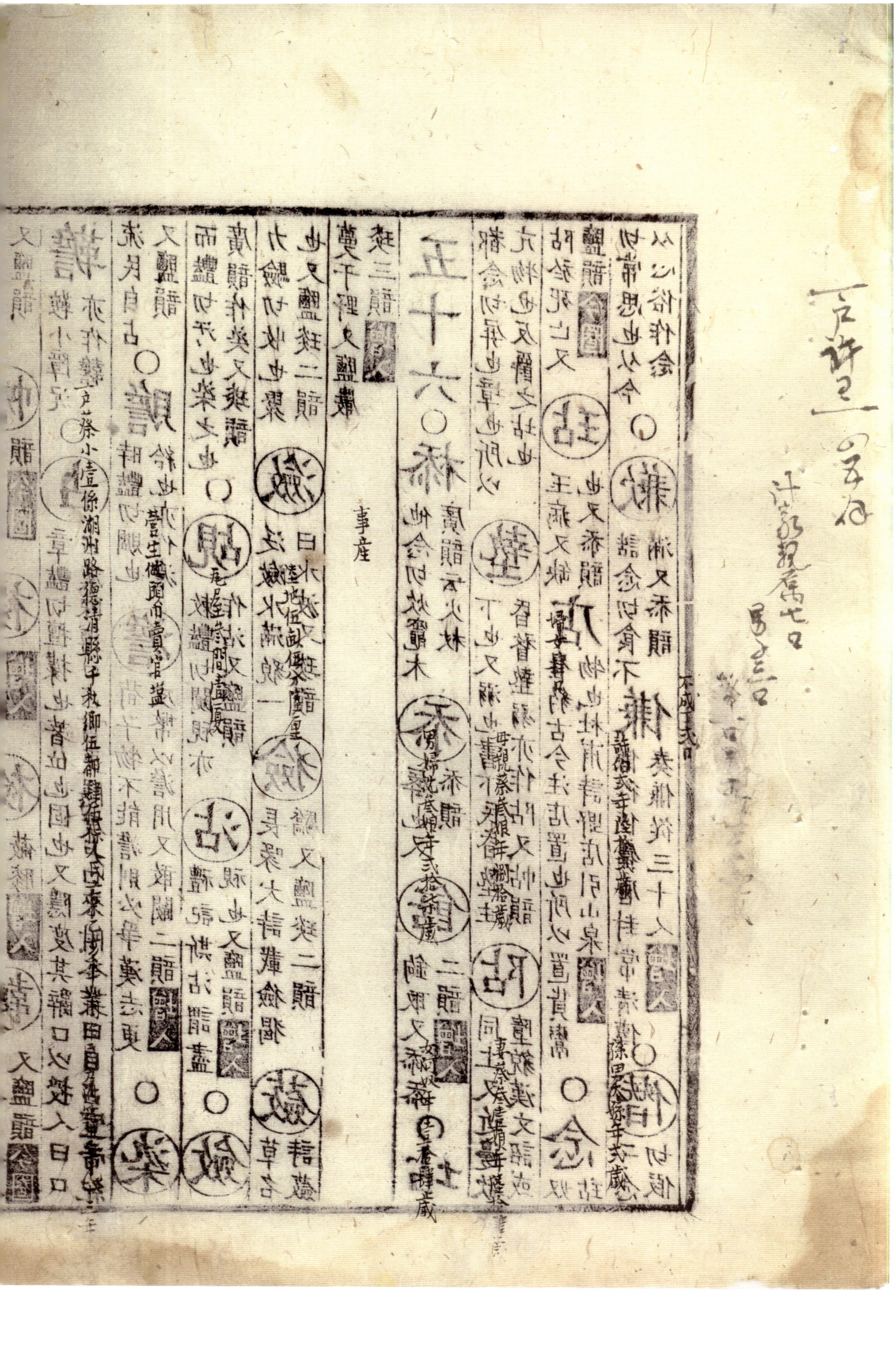
事産

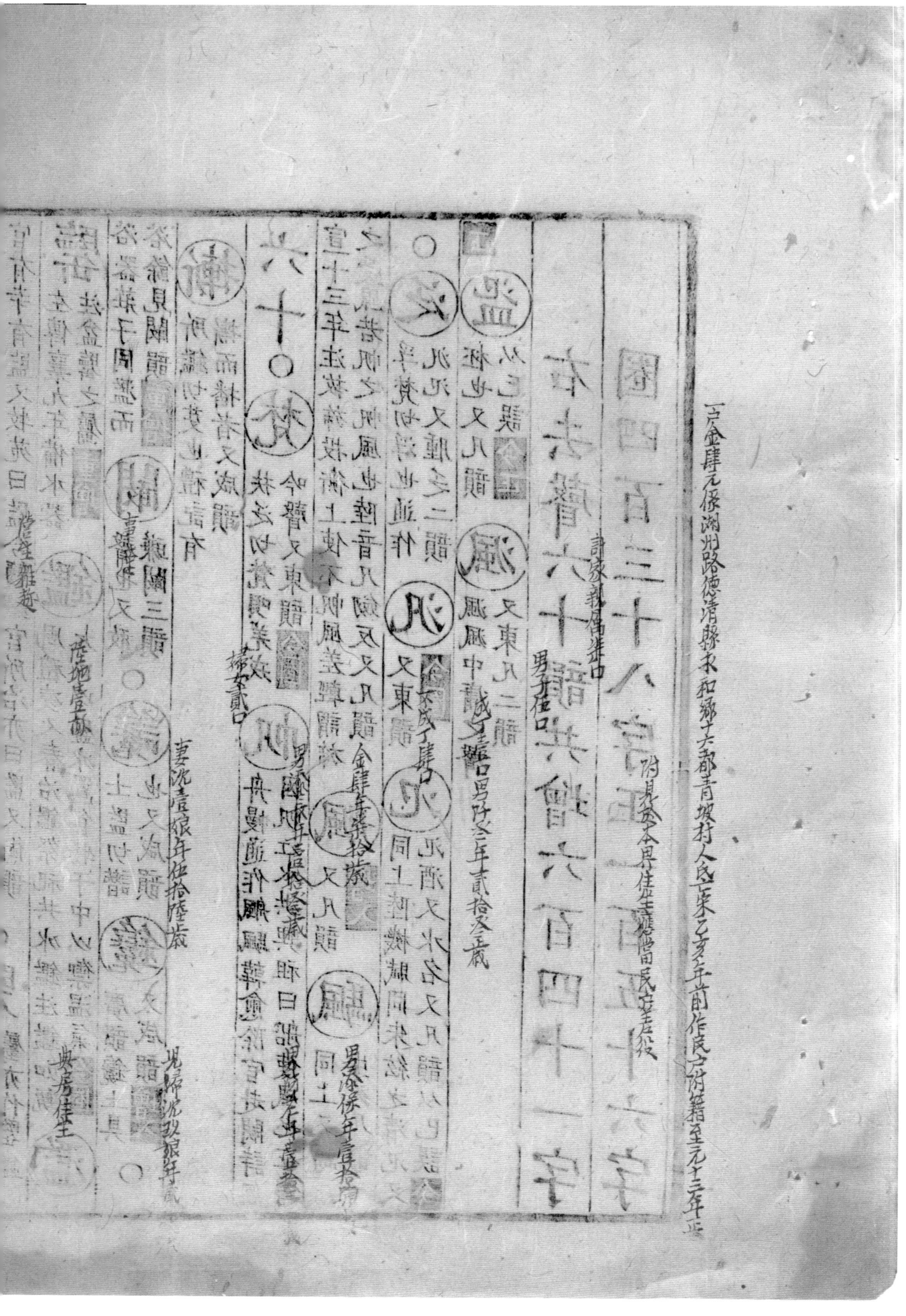
一户金肆元係湖州路德清縣永和鄉十六都青坡村人氏亡宋乙亥年前作民户附籍至元十三年正
附見本縣住坐當民户差役
計家親屬肆口
男子貳口

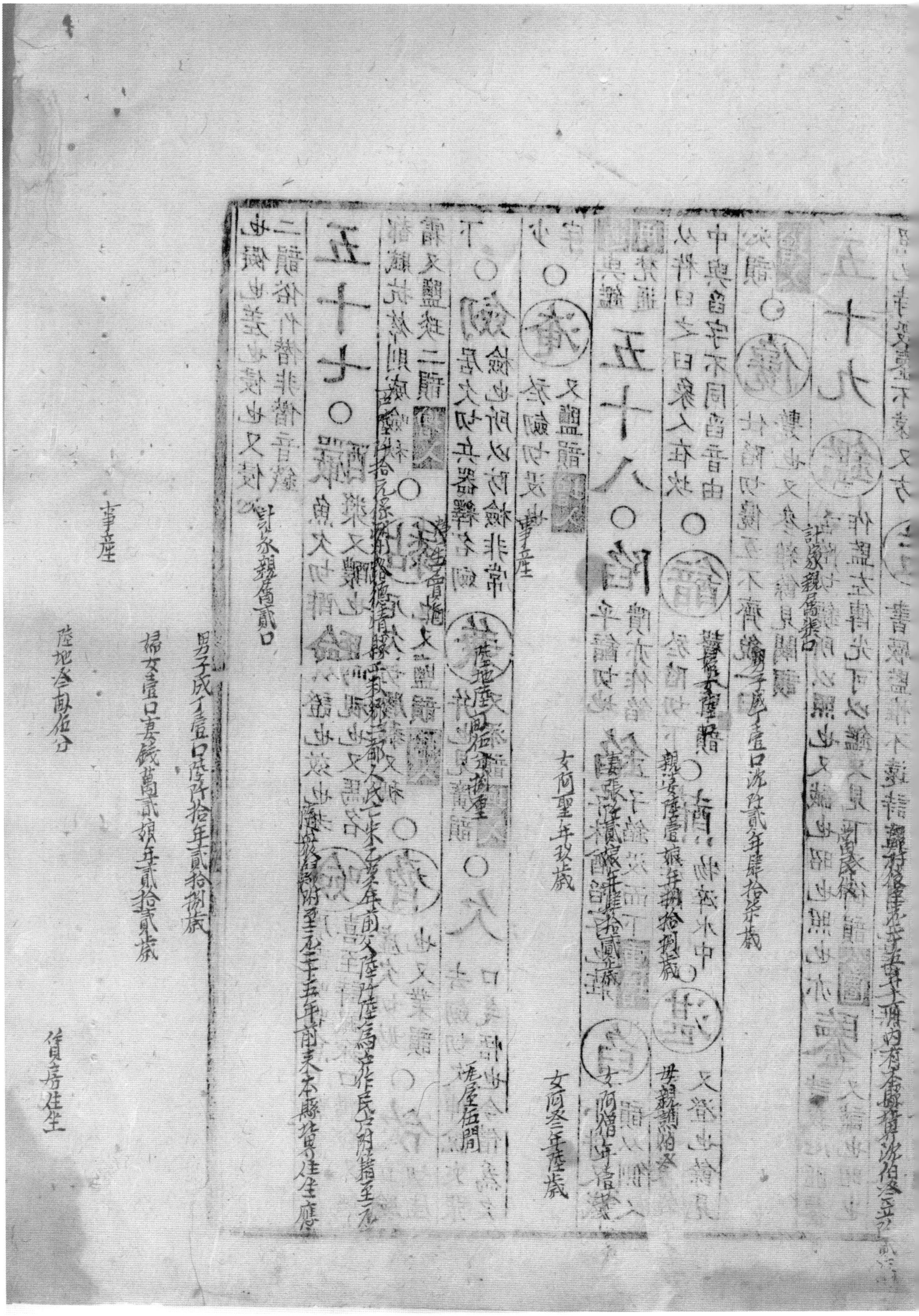
女阿聖年玖歲
女阿冬年叁歲
男子成丁壹口陸阡拾年貳拾捌歲
婦女壹口妻錢萬貳娘年貳拾貳歲
事產
陸地叁畝伍分
賃房住坐

隨衆婦附見於本保住坐應當民役

計家親屬壹拾肆口

男子伍口

成丁貳口

陳小玖年伍拾伍歲　弟小拾年[illegible]歲

不成丁叁口

女夫高有年壹拾[illegible]歲　男阿陸年肆歲

男李得年叁歲

婦女玖口

母沈壹娘年玖拾歲　妻沈伍娘年伍拾壹歲

弟婦沈拾肆娘年肆拾歲　女大姐年壹拾貳歲

女阿攔年壹歲

事產

田地叁畝貳分伍厘

水田壹畝貳分伍厘　陸地貳畝

房屋貳間

營生養種

一戶楊肆拾元係湖州路德清縣金鵝鄉拾伍都蘭村拾保人氏亡宋乙亥年前作民戶附籍至元拾叁

計家親屬柒口

隨母張歸附見於本保住坐應當民役

重會四百四十三字

男子肆口

成丁貳口

女夫沈阿壹年肆拾壹歲

弟阿陸年叁拾捌歲

不成丁貳口

楊肆拾年陸拾陸歲

孫男阿

册六　入聲第五

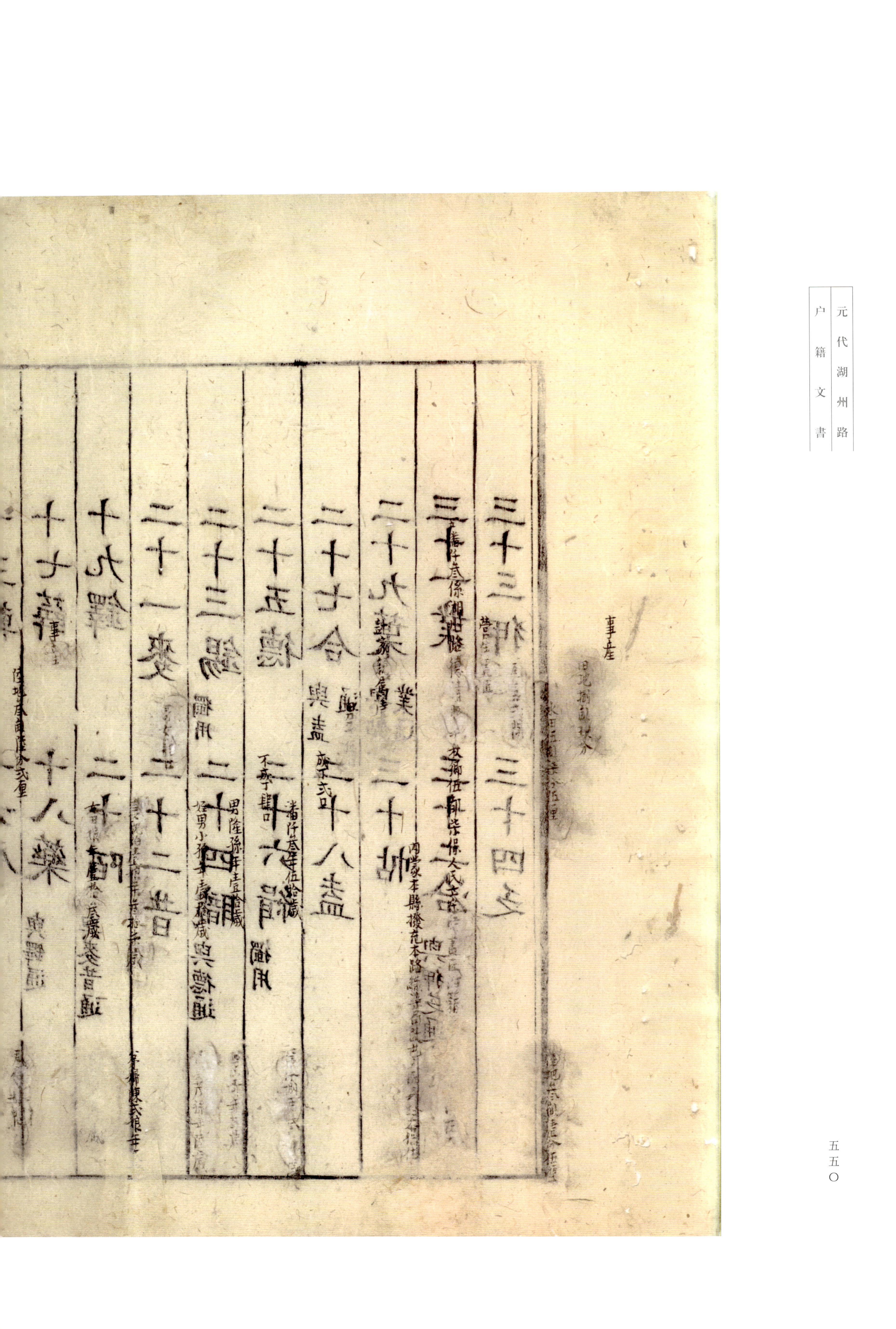

三十三狎　三十四乏

三十一業　三十二洽

二十九葉　與帖業通　三十帖

二十七合　與盍通　二十八盍

二十五德　二十六緝　獨用

二十三錫　獨用　二十四職　與德通

二十一麥　二十二昔

十九鐸　二十陌　與麥昔通

十七薛　十八藥　與鐸通

事產
田地捌畝柒分

十三末　十四黠　本縣撥充本路織染局正色人匠見於本保住坐

十一沒　十二曷　與末通

九迄　十月　與沒通

七櫛　八勿　與迄通

五質　與術櫛通　六術

三燭　四覺

一屋　二沃　與燭通

男進士[illegible]校[illegible]重　妻楊伯肆

衢州免解進士毛晃增註　孫婦沈伍娘年叁拾陸歲

男阿孫年陸歲

增修互註禮部韻略入聲第五　事產

陸地壹畝式分式厘

瓦屋壹間壹厦

營生機匠

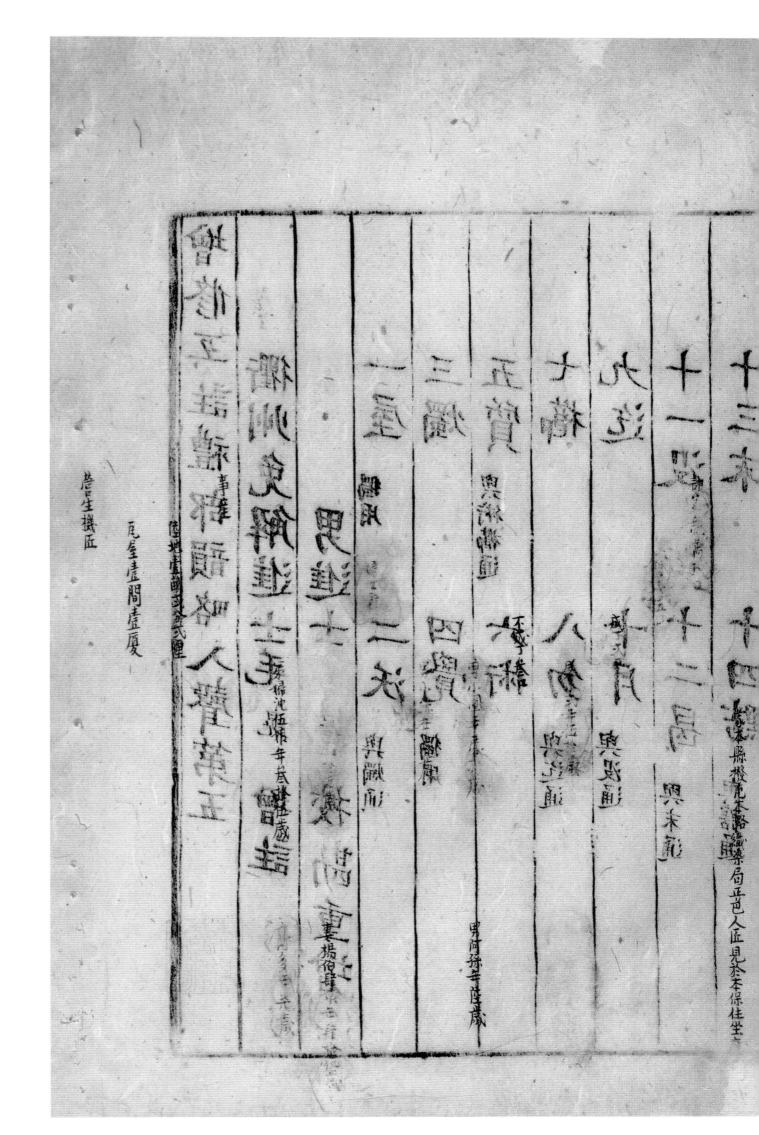

徐[illegible]年肆拾歲
男[illegible]壽年壹拾[illegible]歲
母高[illegible]娘年捌拾肆歲
○妻[illegible]陸娘年肆拾[illegible]歲
事產
陸地壹畝陸分陸厘
[illegible]屋壹間壹廈
營生 雜趁
一戶朱[illegible]元係湖州路德清縣[illegible]鄉[illegible]都[illegible]保人氏，亡宋乙亥年歸附[illegible]
計家[illegible]口
男子四口
成丁貳口
朱[illegible]年[illegible]歲
[illegible]年[illegible]拾伍歲
婦女叁口

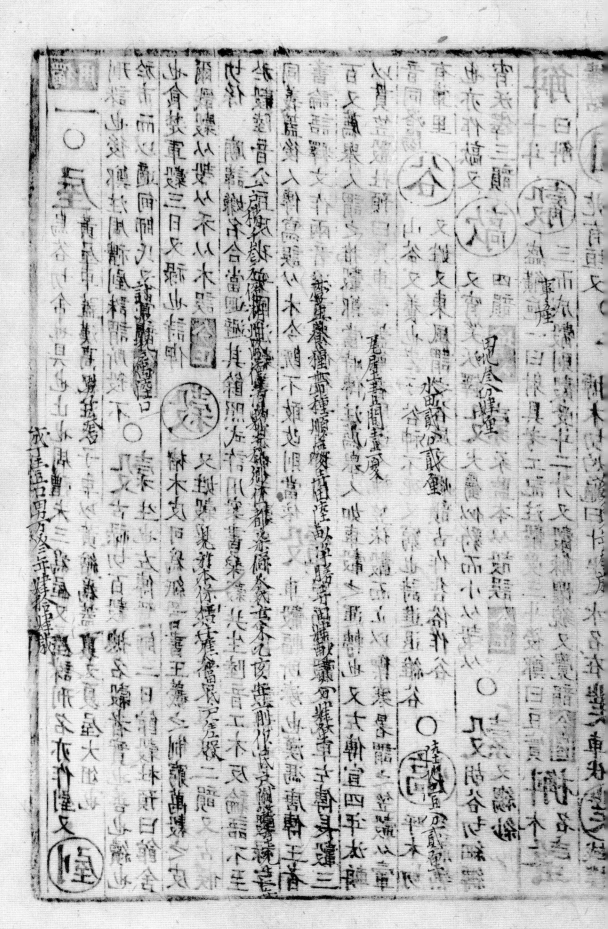

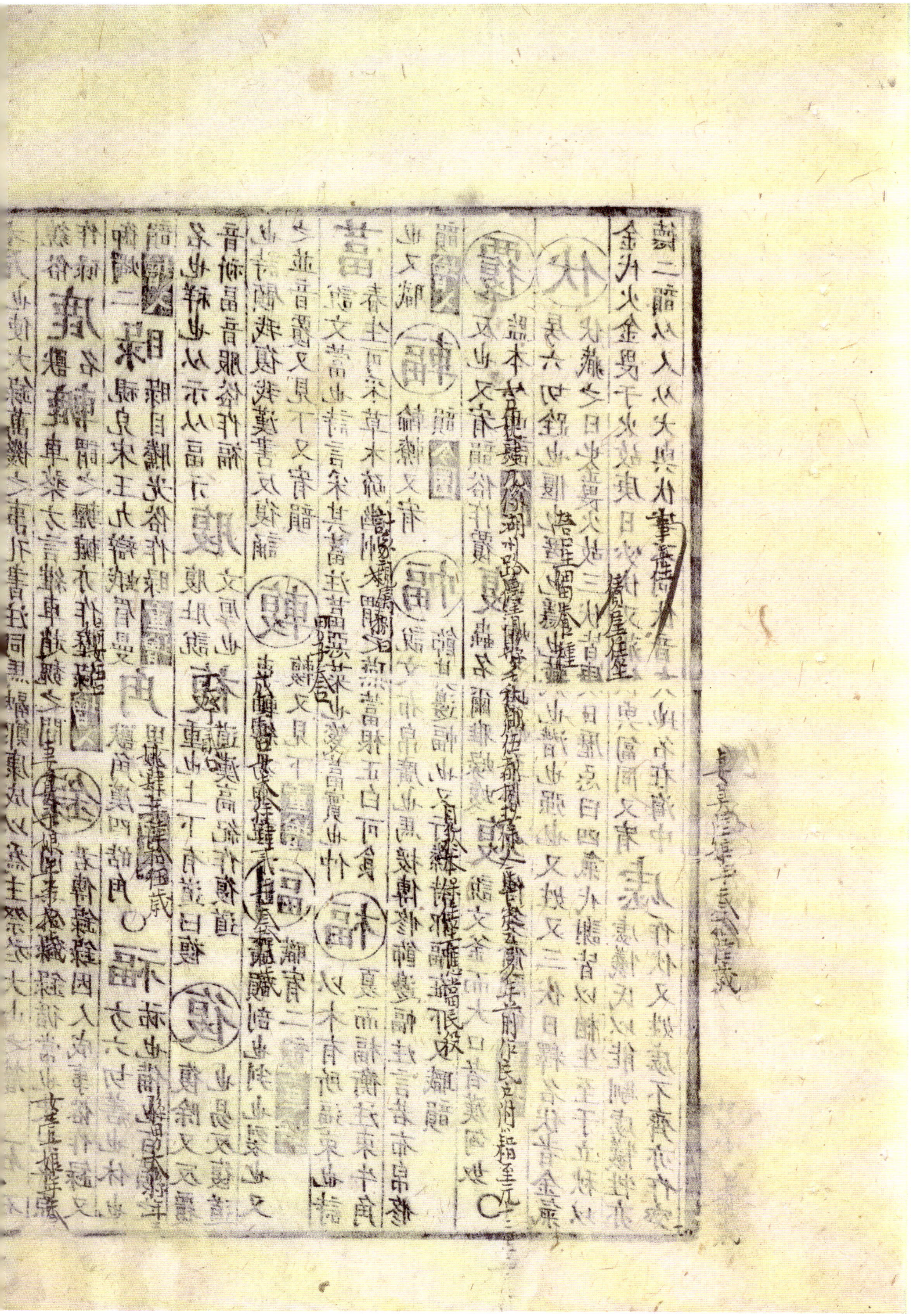

營生佃田帶種清風寺田壹畝貳分伍釐一則雷官田陸畝陸分伍釐

經漢宣帝改請 伏 [illegible]

上聿此義同是大音服音是伏兗音福音是 [illegible]

小[illegible]又引[illegible]名六[illegible]似入[illegible]又[illegible]

[illegible]奉王以此盆之 [illegible]

[illegible]

[illegible]復于王服復于明[illegible]周[illegible]

[illegible]作伯服通作[illegible]又[illegible]

馬史記鄭世家周襄王使[illegible] 服 [illegible]

又[illegible]讀[redacted] [illegible]

[illegible]

服 从月[illegible] [illegible]俗作[illegible]監本 [illegible] 葦[illegible] 俗作[illegible]又[illegible]

天子之[illegible]也[illegible]周分[illegible]服又[illegible]服[illegible]

[illegible]其服師古曰[illegible]令[illegible]又[illegible]

[illegible]山[illegible]有文[illegible]

[illegible]又[illegible]

又[illegible] 宓 [illegible]又[illegible]讀[illegible] 同上又入[illegible]三國有 服 [illegible]

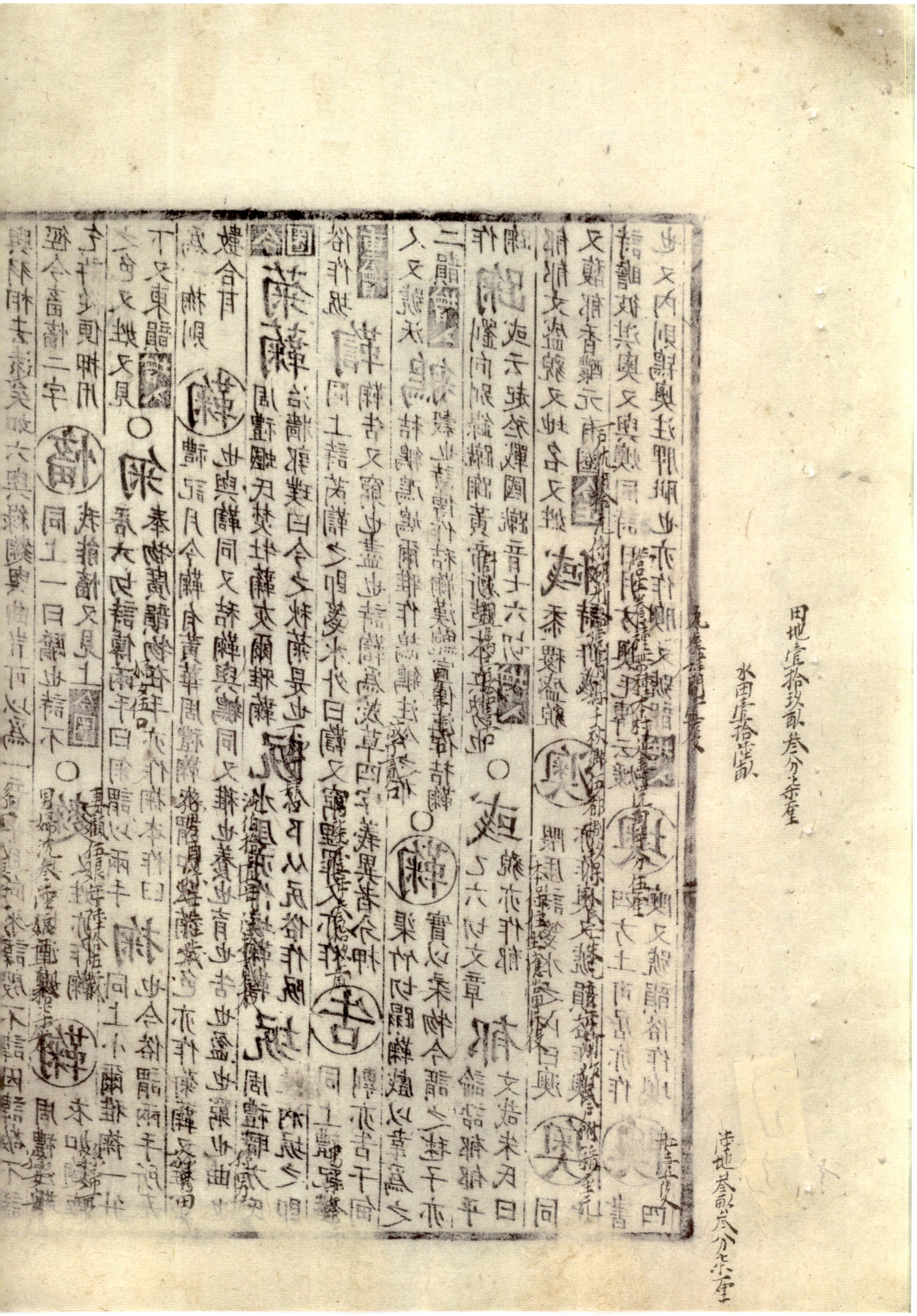
田地壹拾玖畝叁分柒厘
水田壹拾陸畝
陸地叁畝叁分柒厘

男子成丁壹口沈阡貳年叁拾捌歲

管生手迹

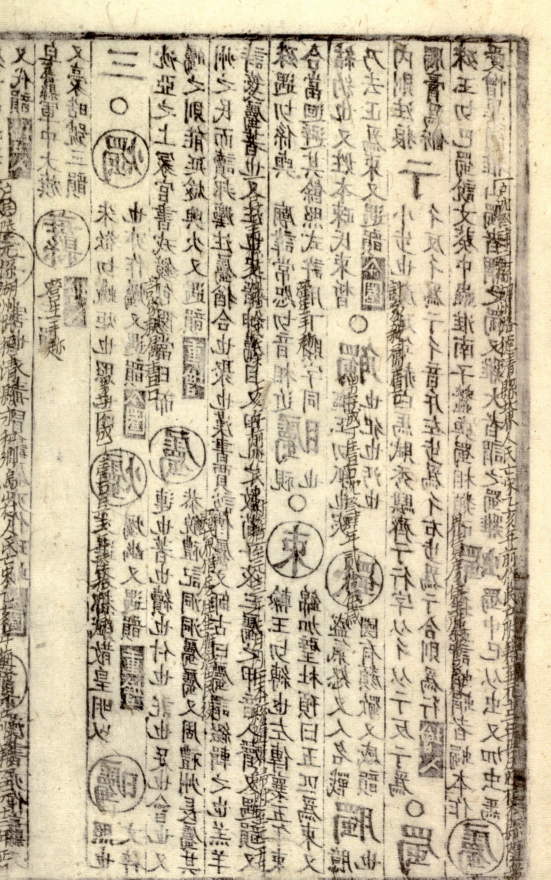

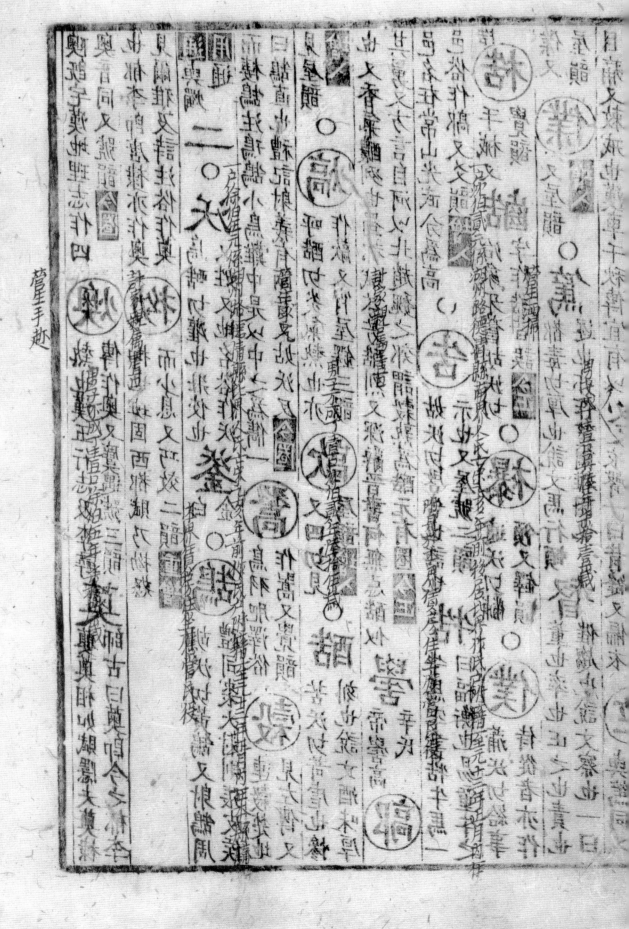

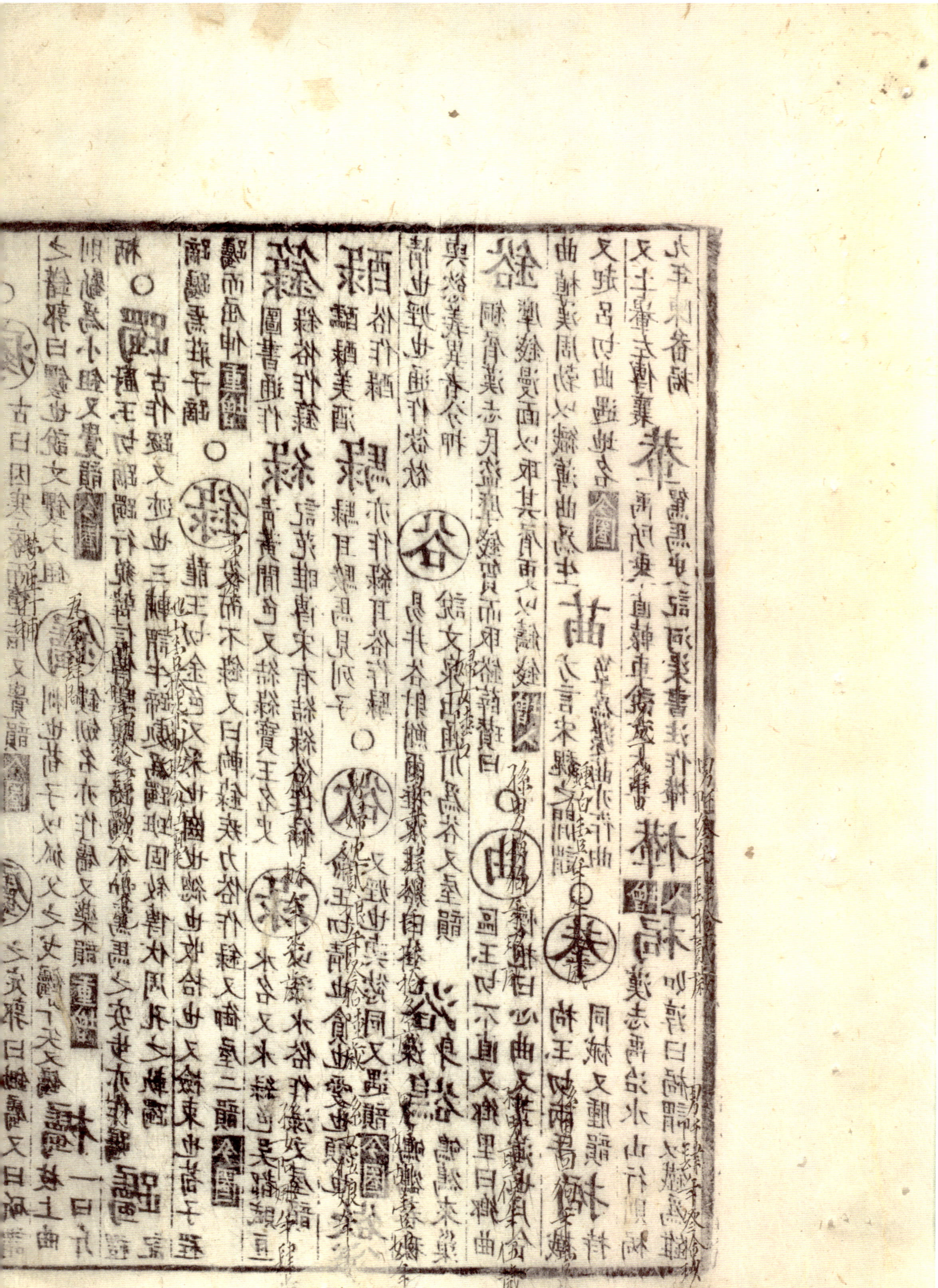

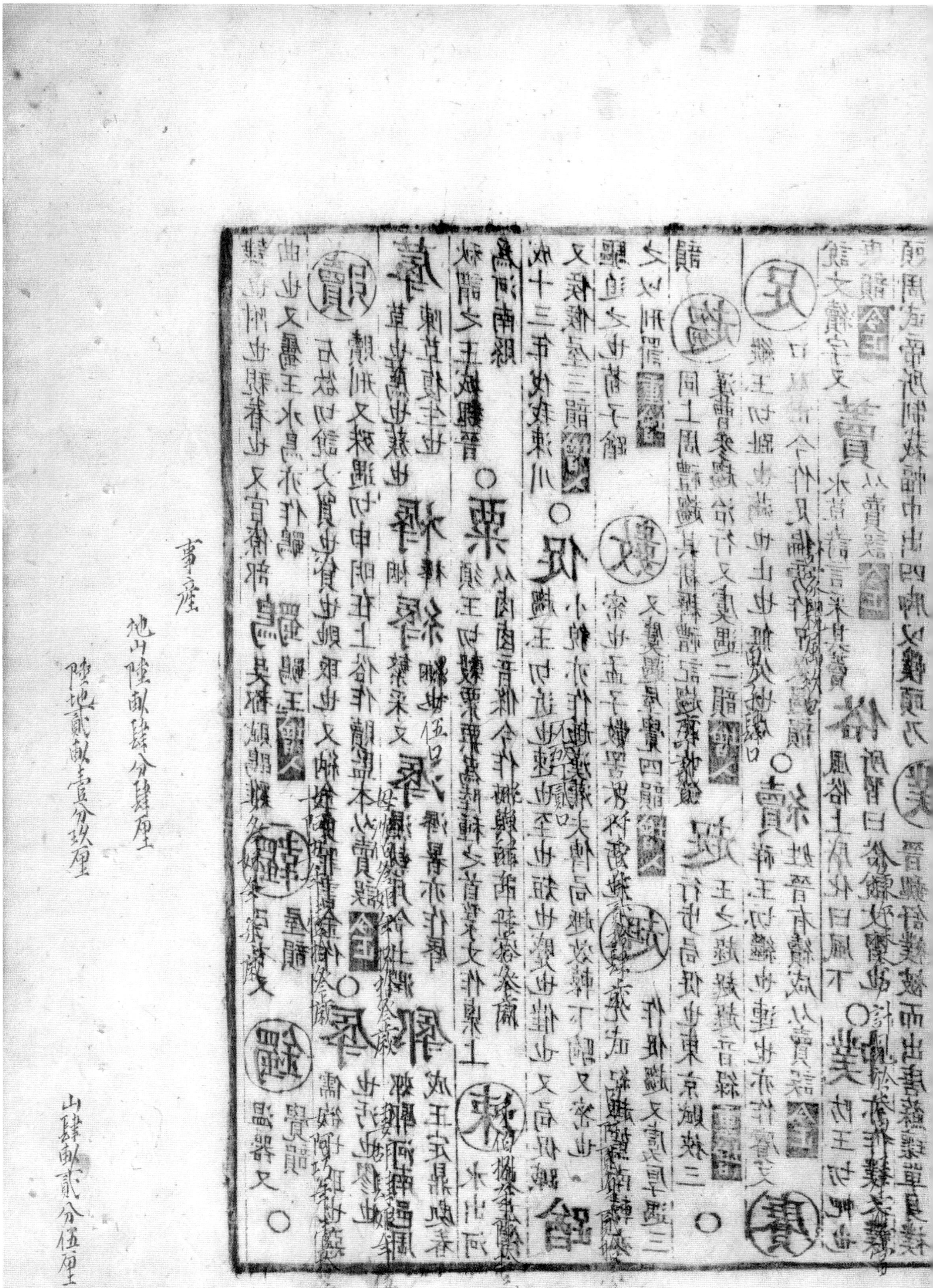

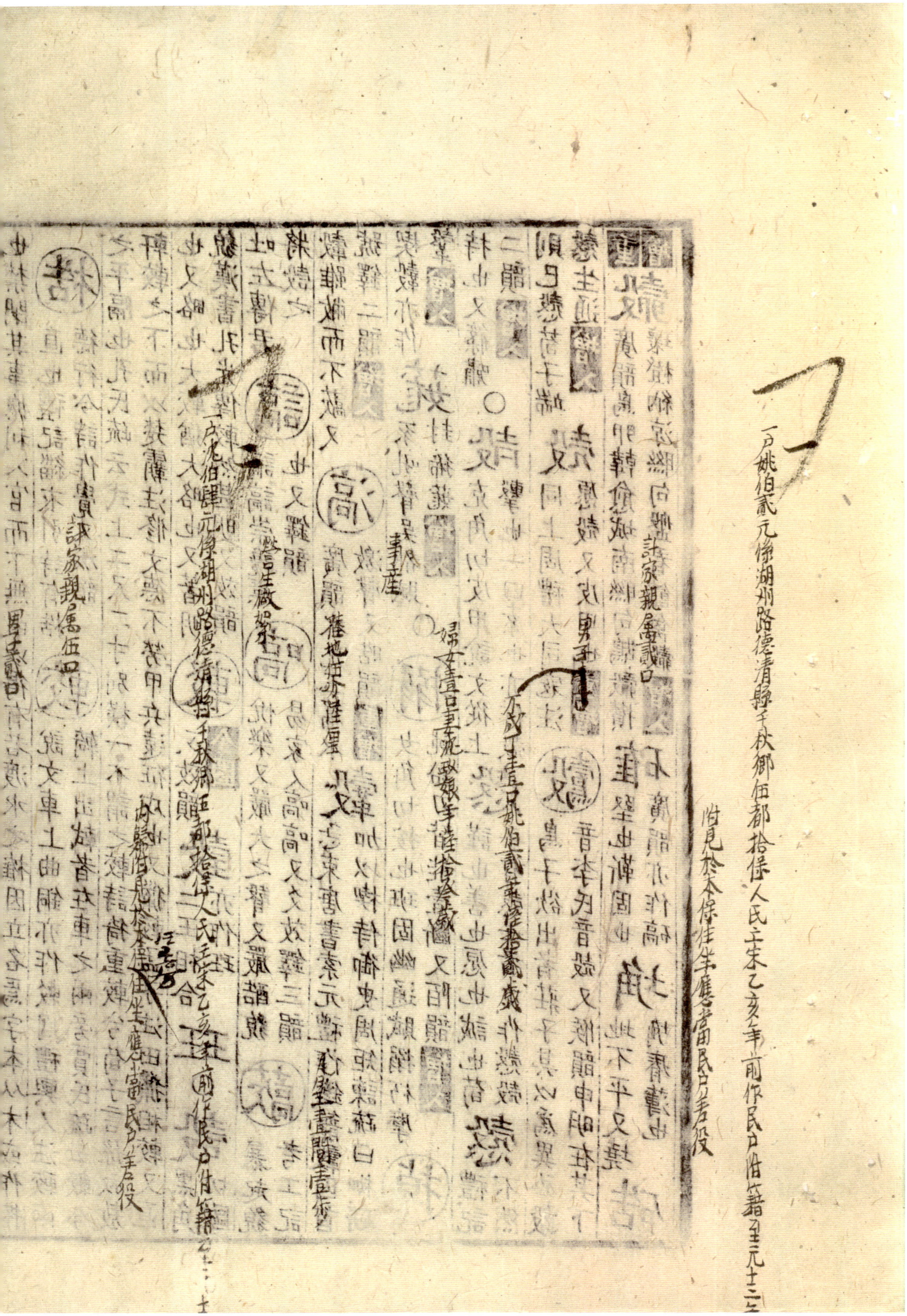
一戶姚伯貳元係湖州路德清縣千秋鄉伍都拾保人氏亡宋乙亥年前作民戶附籍至元十二年
附見於本保住坐應當民戶差役

婦女叁口

婦女捌口

不成丁壹口男大壽年捌歲

黄女叁年肆拾伍歲

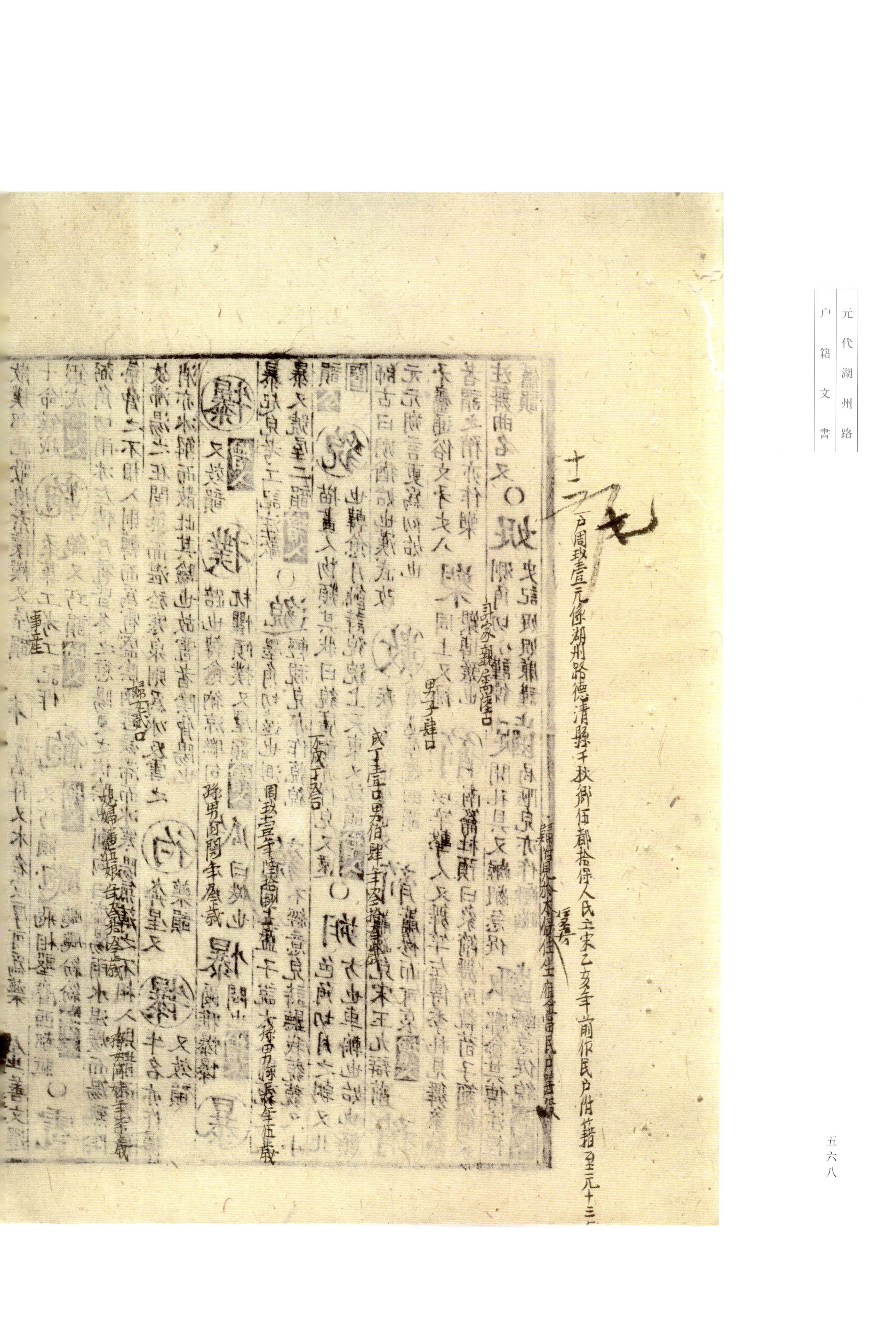

十七

一户周玖壹元係湖州路德清縣千秋鄉伍都拾保人氏亡宋乙亥年前作民户附籍至元十三年

歸附見於本保住坐應當民户差役　保壽

計家親屬肆口

男子肆口

成丁壹口　男伯肆年叁拾肆歲

不成丁叁口

周玖壹年陸拾壹歲　孫男力孫年伍歲

孫男回閏年叁歲

婦女貳口

媳婦潘伍娘年叁拾叁歲　孫女闌壽年柒歲

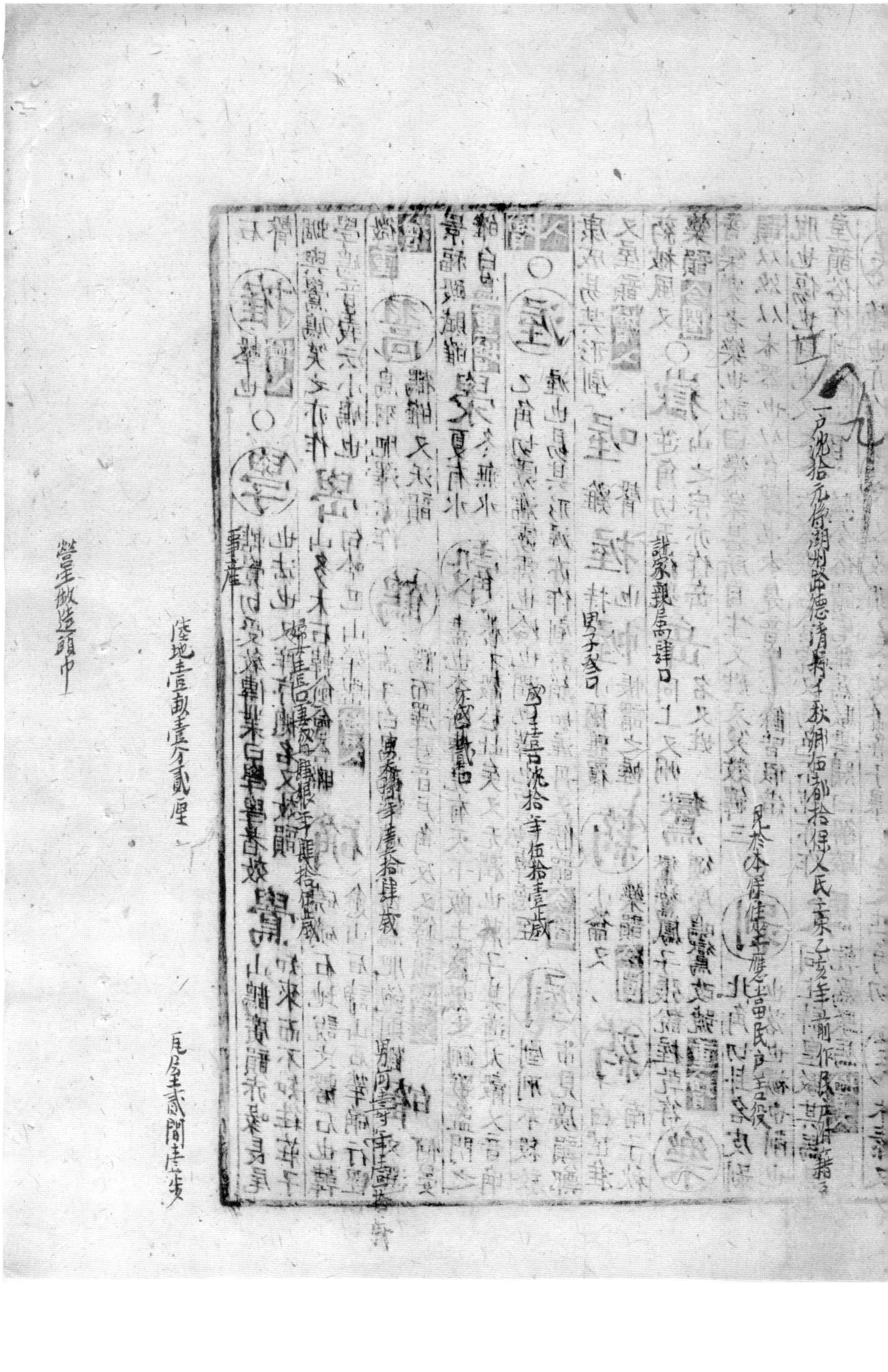

營生做造頭巾

陸地壹畝壹分貳厘

一戶姚阡壹元係湖州路德清縣千秋鄉肆都伍保人氏亡宋乙亥年前作民戶附籍至元十三年正月

附見於本保住坐應當民役

歸附見於本係住坐應當民役

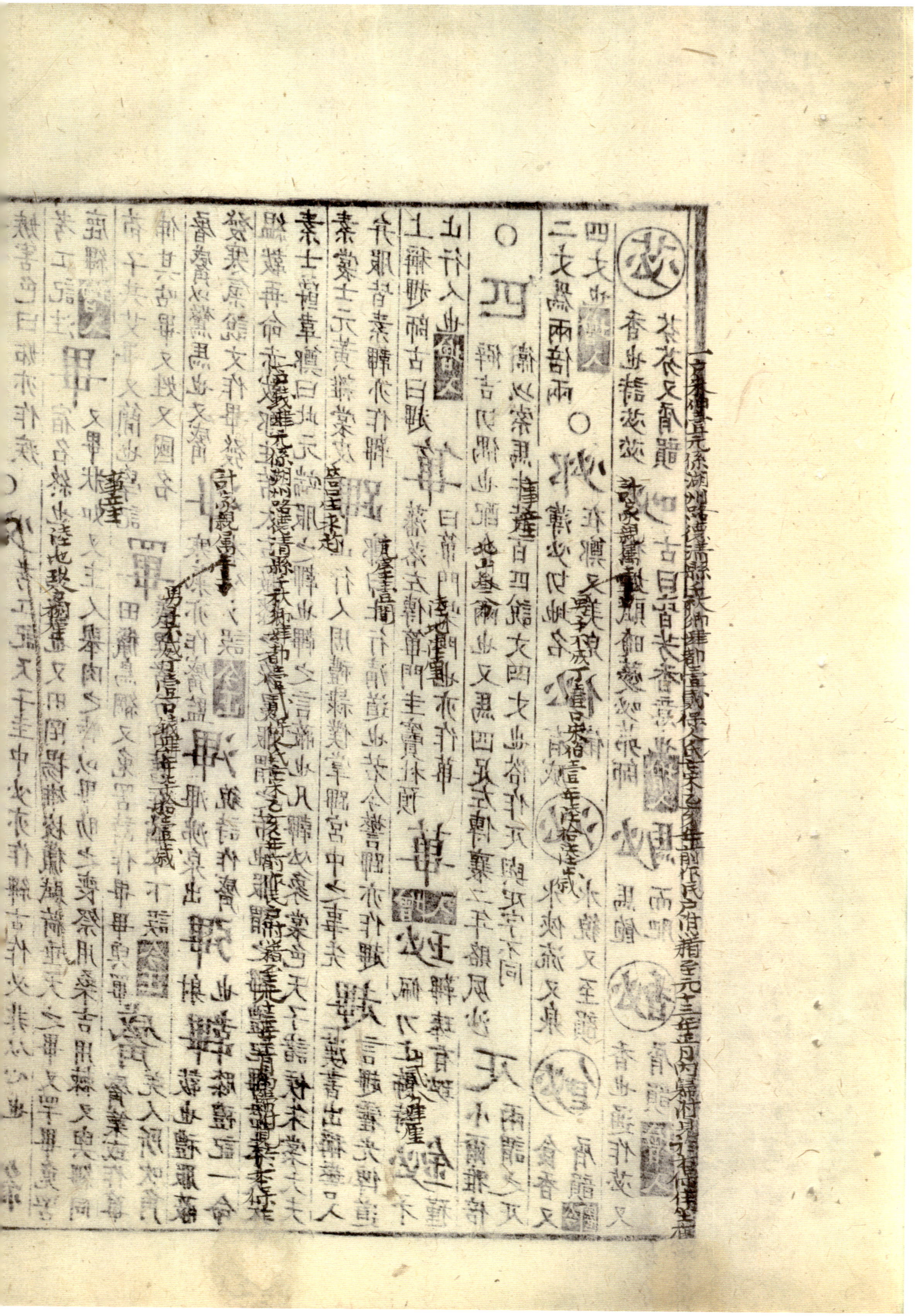

一户沈念壹元係湖州路德清縣千秋鄉叁都壹貳保人氏亡宋乙亥年前作民户附籍至元十三年正月

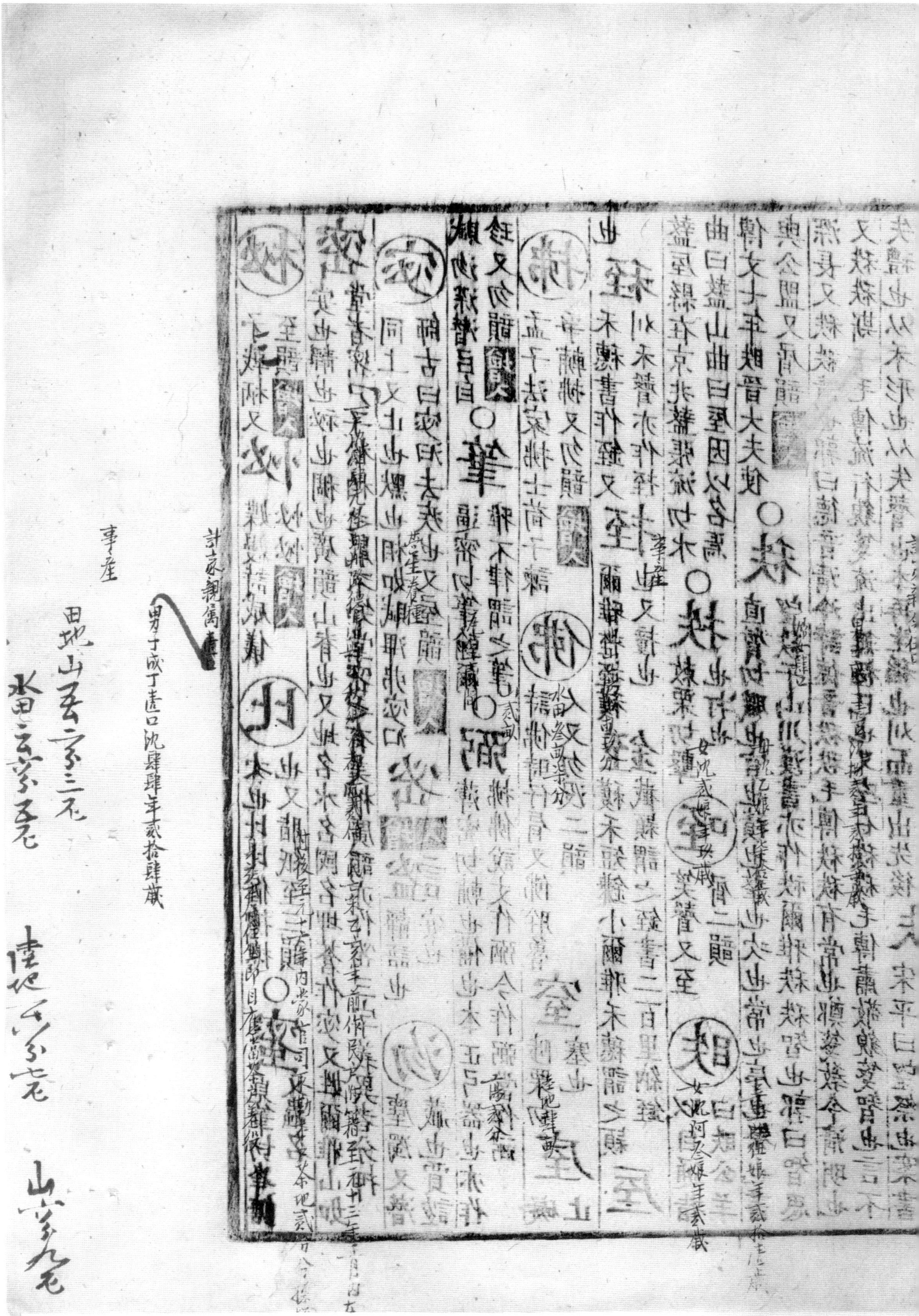

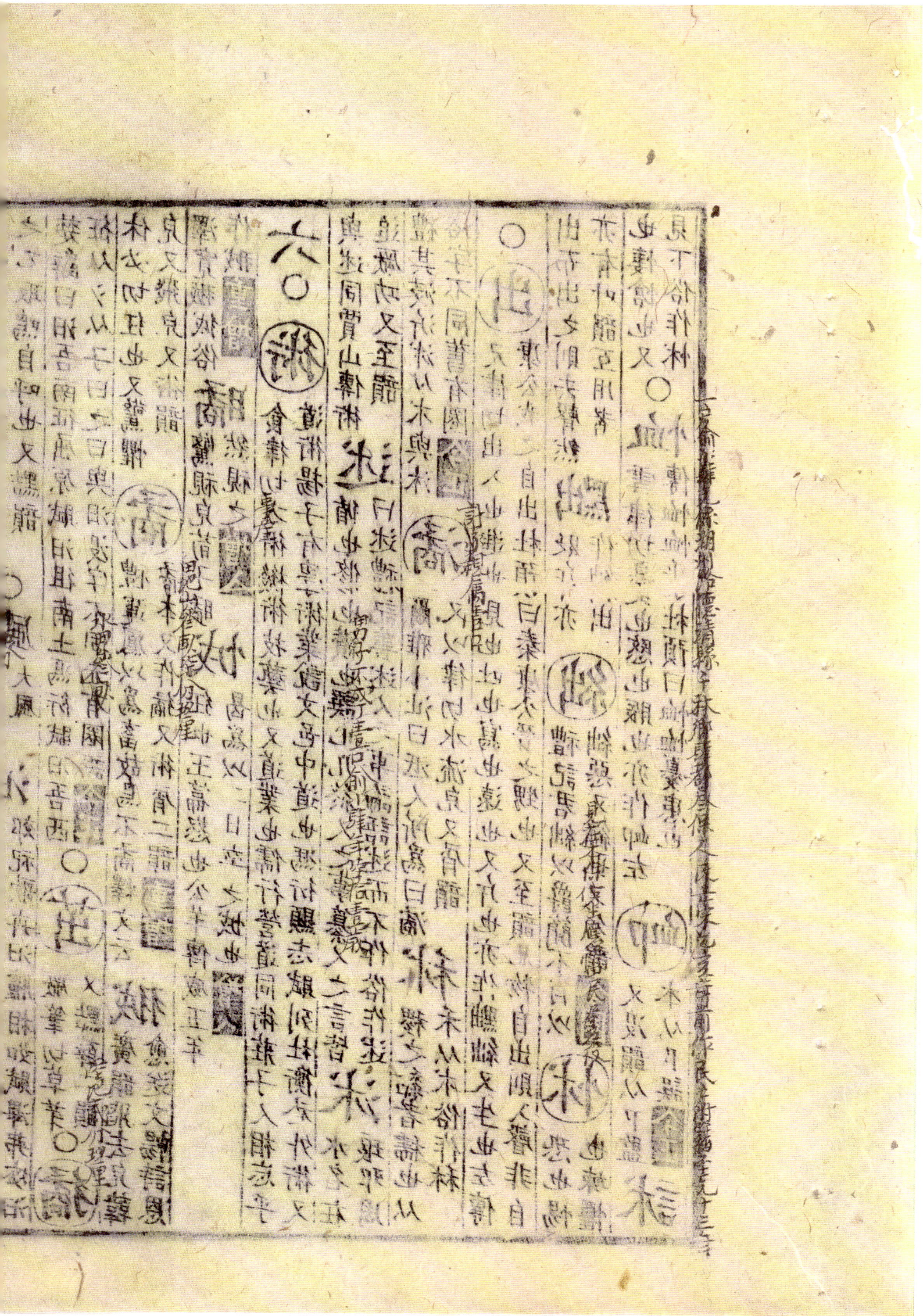

成丁貳口
沈伍壹年叁拾玖歲
男柰伍年壹拾柒歲
婦女貳口
妻許叁娘年叁拾歲
女阿昧年貳歲

一户沈榮元係湖州路德清縣千秋鄉叁都壹貳保人氏亡宋乙亥年前作民户附籍至元十

婦女貳口
何念壹年叁拾伍歲
孫男伯拾貳年

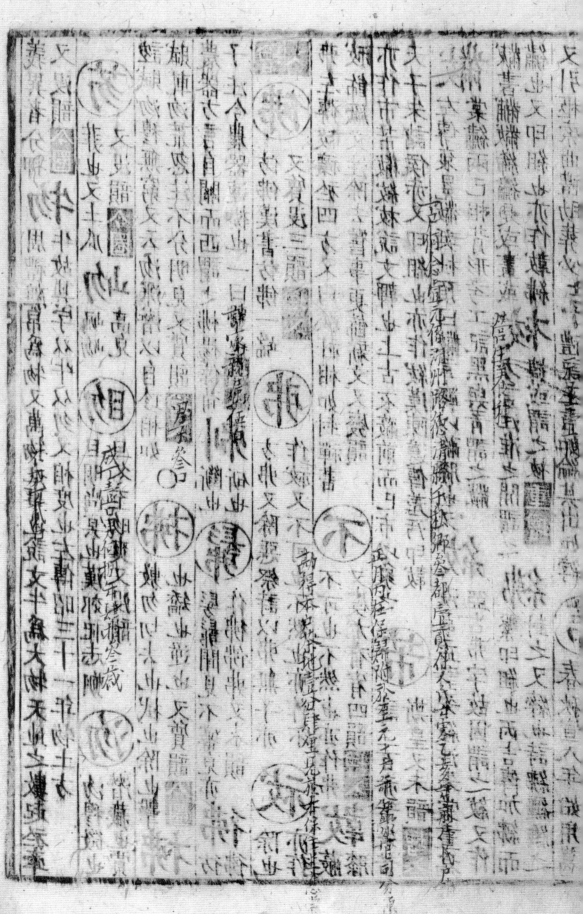

計家親屬口

附應當民役

討家親屬倒口
應當民役

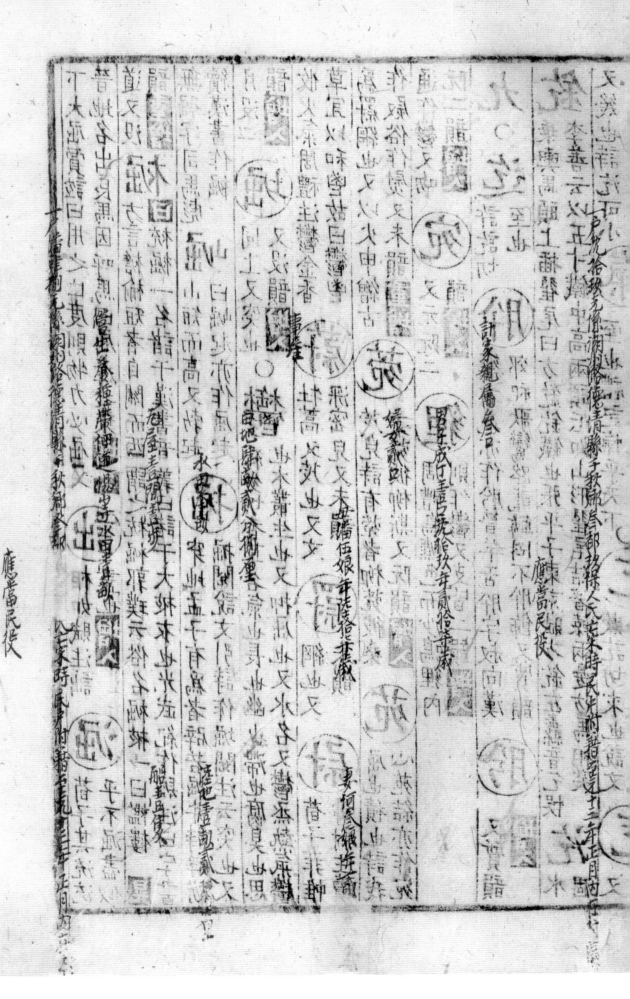

事産
陸地叁畝捌分玖厘
營生養種
船壹隻
户朱指叁娘元係湖州路德清縣[illegible]叁都伍保[illegible]
本係[illegible]
計家親屬肆口
男子叁口
成丁叁口
男[illegible]年伍拾伍歲
不成丁壹口男僧保年柒歲

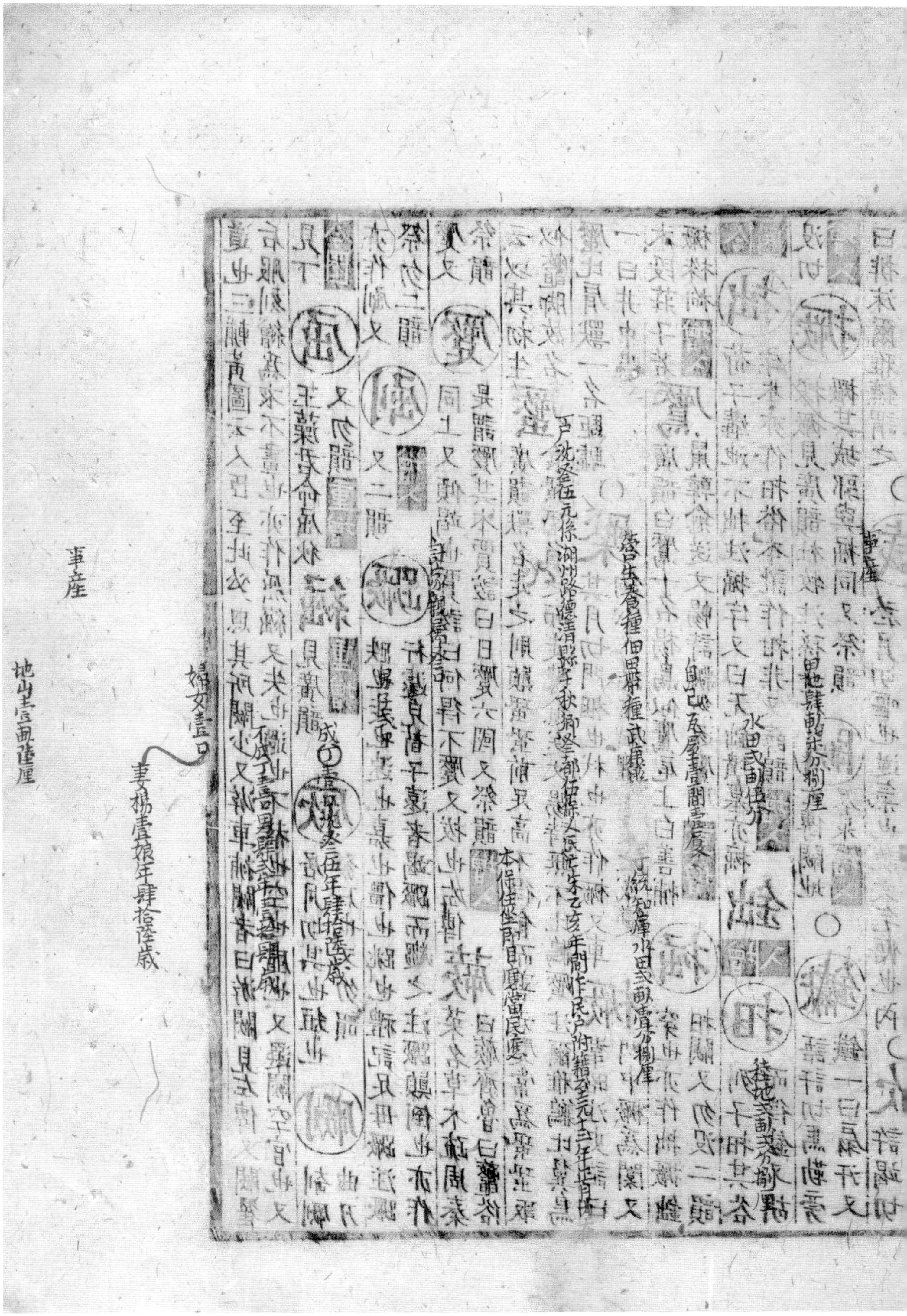
事産
地山壹畝陸厘
婦女壹口
妻楊壹娘年肆拾陸歲

田地肆畝

水田叁畝

桂地壹畝

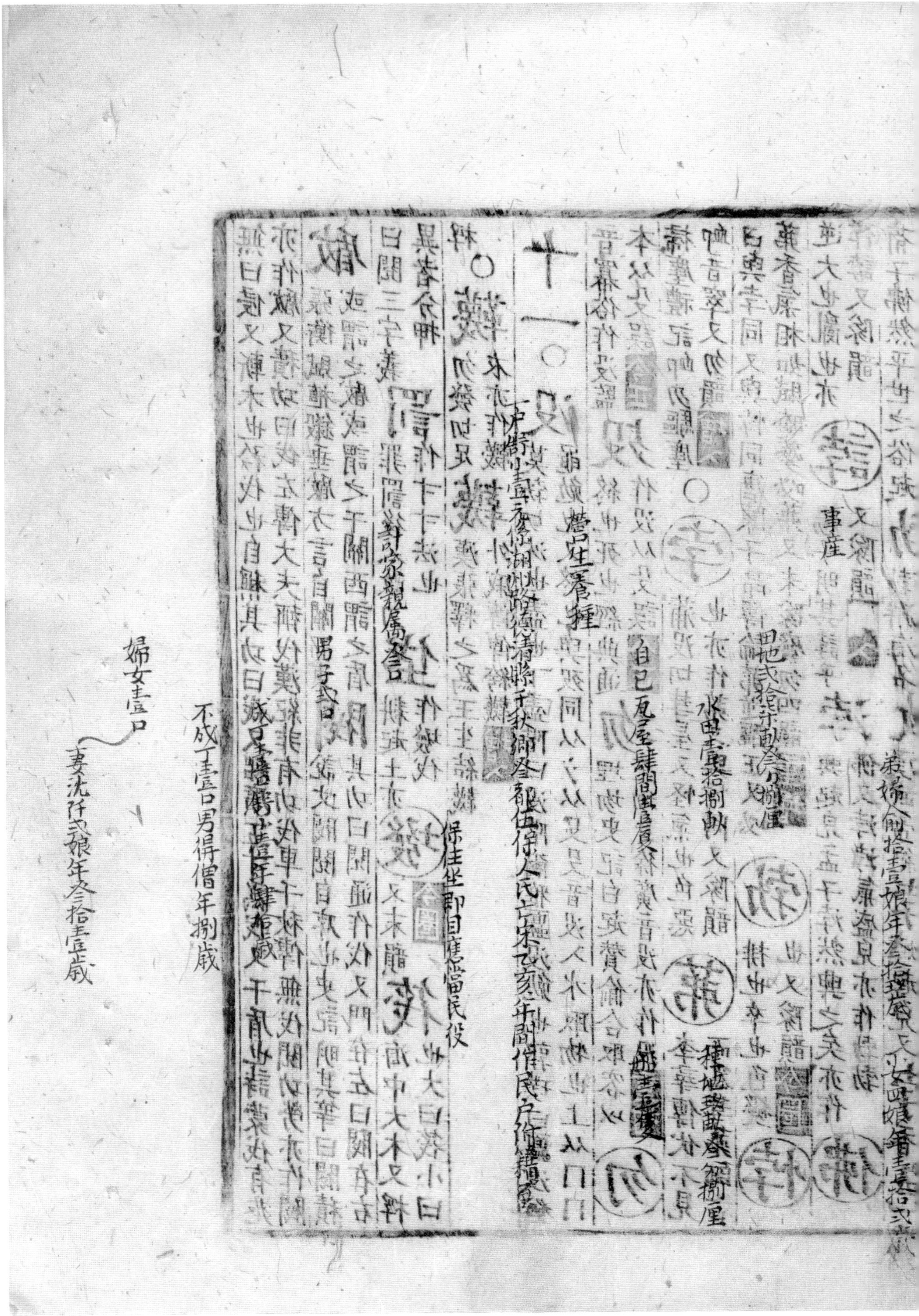
婦女壹口
妻沈阡弍娘年叁拾壹歲
不成丁壹口男得借年捌歲

婦女壹口細娘年捌歲

事產

田地山蕩計肆畝柒分玖釐

水田貳畝伍分陸釐

地壹畝叁分壹釐

房舍瓦屋壹間壹廈

營生養種[illegible]壹畝伍分

一戶沈伯[illegible]係湖州路德清縣千秋鄉叁都壹管[illegible]前作民戶附籍

[illegible]歸附見在本村住坐應當民戶差役

計家親屬伍口

男子肆口

營生養種
一戶何小捌元係湖州路德清縣千秋鄉叁都壹頁保人氏亡宋乙亥年前作民戶附籍至元二十
隨衆歸附見在本村住坐應當民戶差役

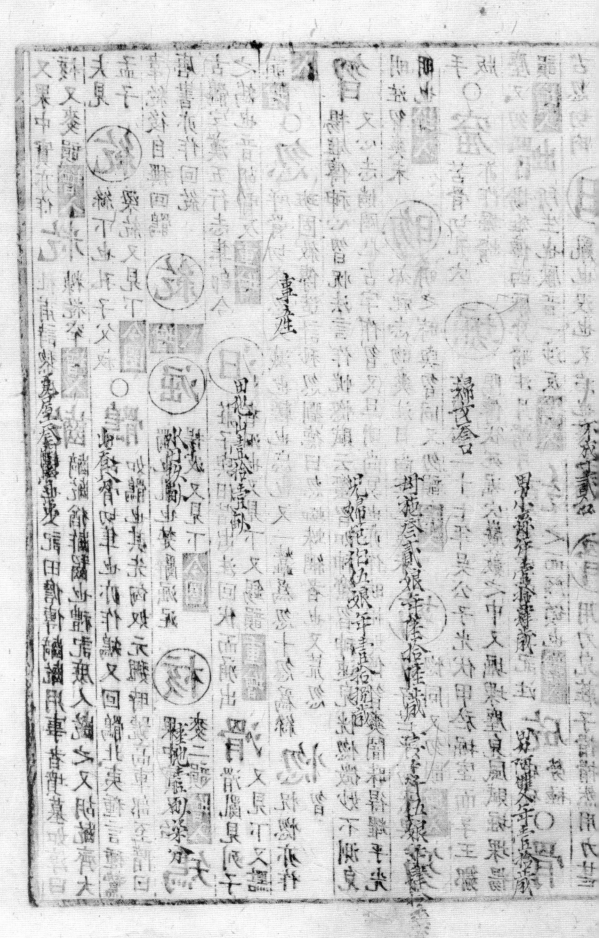

事產

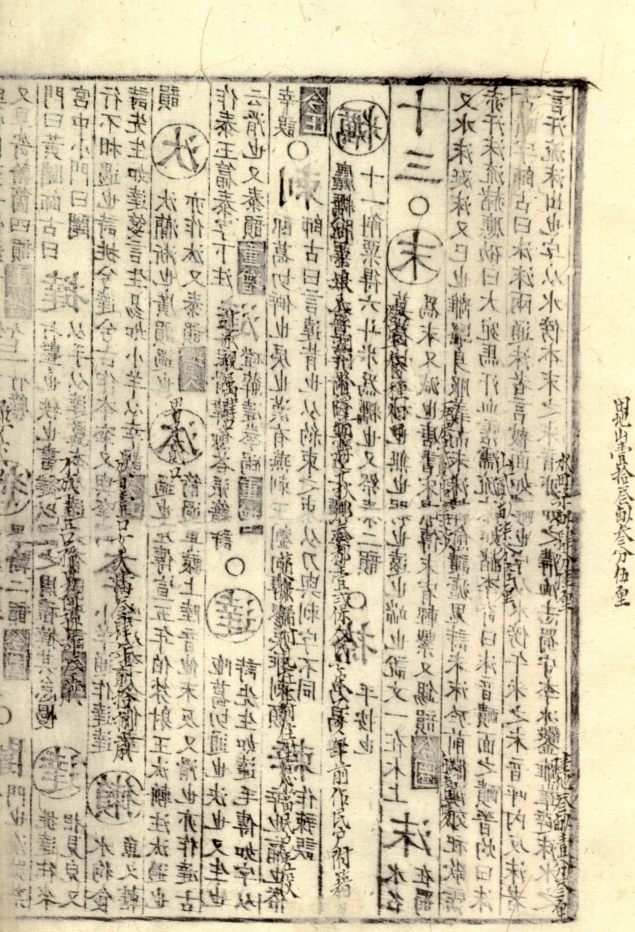

田地山壹拾叁畝叁分伍厘

放丁壹口何叁叁年叁拾捌歲
不放丁壹口男雷兒年叁歲

小女行叁娘年壹歲

妻陳叁娘年叁拾壹歲

[illegible]女年肆歲

次女年壹歲

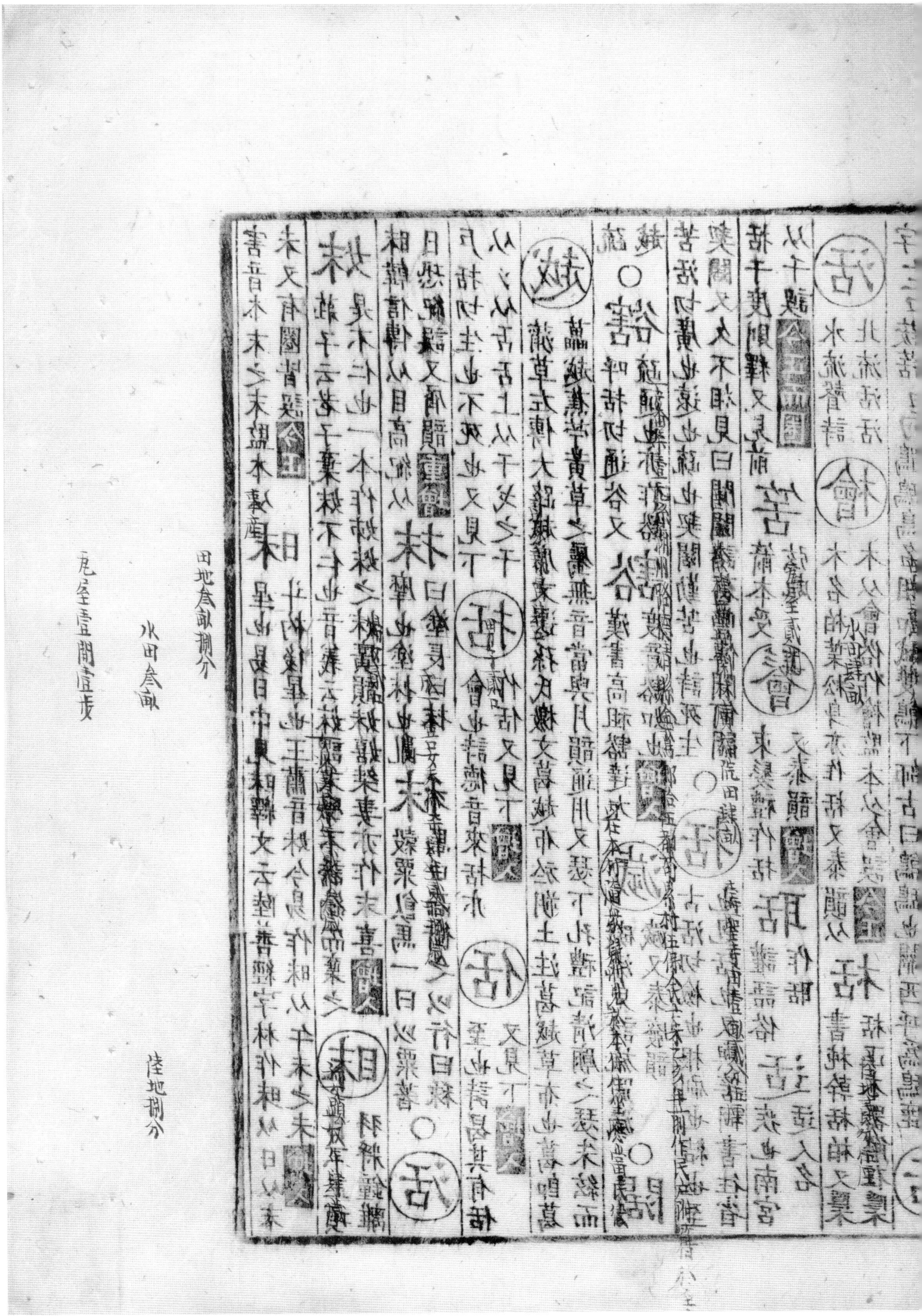
田地叁畝捌分
水田叁畝
瓦屋壹間壹步
陸地捌分

水田壹拾叁畝

瓦屋貳間半

[illegible]拾伍年叁拾壹歲

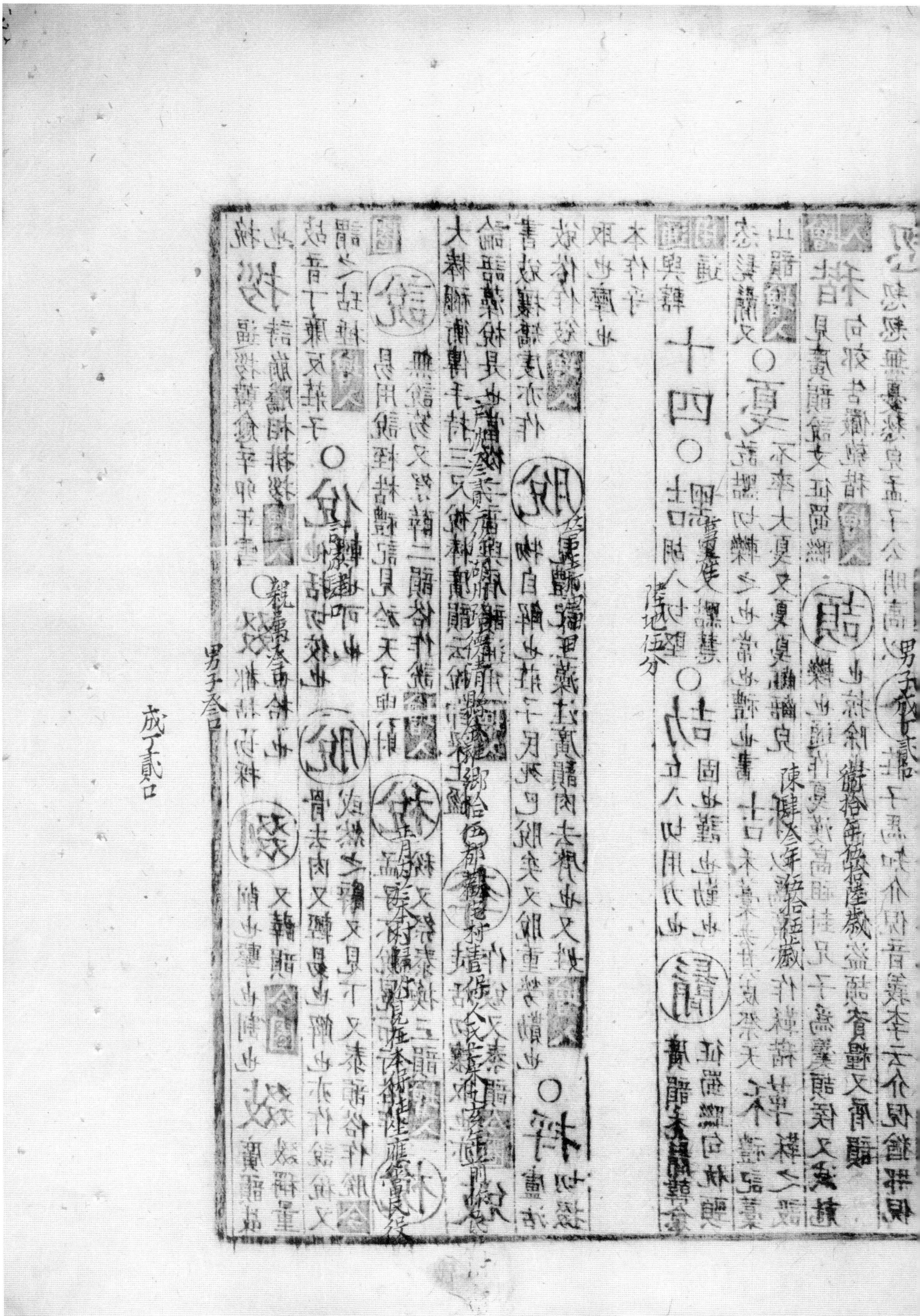
男子叁口
成丁貳口
陸地伍分

男子貳口
成丁壹口姚洋貳年肆拾肆歲
不成丁壹口男孫長年壹拾伍歲
婦女叁口
妻陳肆娘年叁拾捌歲
女肆娘年壹拾六
女葉女年貳歲
事產
地土叁畝玖分壹厘
陸地壹畝肆分壹厘
水蕩貳畝伍分
營生守產養種帶租本鎮覺海寺田伍畝
一戶陸念玖元係湖州路德清縣遵教鄉拾壹都新市鎮人氏，亡宋乙亥年前作民戶附籍至元十三年內
梁歸附見於本鎮住坐應當民戶差役
計家親屬伍口
男子叁口

男子貳口
成丁壹口王孟貳年叁拾捌歲
不成丁壹口男寧哥年貳歲

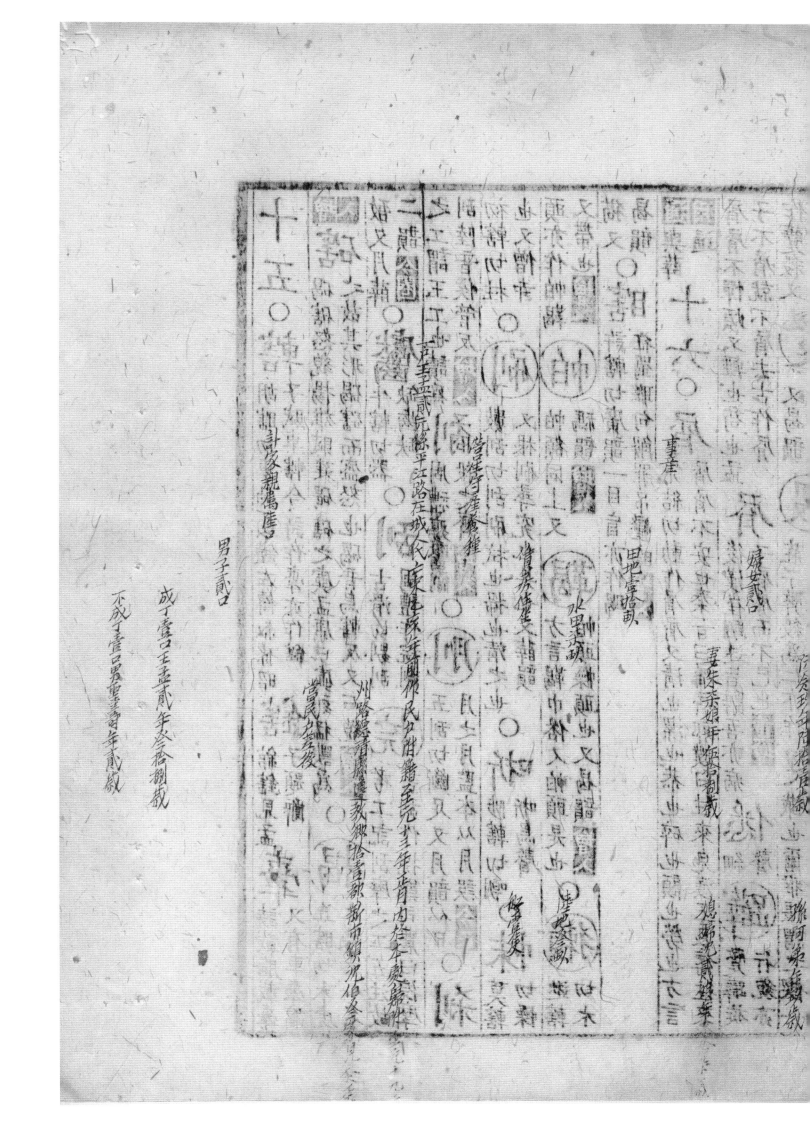

一戶沈玖元俊湖州路德清縣千秋鄉肆都捌保人民亡宋乙亥年前作民戶附籍壹玖叁年□

見於本保住坐應當民役

計家親屬叁口

○壹□

○壹□

女觀女年玖歲

營生養種雜賣

一户朱伍貳元係湖州路德清縣千秋鄉肆都捌保人氏亡宋乙亥年前作民户附籍至元十三年正

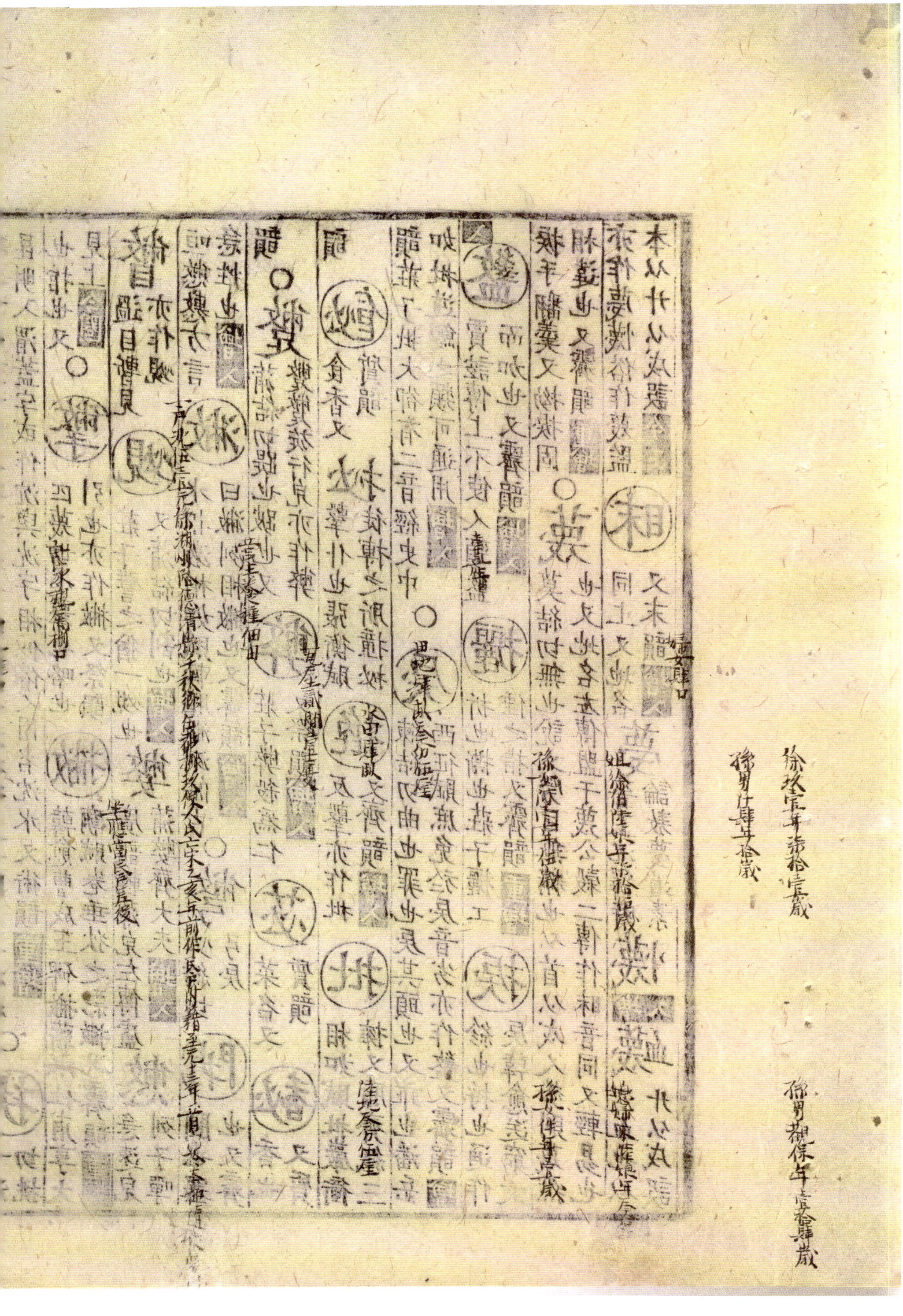
孫孫宜年壹拾壹歲
孫男仕肆年拾歲
孫男觀保年壹拾肆歲

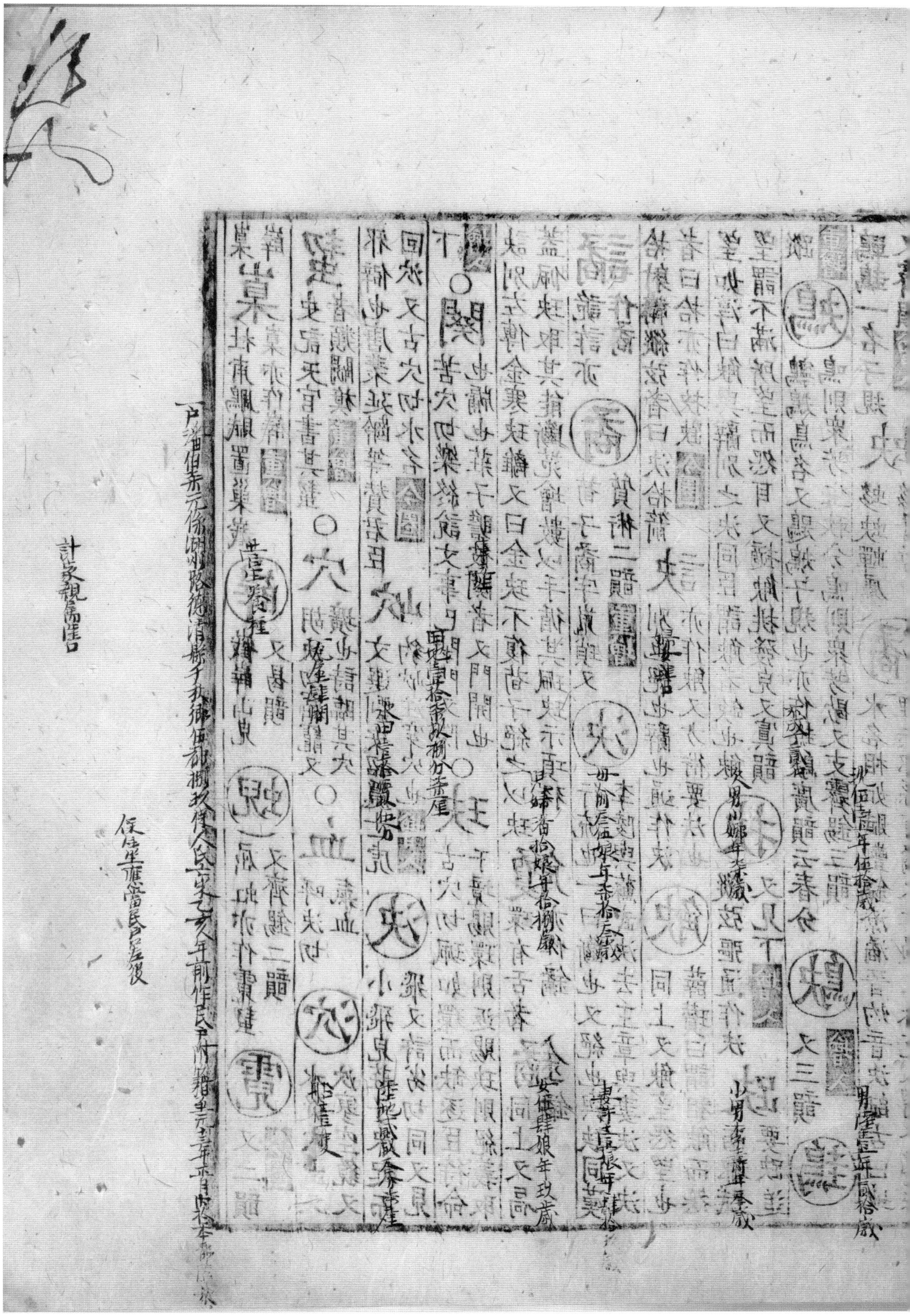

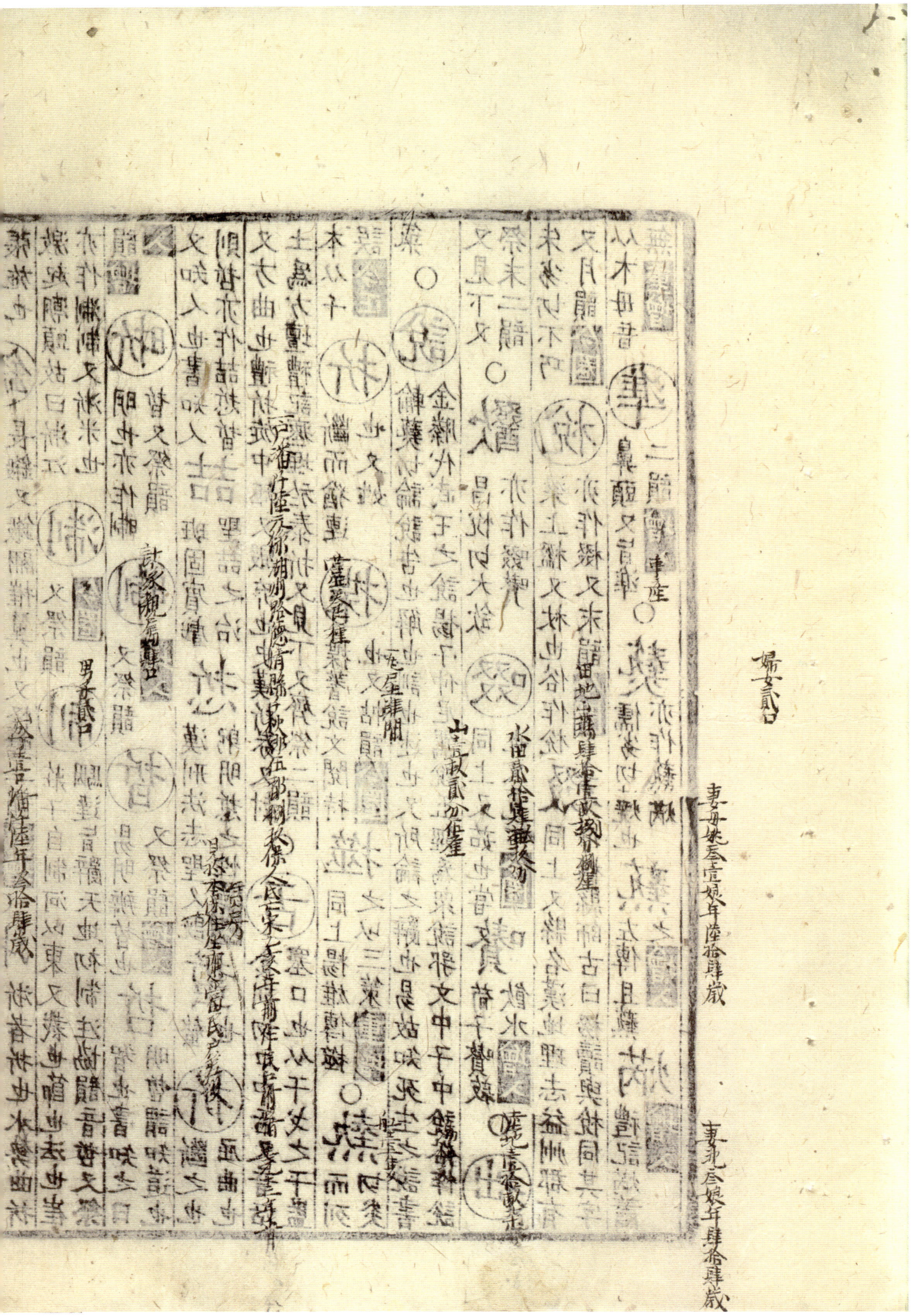
婦女貳口
妻毋姚叁壹娘年陸拾肆歲
妻沈叁娘年肆拾肆歲

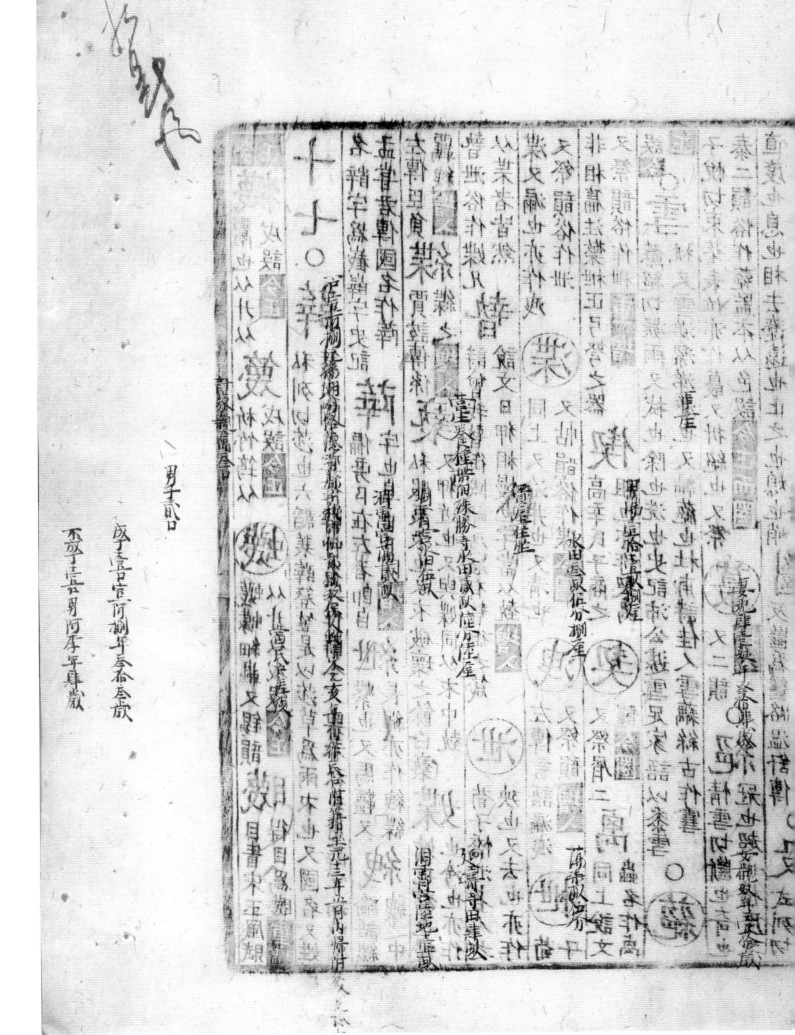

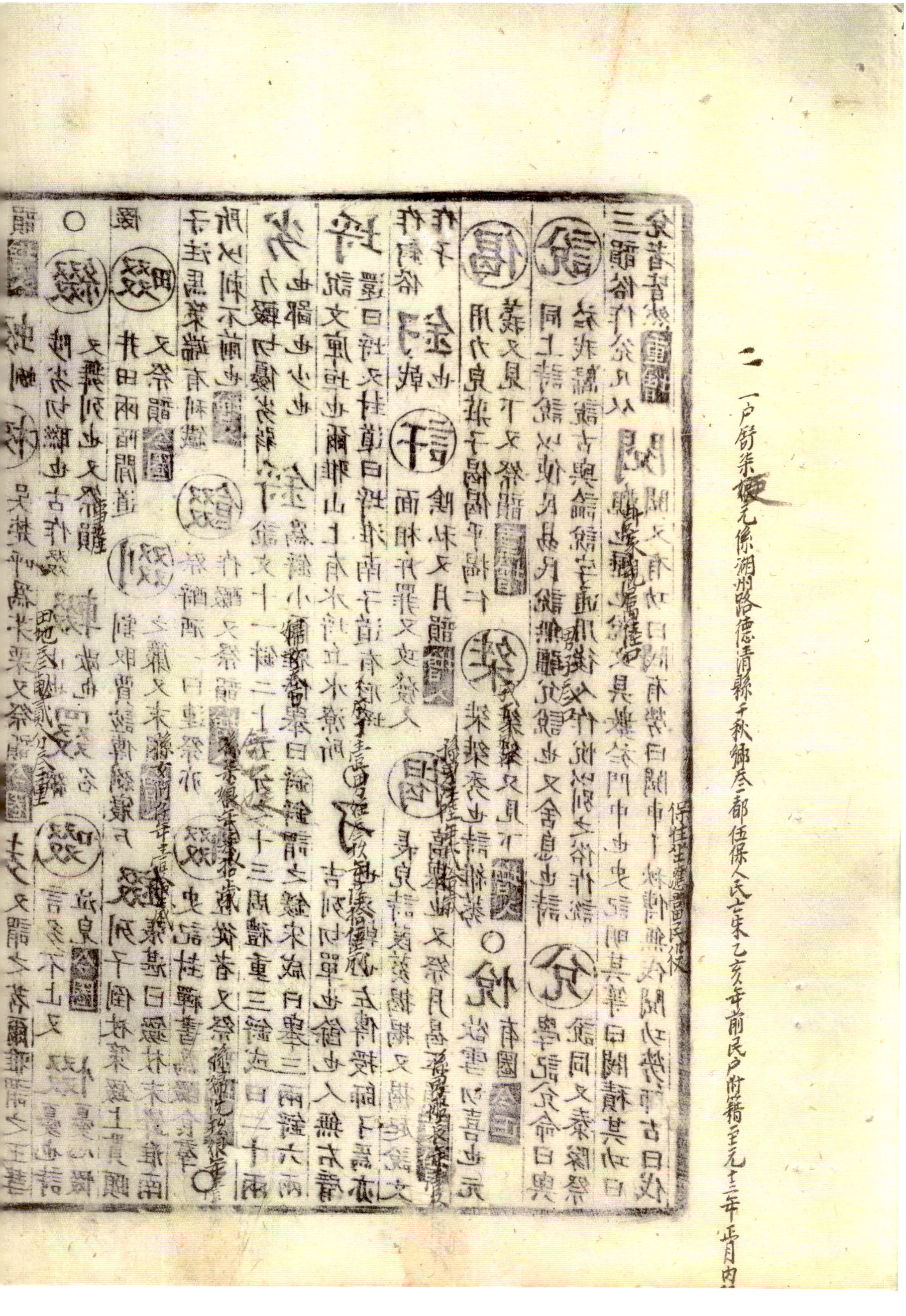
二
一户舒柒□元係湖州路德清縣千秋鄉叁都伍保人氏亡宋乙亥年前民户附籍至元十三年正月内

一戶仰拾貳元係湖州路德清縣千秋鄉叁都伍保人氏亡宋乙亥年前民戶附籍至元十三年
歸附見於本保住坐應當民役
計家親屬貳口

一戶張阡宋元係湖州路歸安縣廣德鄉上沃步人氏亡宋乙亥年前作民戶附籍至元十三年在縣歸附
今遷移德清縣千秋鄉三都四伍保住坐應當民役

計家親屬壹拾口

不成丁壹口

張阡[illegible]年柒拾壹歲

男[illegible]兒年捌歲

[illegible]壹拾叁歲

[illegible]娘年伍拾貳歲

女阿妹年壹拾[illegible]歲

[illegible]娘年[illegible]

[illegible]年叁拾貳歲

一戶陳拾肆元係湖州路德清縣千秋鄉伍都戈亭村虛保人氏亡宋乙亥年前作民戶附籍至元十三年
見於本村住坐應當民戶差役
陳拾肆年叁拾捌歲
妻周安娘 [illegible]年叁拾[illegible]
事產
桑地壹分伍厘
營生養種

一戶沈肆壹元係湖州路德清縣千秋鄉伍都宣保[illegible]亭村人氏亡宋乙亥年前作民戶附籍至元十三年
附見於本村住坐應當民戶差役
計家親屬肆口
男子成丁壹口 沈肆壹年叁拾捌歲

事產
田地肆畝捌分壹厘重
水田肆畝弍分伍重
陸地伍分陸重
瓦屋壹間

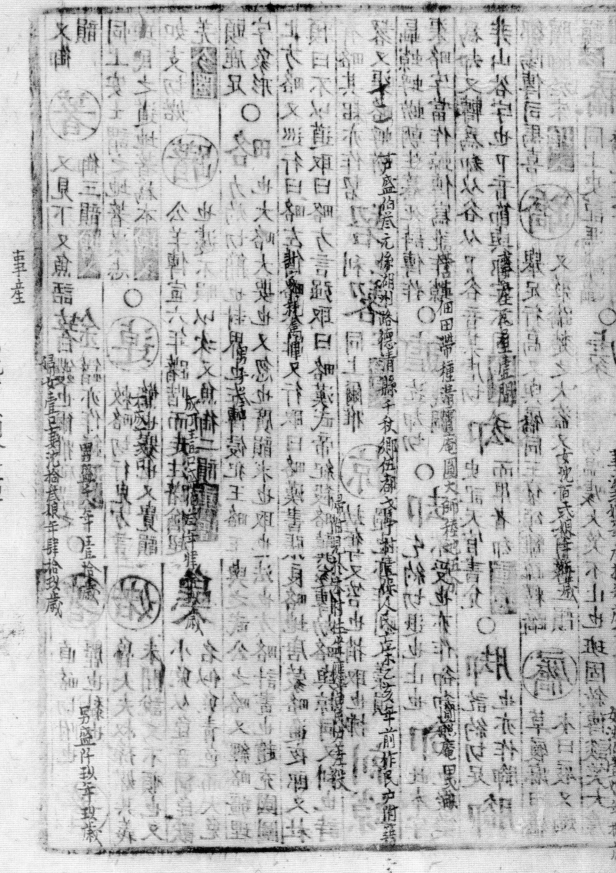

户蔡拾婢係湖州路德清縣千秋鄉伍都肆伍保人民亡宋乙亥年前作民户附籍至元十三年正月

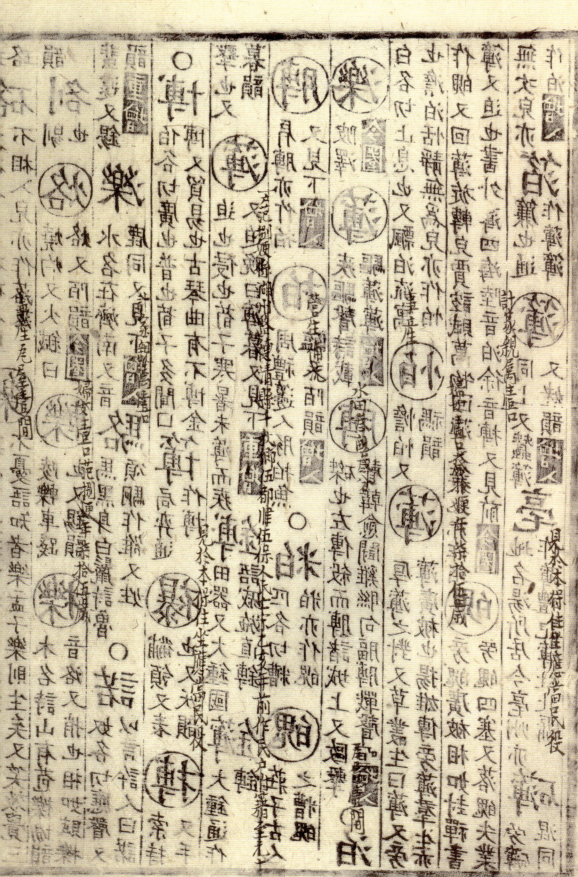

事產
陸地肆分弍厘伍毫
毛屋壹間
啓生唱詞

一户姚肆肆嫂係湖州路德清縣千秋鄉伍都茂〻保人氏亡宋乙亥年前作民户附籍至元十

内歸附見於本保住坐應當民役

營生守産

一戶虞阿張係湖州路德清縣千秋鄉伍都柒保人氏亡宋乙亥年前作民戶附籍至元十三年正月

於本保住坐應當民役

計家親屬貳口

男子壹口本身年[illegible]歲

婦女壹口虞阿張年肆拾柒歲

事產

田土[illegible]

水田叁畝

營生養種

[illegible]屋壹間

一戶沈[illegible]娘係湖州路德清縣千秋鄉伍都柒保人氏亡宋乙亥年前作民戶附籍至元十三年正月

於本保住坐應當民役

計家親屬貳口

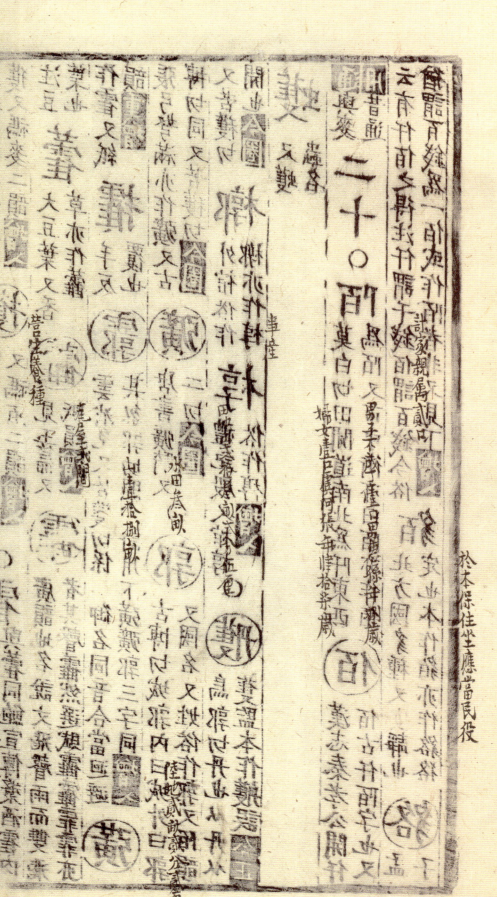

右户沈伯弍梗係湖州路德清縣千秋鄉伍都拾保人民主宗乙亥年前作民戶附籍至元十三年

附見於本保償賣戶分住坐應當民役

計家親屬壹口

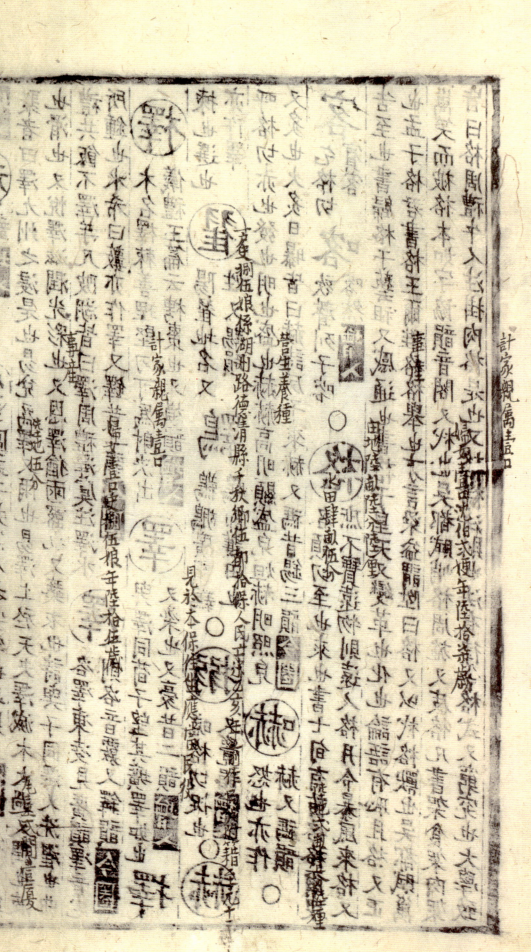

事産
婦女壹口飽摸女年壹拾弐歲

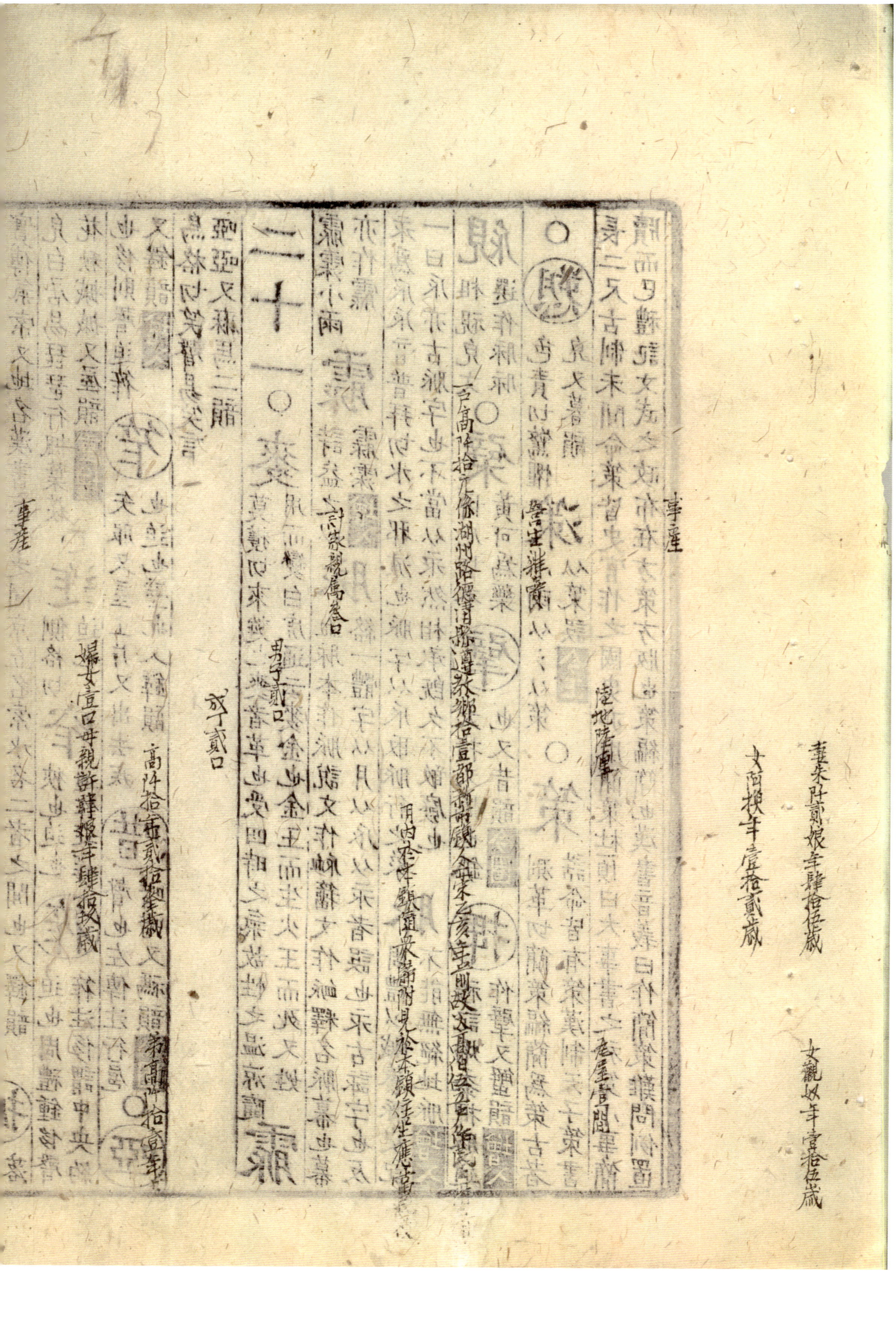
事產
陸地陸厘
男子貳口
成丁貳口
妻朱阡貳娘年肆拾伍歲
女觀奴年壹拾伍歲

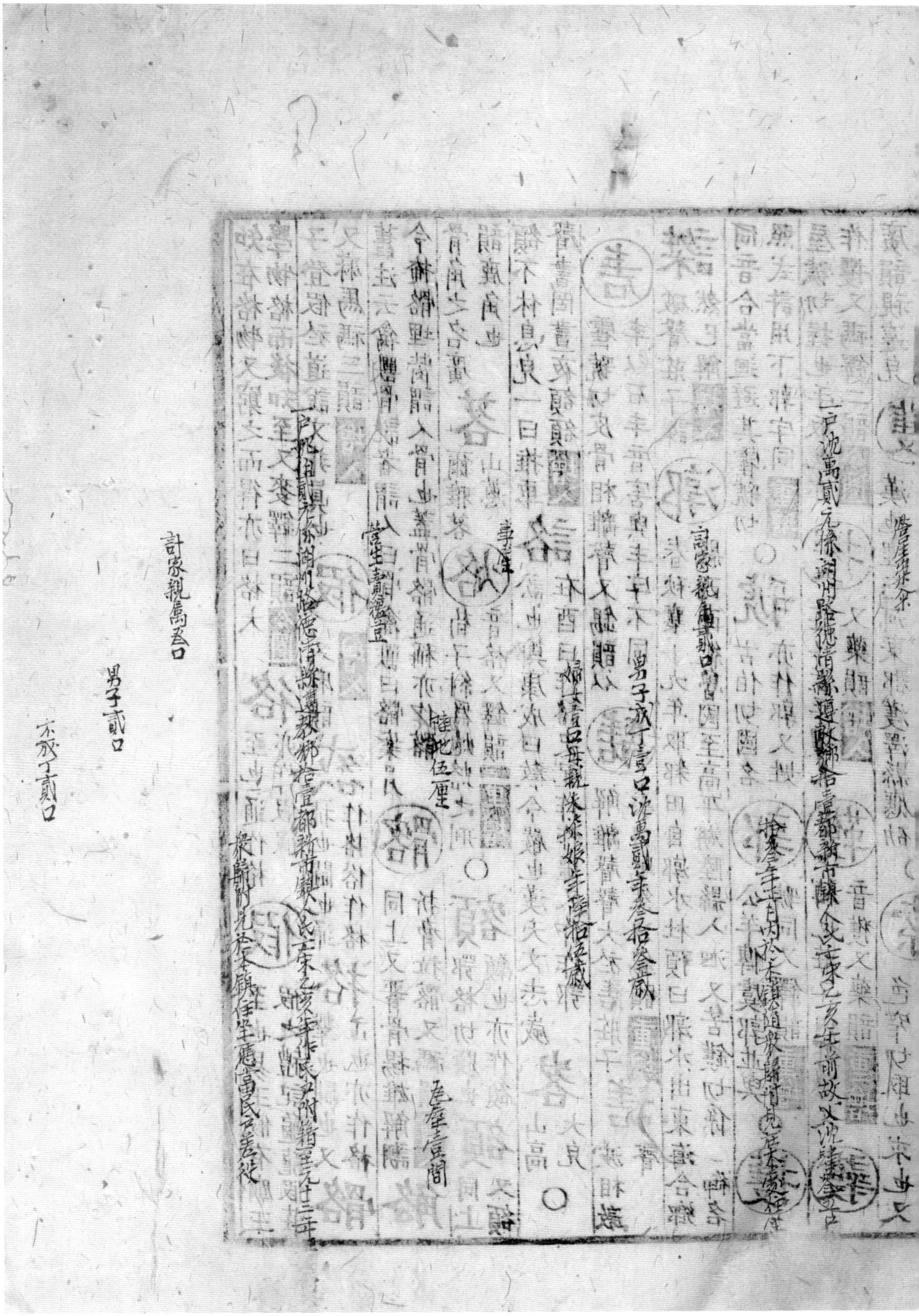
許家親屬叁口
男子貳口
不成丁貳口

一戶曹阿雙元係湖州路德清縣遵教鄉拾壹都新市鎮人亡宋乙亥年前曾經立戶作民戶附籍至

月內於本鎮隨衆歸附見於本鎮住坐應當民戶差役

計家親屬貳口

男子貳口

成丁壹口曹阿雙年貳拾伍歲

不成丁壹口曹阿僧年壹拾肆歲

事產住宅基地壹厘

營生做草鞋

一戶姚伯拾伍元係湖州路德清縣遵教鄉拾壹都新市鎮人氏亡宋乙亥年前作民戶附籍[illegible]

歸附見於本鎮住坐應當民戶差役

計家親屬叁口

男子貳口

成丁貳口

事產
婦女貳口
妻沈陸娘年貳拾柒歲
女田女年陸歲

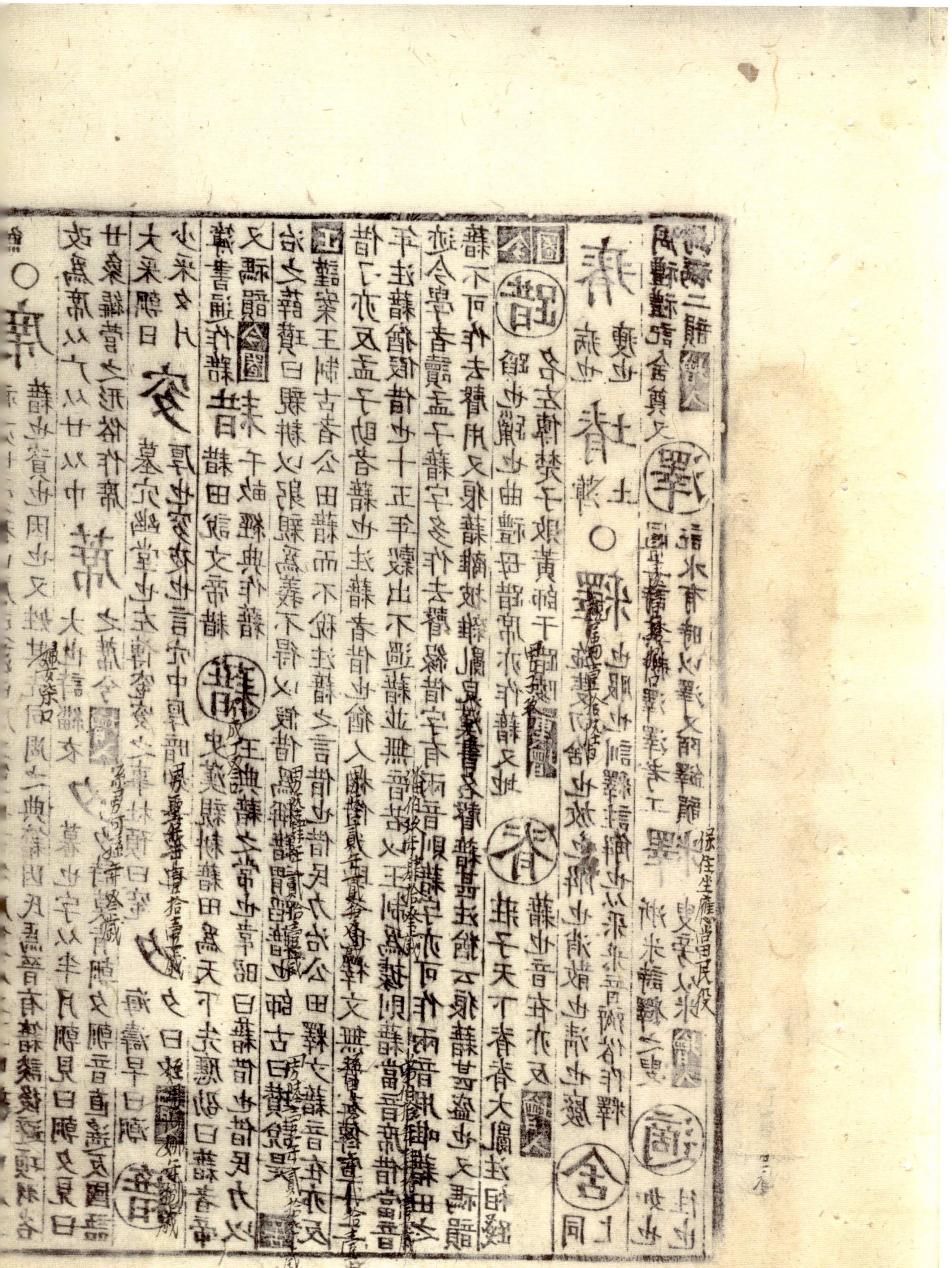

吕生呆食種

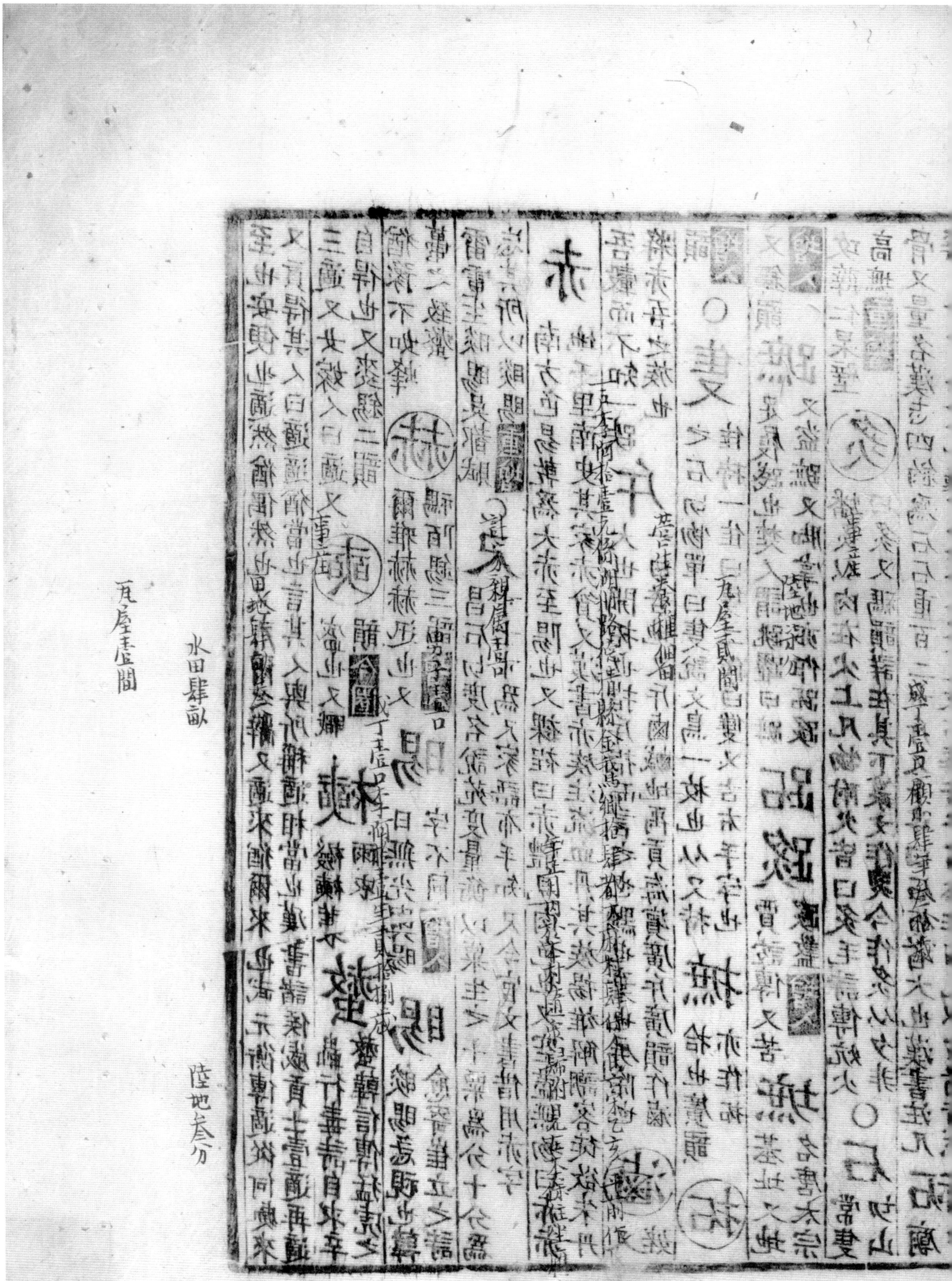
水田肆畝
陸地叁分
瓦屋壹間

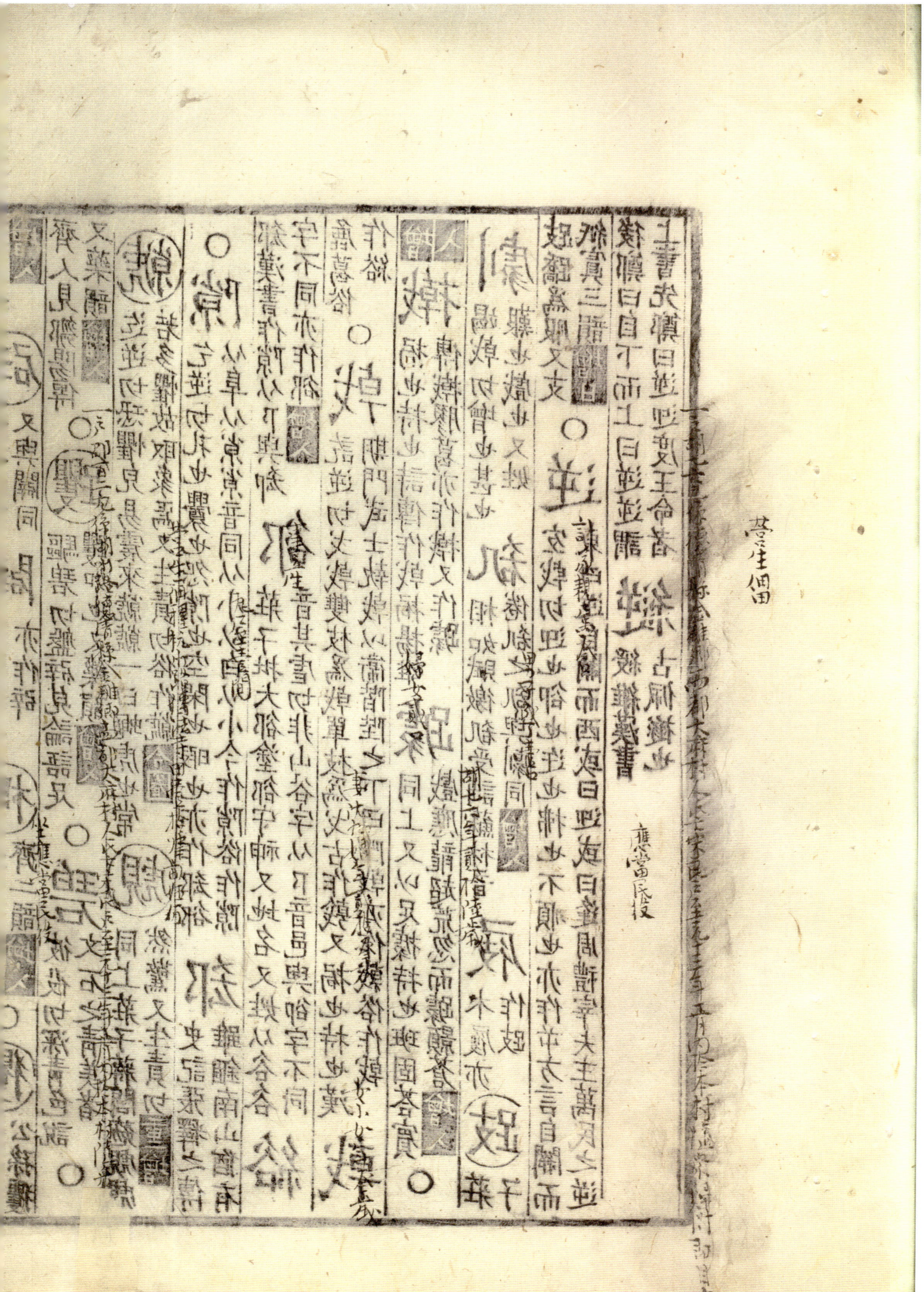

事産

瓦屋壹間

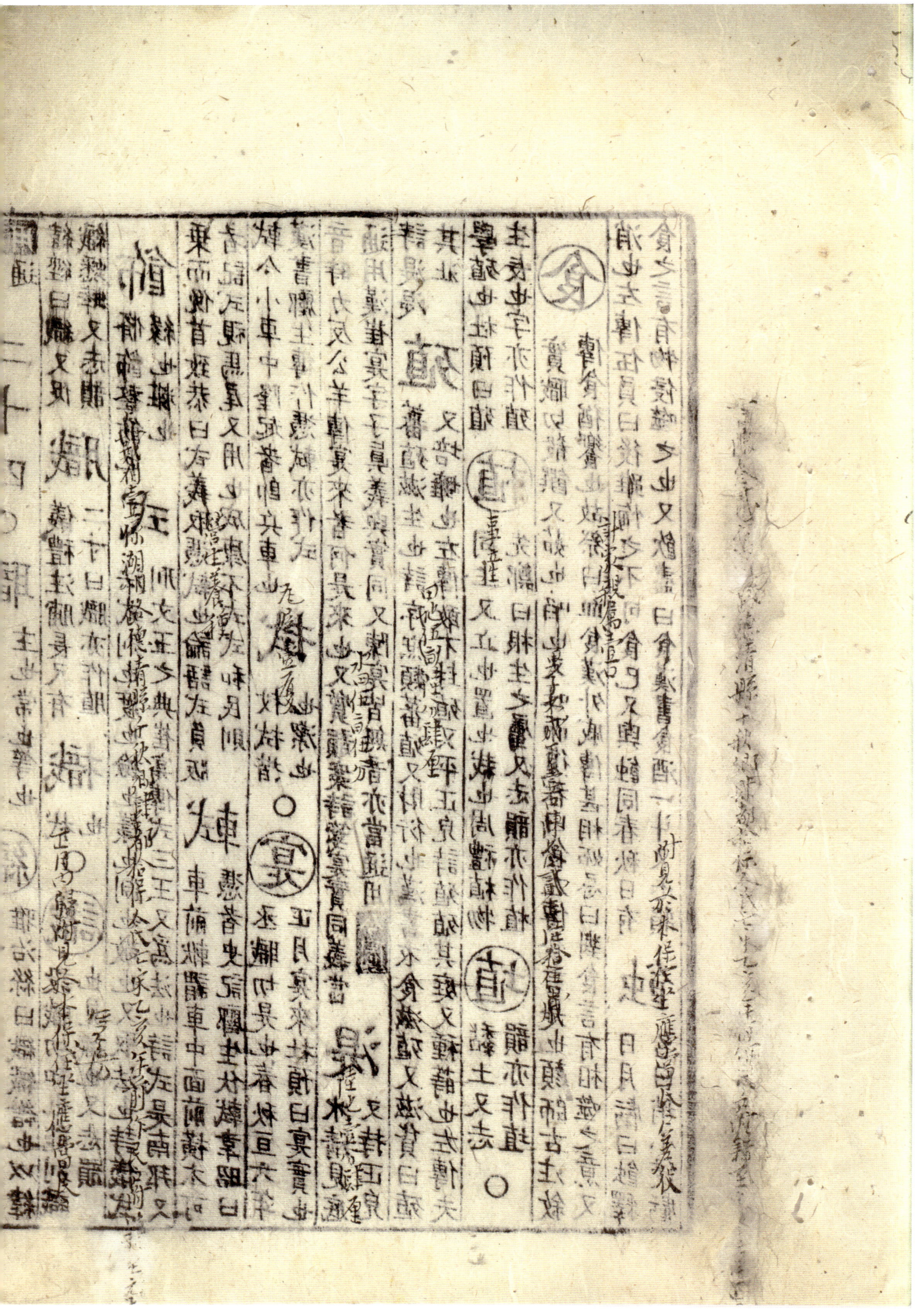

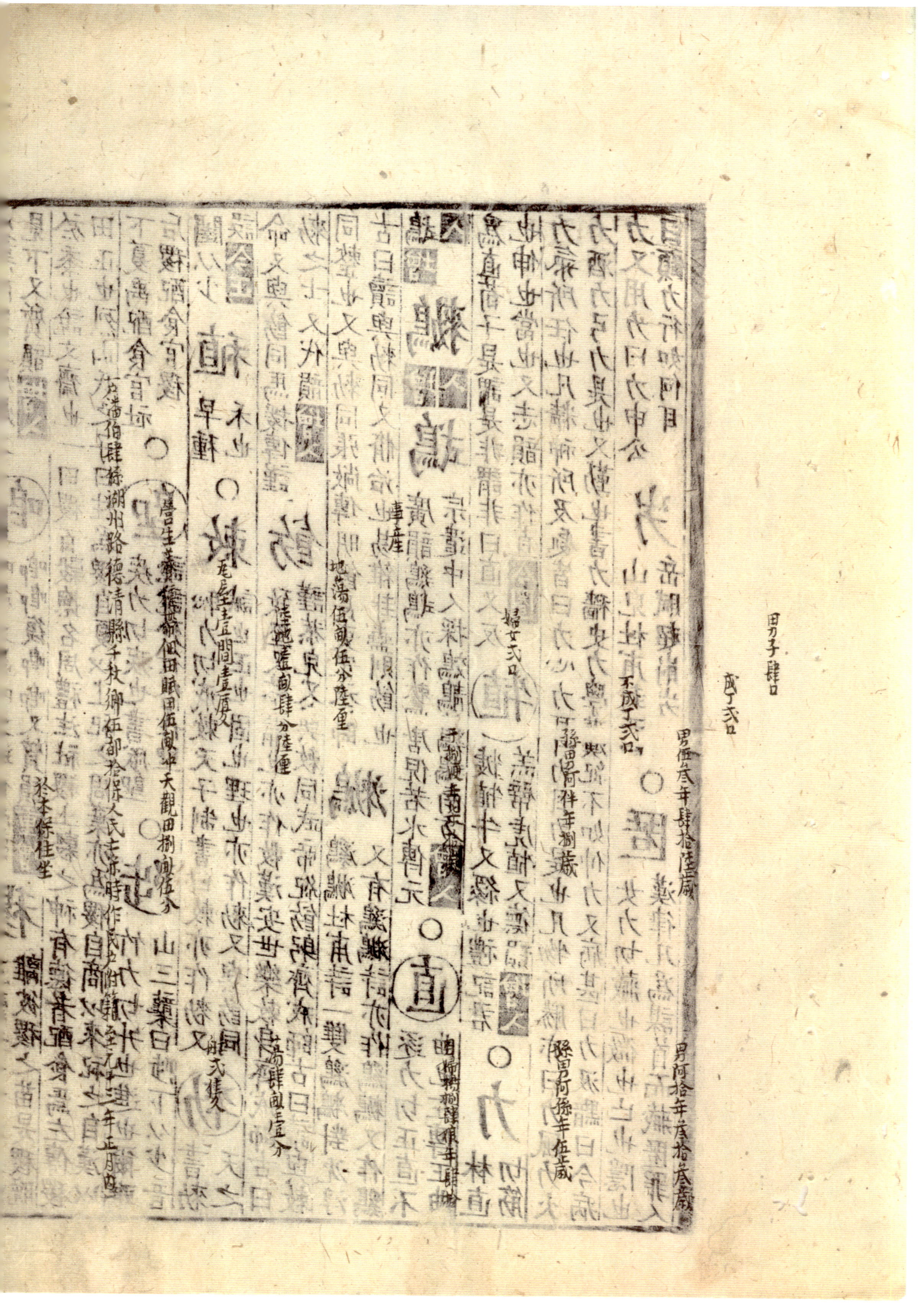
男子肆口
成丁貳口
男伍叁年肆拾陸歲
男阿拾年叁拾叁歲
不成丁貳口
孫男阿祥年捌歲
孫男阿孫年伍歲
婦女貳口
事產
地蕩伍畝伍分陸厘
屋壹間壹厦
營生養種佃田
右潘伯肆係湖州路德清縣千秋鄉伍都拾保人氏
年正月內
係本保住坐

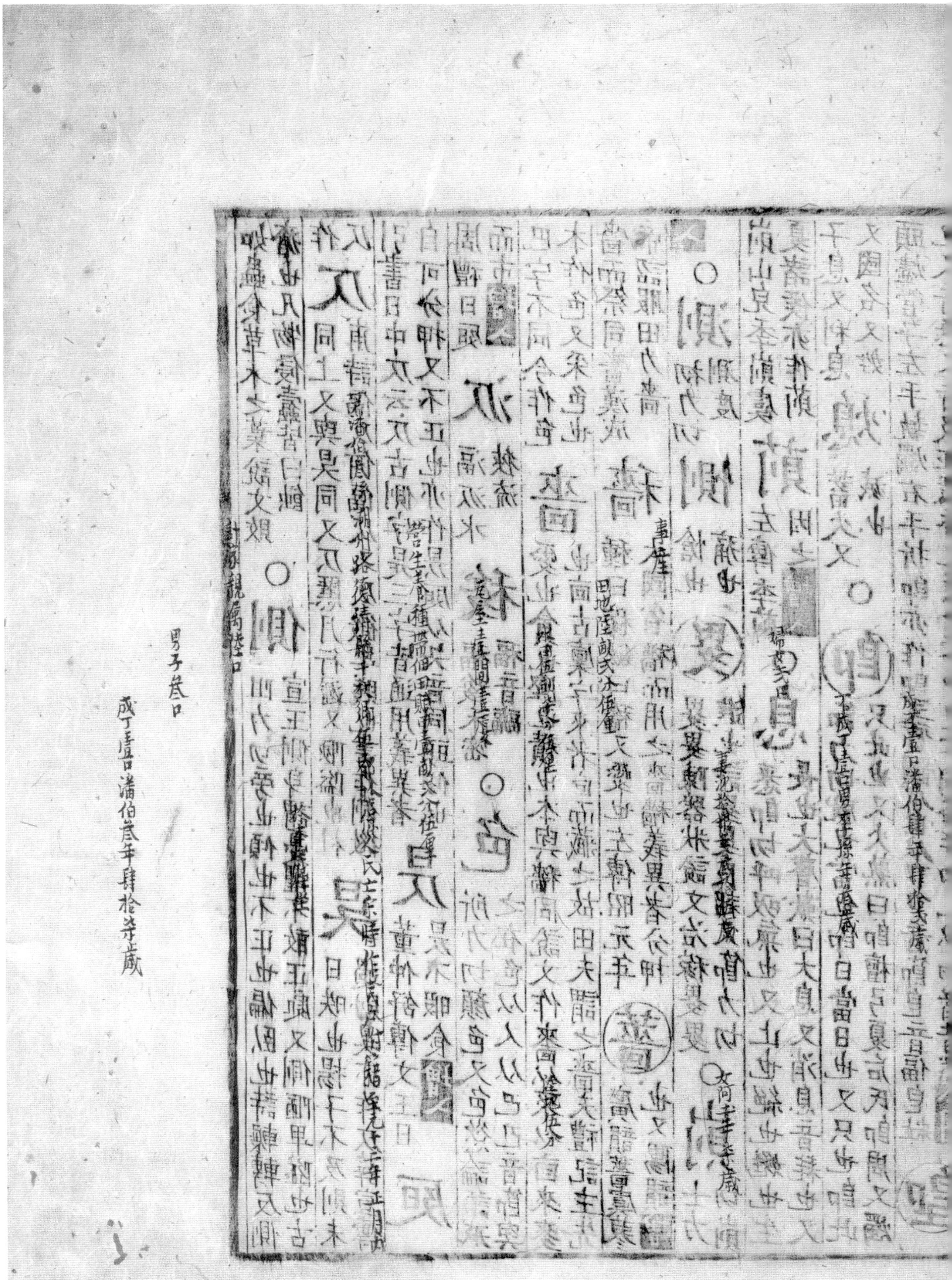
男子叁口
成丁壹口潘伯叁年肆拾柒歲

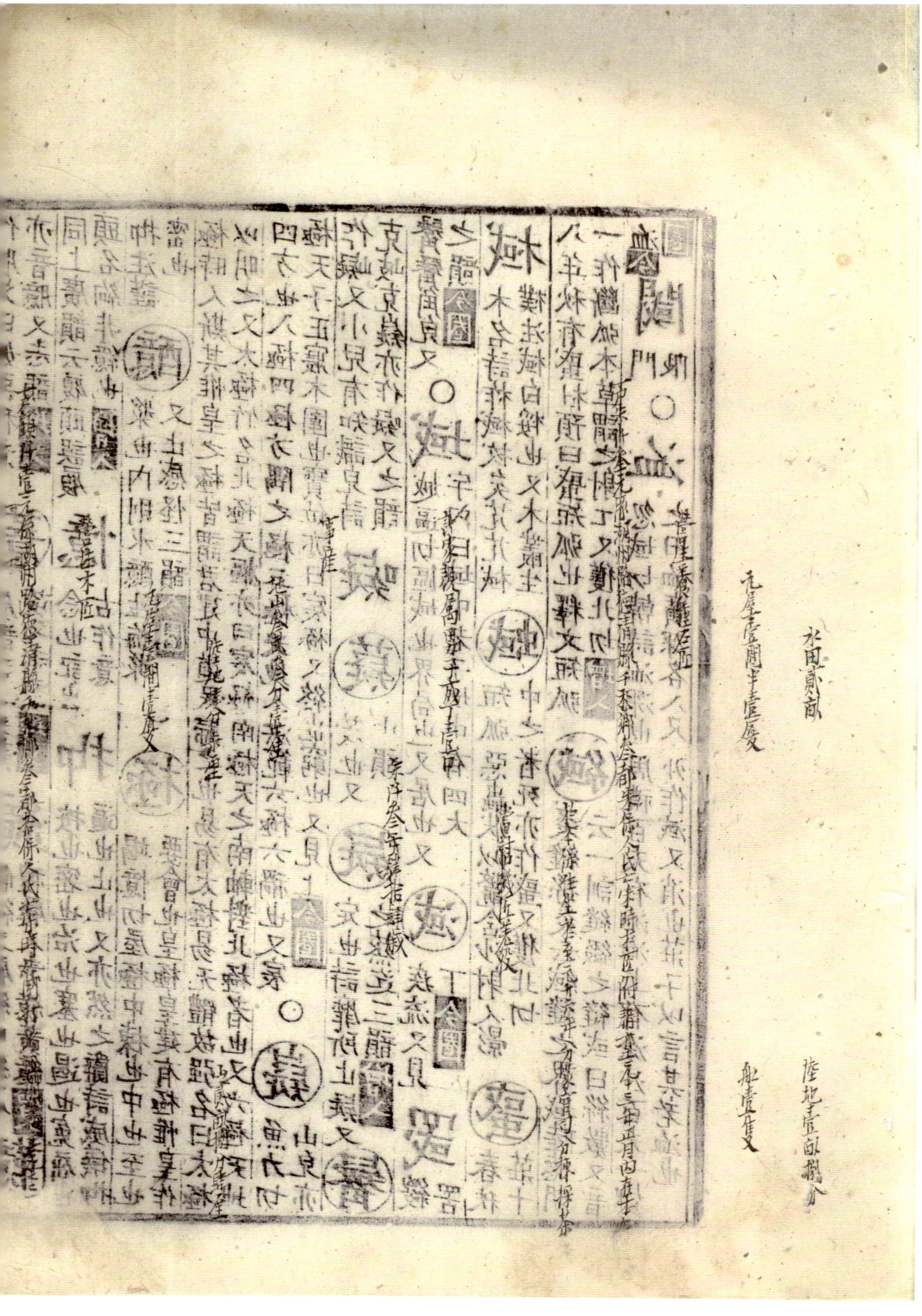

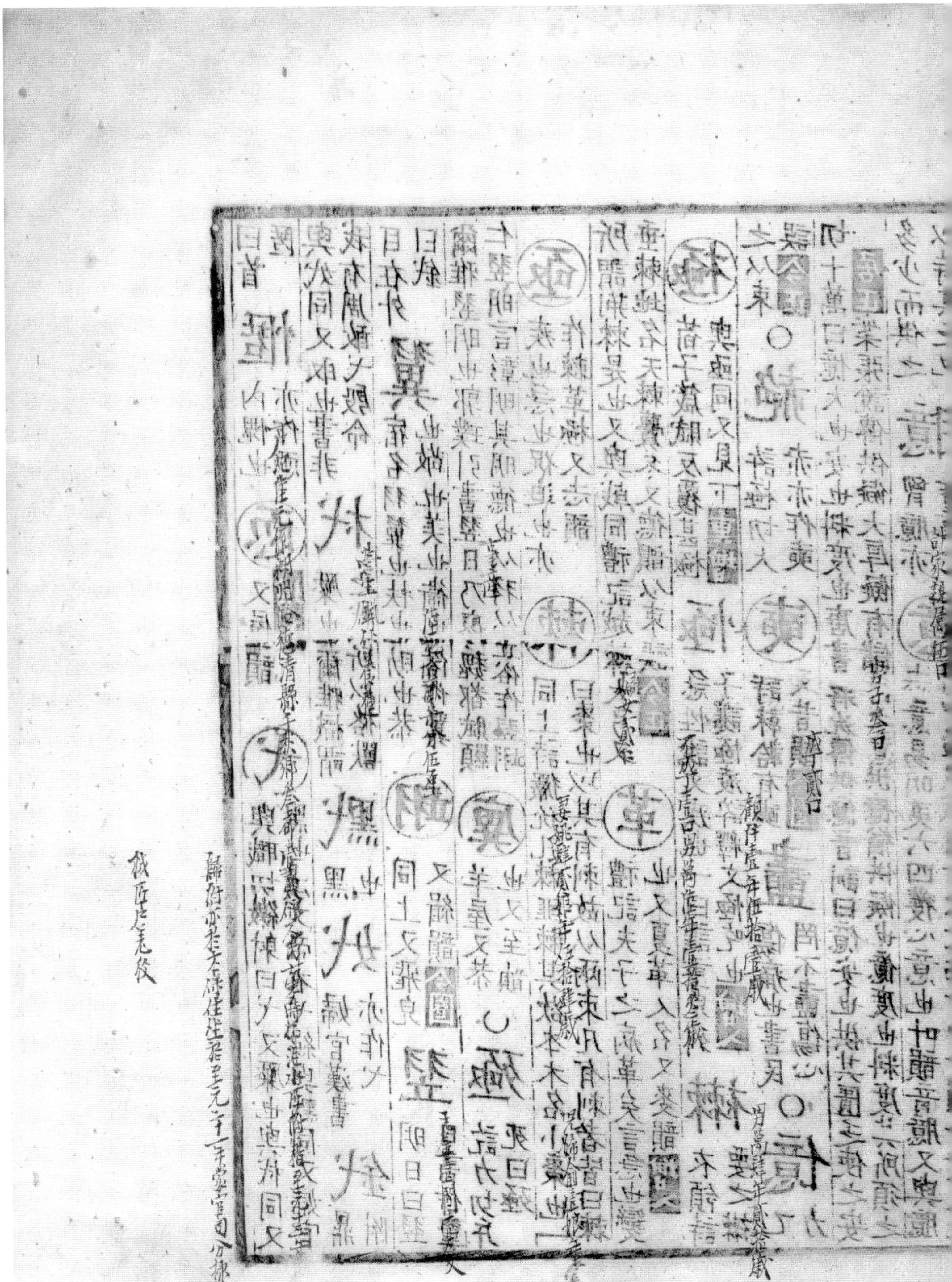

計家親屬叁口
男子肆口

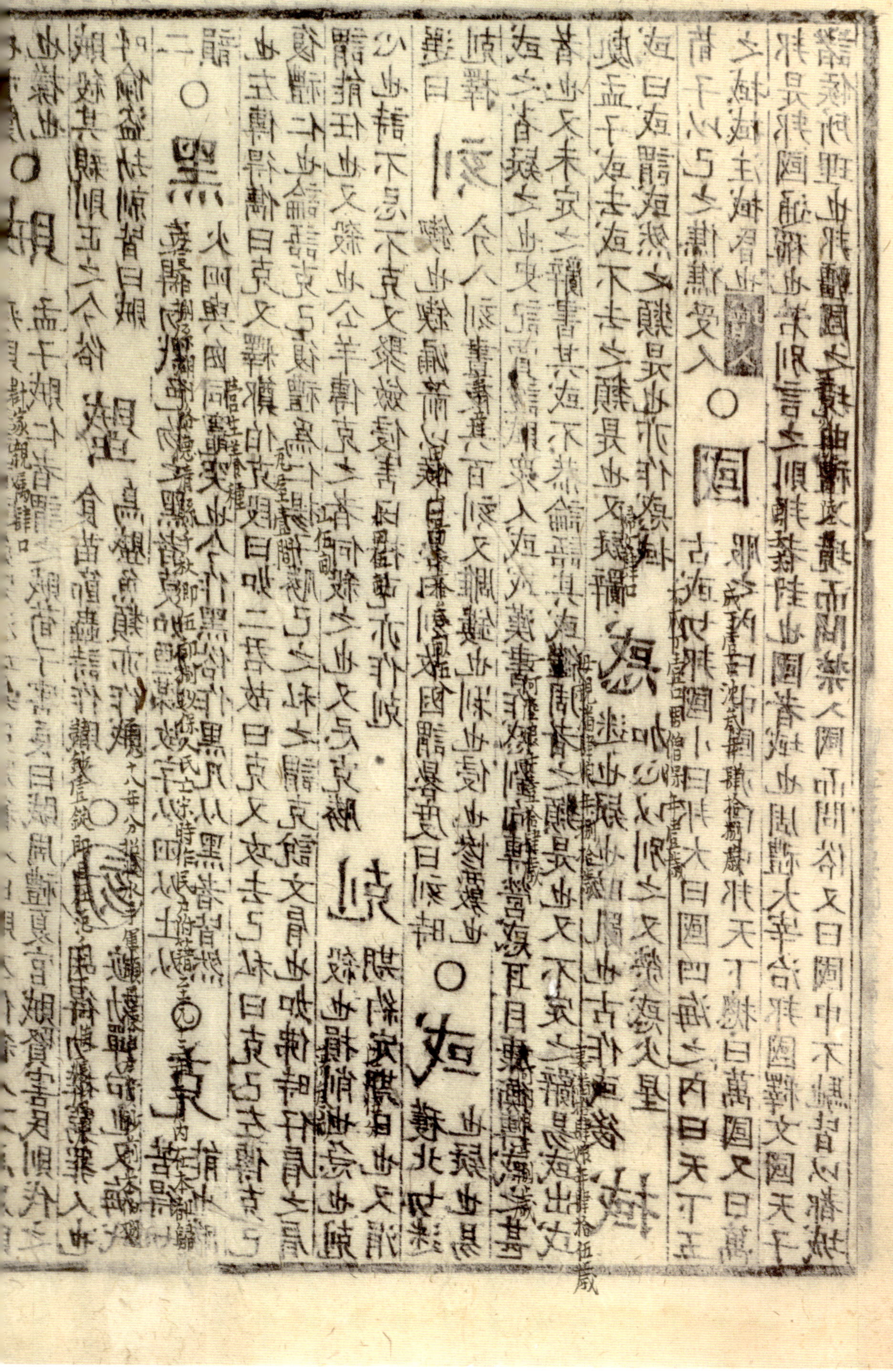

户沈彥係湖州路德清縣千秋鄉伍都拾保人民亡宋時作民户附籍至元十三年正月内在本都歸附今[illegible]係住坐於[illegible]

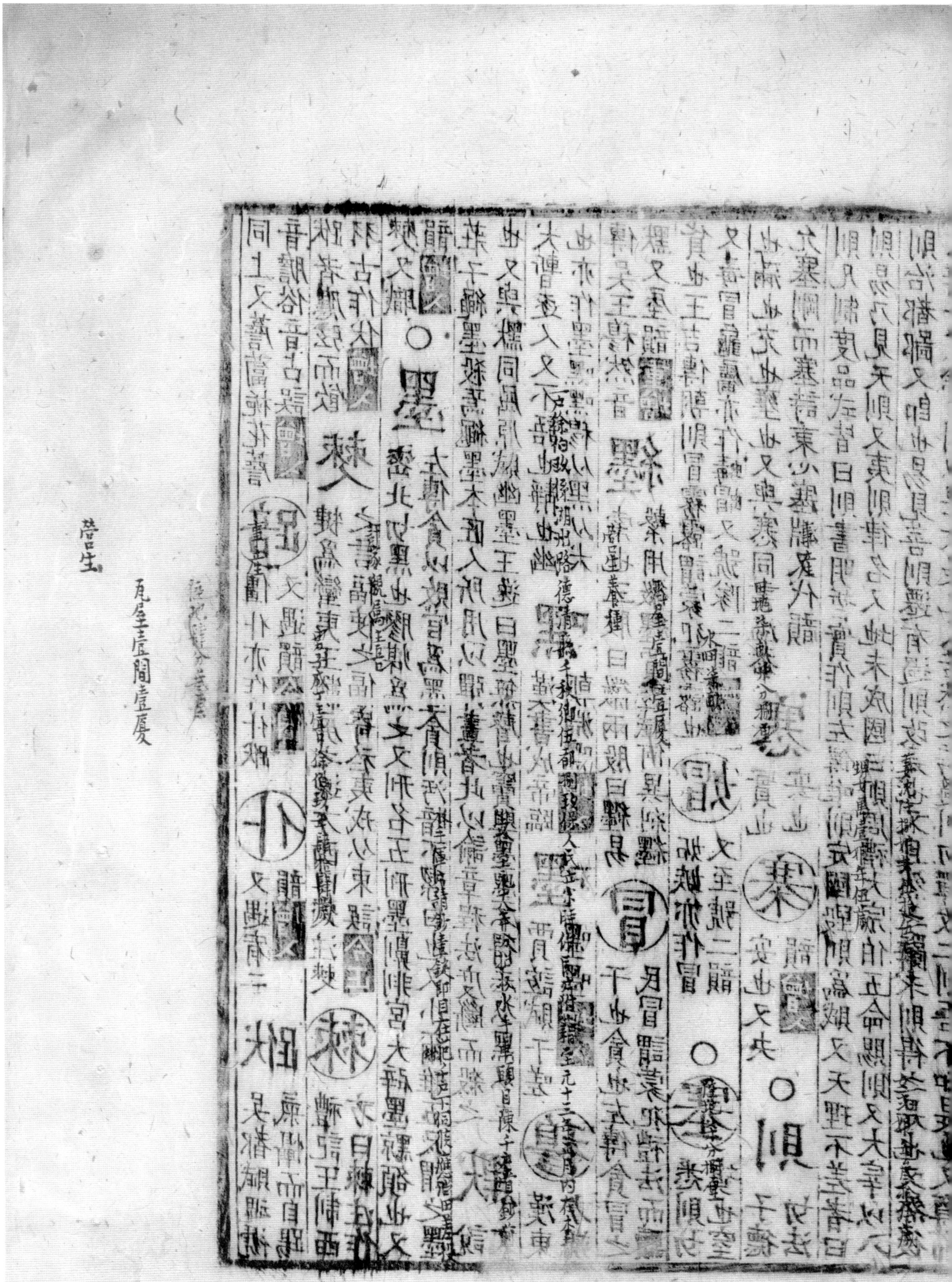

一戶沈阿囗係湖州路德清縣千秋鄉伍都式保人民主宗乙亥年前作民戶四

九十三年

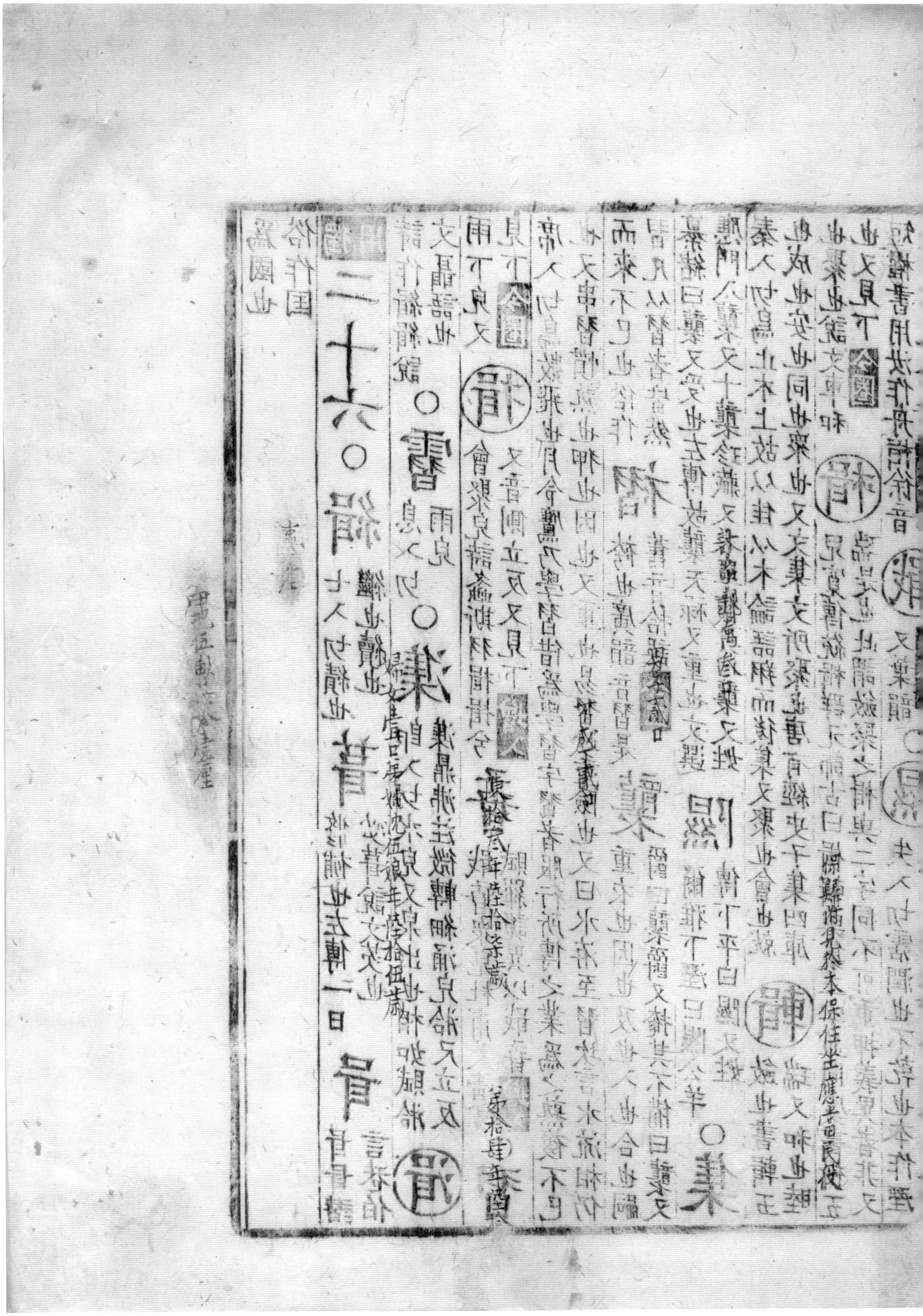

姉女叁口

妻姚伍娘年叁拾伍歲

女大娜年壹拾壹歲

次女娜年捌歲

瓦屋壹間壹廈

船壹隻

叁生桶匠

元二十年二月[illegible]

[illegible]

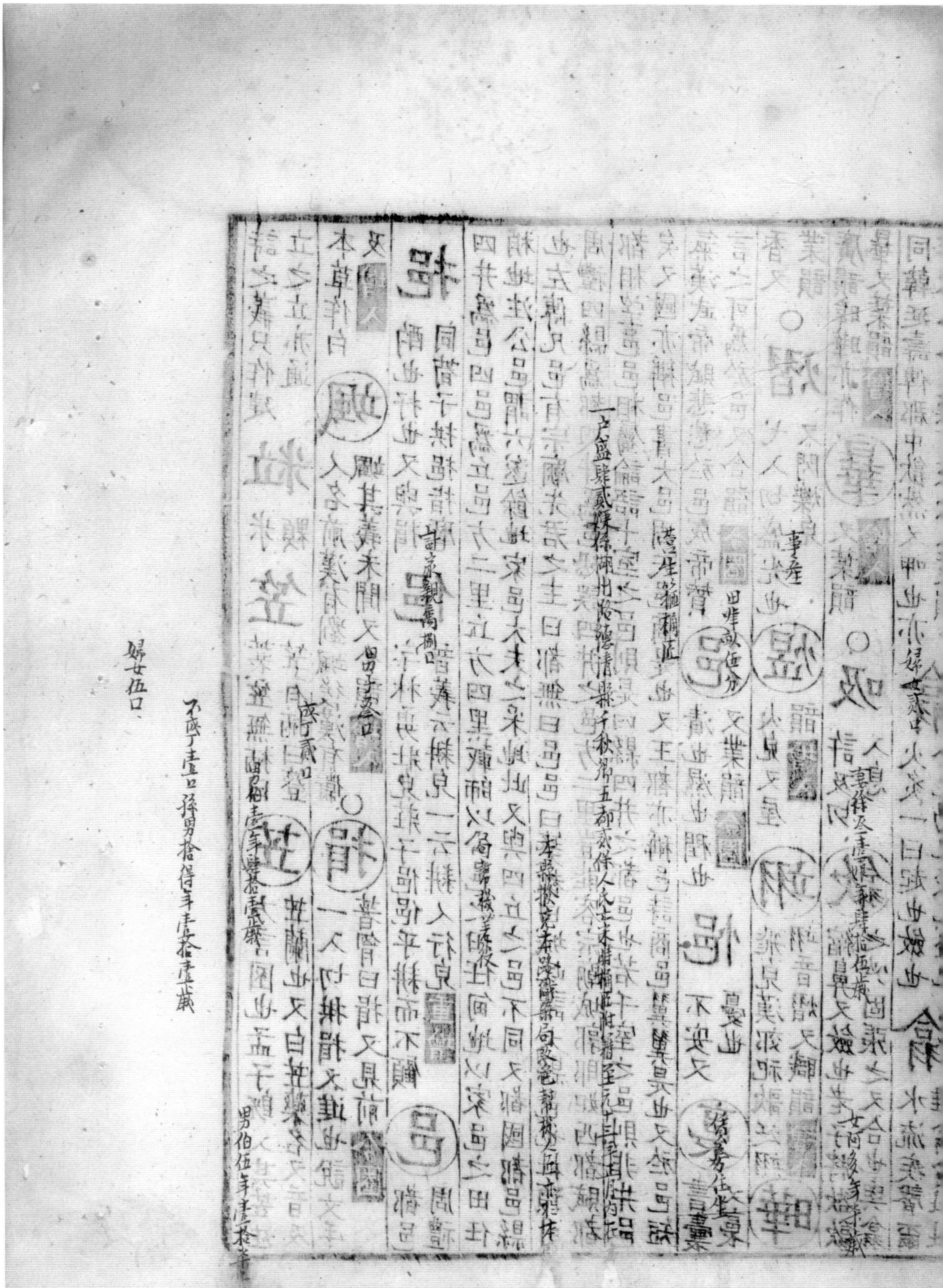
婦女伍口
不成丁壹口　孫男捨得年壹拾壹歲

事產

賃房住坐

畝

加壹侯

營生：養種佃田，并帶種抗州路傳落寺田貳拾陸畝伍分

一戶王拾壹，元係湖州路德清縣金鵝鄉拾肆都大麻村民，保住人氏，亡宋乙亥年前作民戶，附籍至元

歸附見於本保住坐，應當民役

男子叁口

成丁壹口

王壹年肆拾伍歲

不成丁貳口

男阿壹年壹拾叁歲

男阿督年伍歲

婦女壹口

妻陸拾玖娘年肆拾叁歲

媳婦沈拾伍娘年

事產
永田叄畝
庒屋弐間

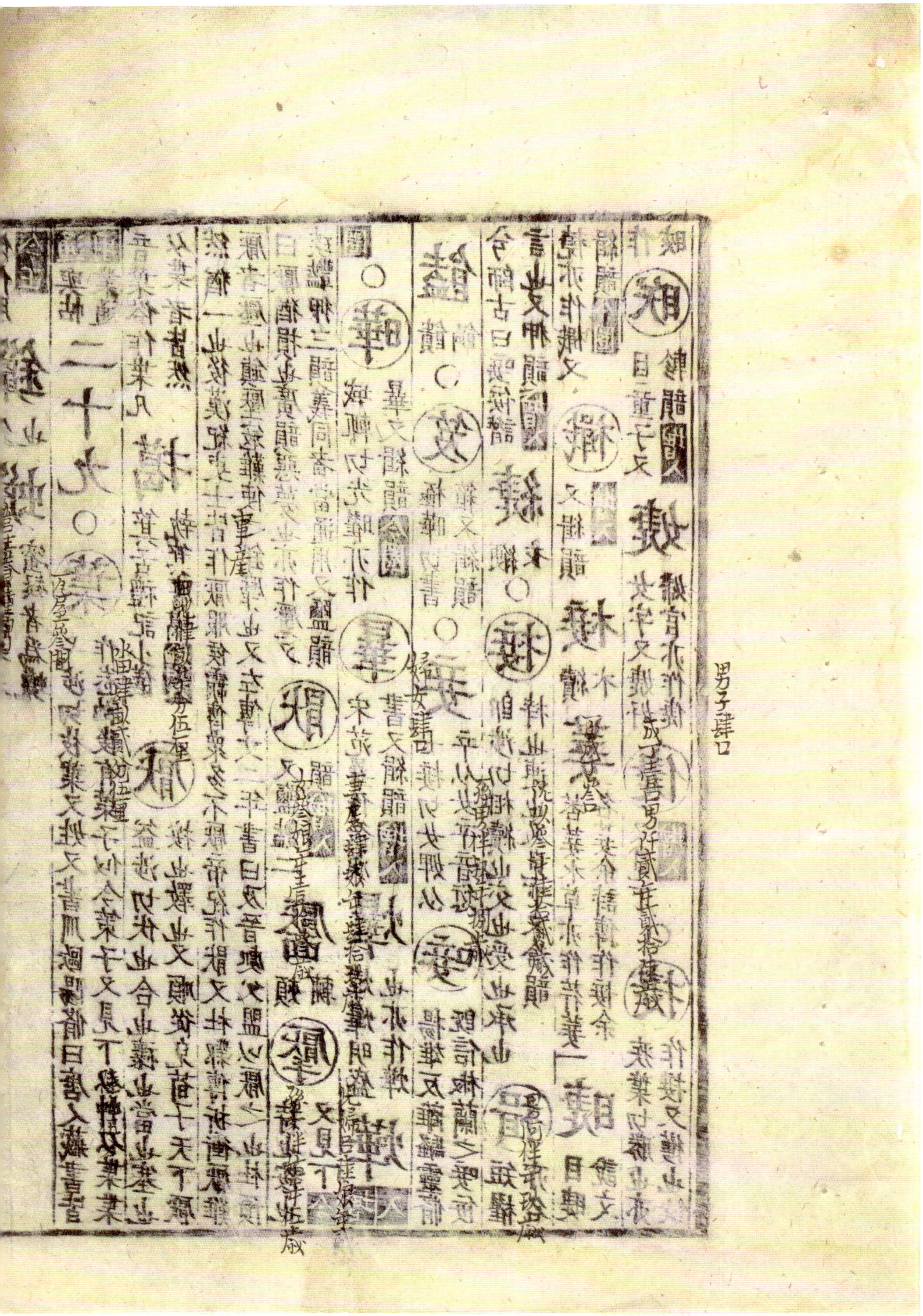
男子肆口

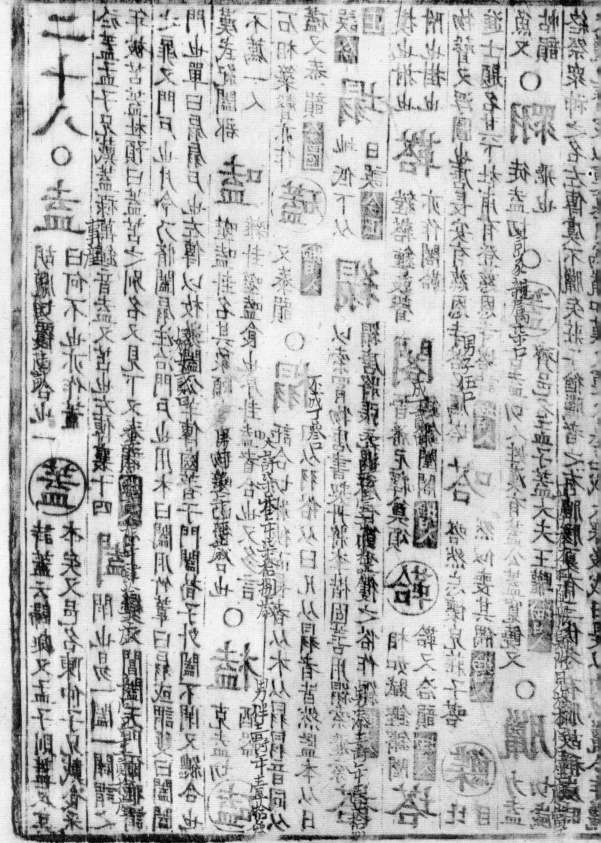

[illegible]

二十八○盍　胡臘反 [illegible] 合也　一

[illegible]

水田壹拾伍畝肆分

瓦屋貳間壹合

營生眷種佃

陸地陸分

男阿丑年壹拾叁歲

男阿伴年玖歲

男阿芽年陸歲

男阿壹年陸拾陸歲
孫男阿換年壹拾[illegible]歲
孫男阿狗年伍歲
孫男得孫年叁歲
婦女伍口
兒婦馮叁娘年叁拾貳歲
兒婦沈[illegible]
大婦徐叁娘年叁拾歲
孫女慶娘年叁歲
孫女叁娘年叁歲

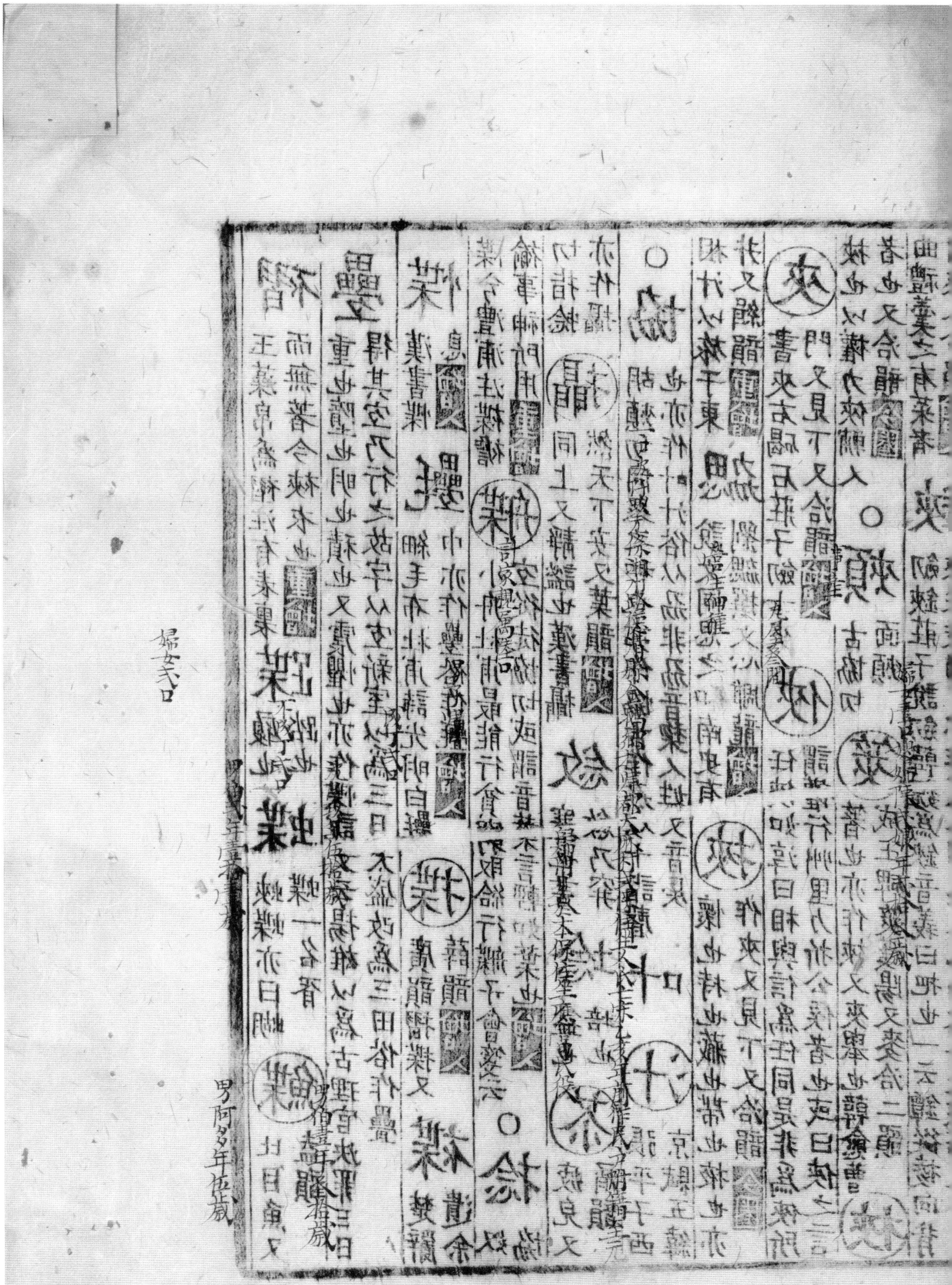
婦女弐口
男阿多年伍歲

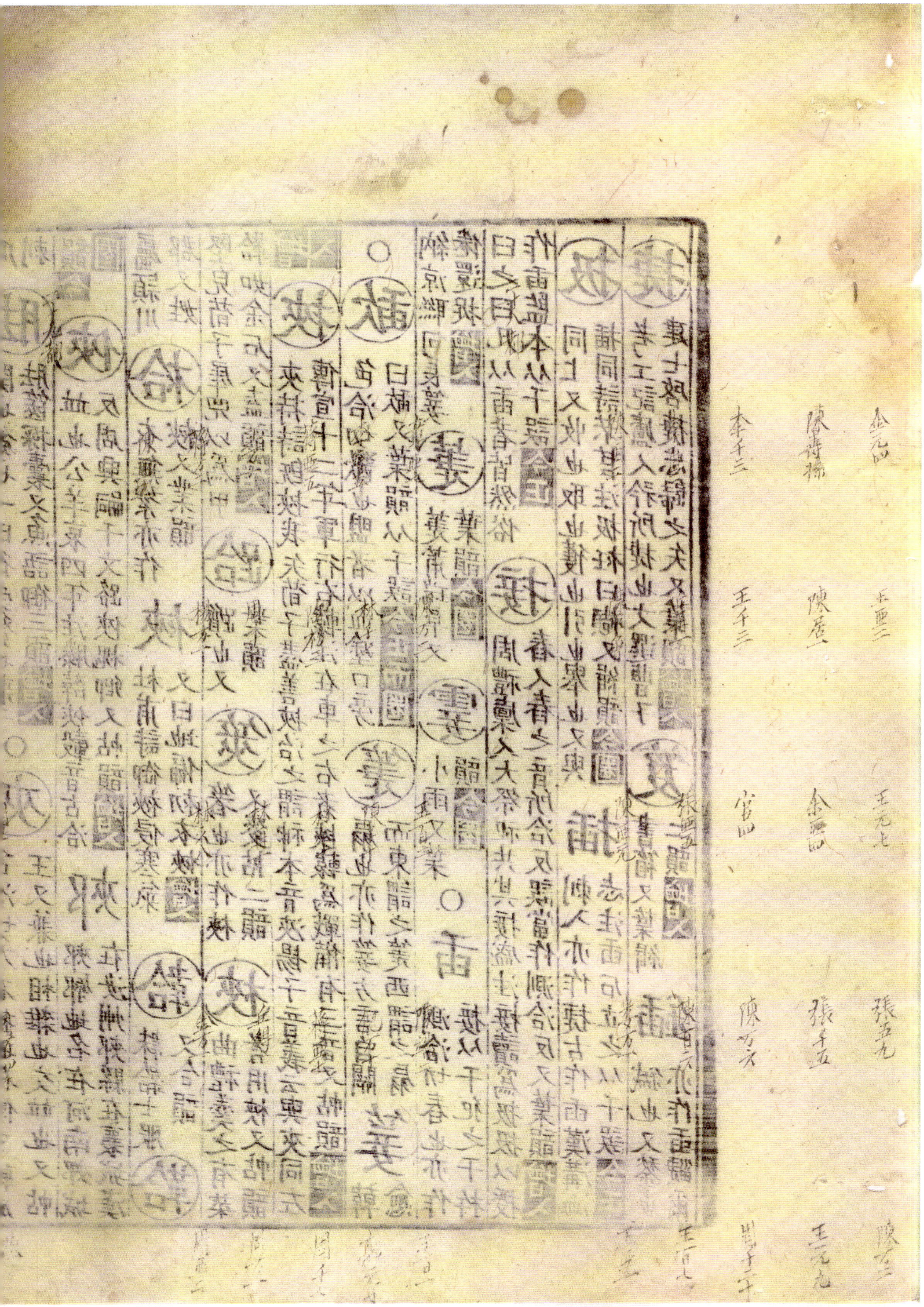

法海寺

四十六都

四十八都

吴三一

胡万一　周百五　阮甲一

王元二

馬千八　　馬千六　　馬万一

范千仁　　夏万三　　馬六二　　李万一

夏万三　　馬六八　　王五　　張千千

馬六一　　易万一　　于万四　　陳要六

王百九　　施万一　　陳要六　　張長

王十二　　王十二

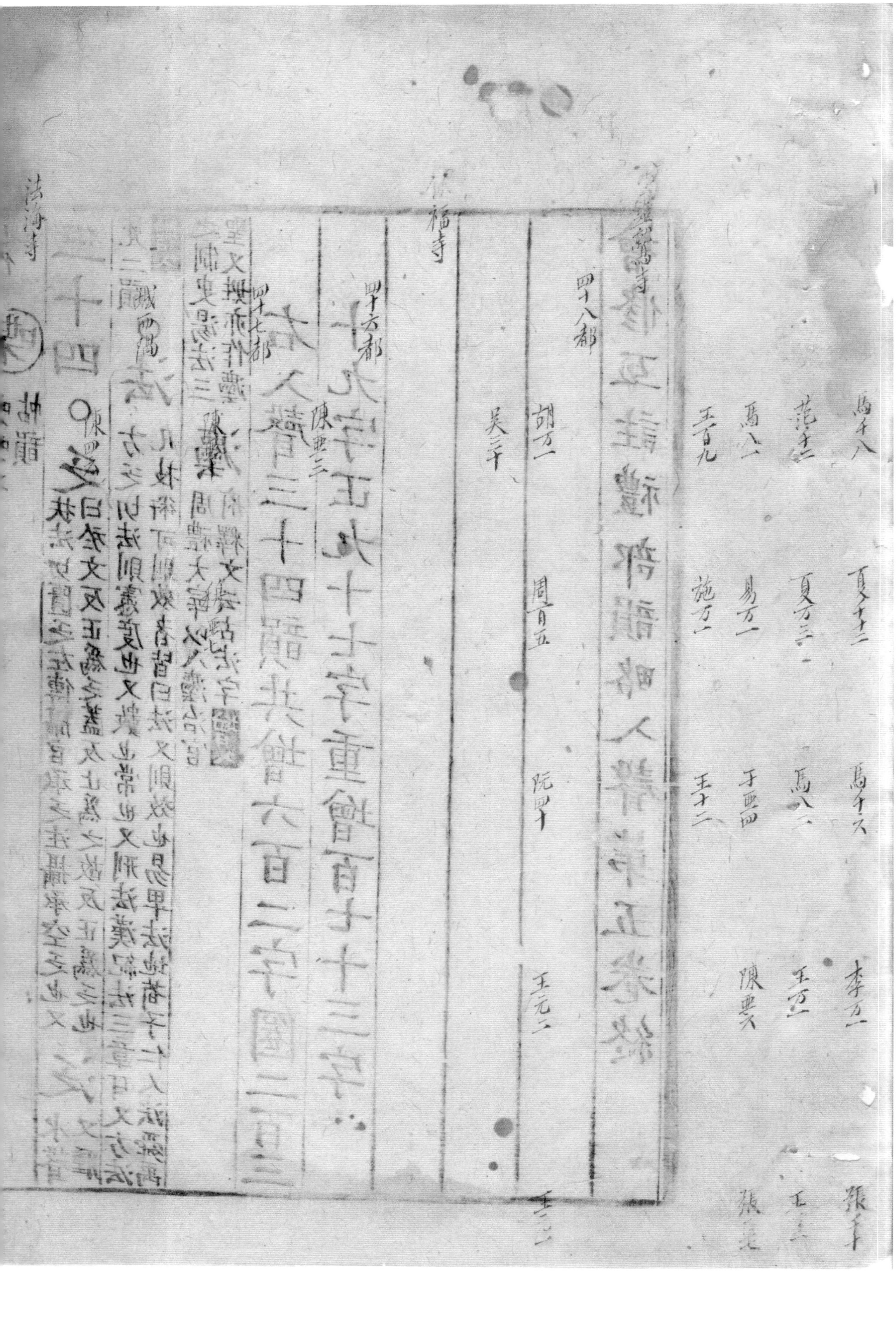

惠因寺
二十五都
朱亞七
張百十三
陳五七
李八